Theologische Wissenschaft

Sammelwerk für Studium und Beruf

Herausgegeben von

Carl Andresen †   Otto Kaiser
Werner Jetter   Eduard Lohse
Wilfried Joest   Adolf Martin Ritter

Band 6,1

Carl Andresen/
Adolf Martin Ritter

Geschichte des Christentums I/1

Altertum

Verlag W. Kohlhammer
Stuttgart Berlin Köln

Die Deutsche Bibliothek – CIP-Einheitsaufnahme

Geschichte des Christentums. – Stuttgart ; Berlin ; Köln :
Kohlhammer.
    Literaturangaben
    I/1. Altertum / Carl Andresen ; Adolf Martin Ritter. – 1993
    (Theologische Wissenschaft ; Bd. 6,1)
    ISBN 3-17-011710-6
NE: Andresen, Carl; GT

Karten I (S.218/219), II (S. 139), III (S. 143), IV (S. 144),
    VI/VII (S. 161/162) aus: F. van der Meer/Chr. Mohrmann, Atlas van de
    oudchristelijke Wereld (dt.: Bildatlas der frühchristlichen Welt, 1959)
    © Verlag Elsevier, Amsterdam

Karte V (S.144) aus: J. Aßfalg/P. Krüger, Kleines Wörterbuch des Christlichen
    Orients, 1975
    © Verlag Harrassowitz, Wiesbaden

Alle Rechte vorbehalten
© 1993 W. Kohlhammer GmbH
Stuttgart Berlin Köln
Verlagsort: Stuttgart
Umschlag: Studio 23
Gesamtherstellung:
W. Kohlhammer Druckerei GmbH + Co. Stuttgart
Printed in Germany

Dem Andenken von

HANS LIETZMANN

(2.3.1875 – 25.6.1942)

dem Lehrer

und

HANS GERNOT JUNG

(10.2.1930 – 26.12.1991)

dem Bischof

Inhalt

Vorwort

Im Vorwort zur 1. Auflage der "Geschichte des Christentums I" (Stuttgart 1975), deren 1. Teilband hiermit in gründlicher Überarbeitung vorgelegt wird, hat der am 21. Juni 1985 verstorbene Autor, Carl Andresen, für die (damals geplanten vier) Kirchengeschichtsbände der "Theologischen Wissenschaft" insgesamt "Überlegungen der ersten Kommission zur Reform des Theologiestudiums in den Jahren 1965 - 1970" als "maßgebend" bezeichnet. Er hob dabei vor allem folgende Gesichtspunkte hervor: "1. Der aus mancherlei Gründen zu fordernde Bezug der Geschichte auf die Gegenwart verlangt die Einbeziehung der ökumenischen Kirchen- und Konfessionskunde in die kirchengeschichtliche Disziplin... 2. Die Unterscheidung von Grund- und Spezialwissen, die sich aus der Untergliederung des Bildungsganges in Grundstudium und Schwerpunktdisziplin ergibt, verlangt eine Darstellung des Grundwissens...".

An diese Zielsetzung konnte die Überarbeitung um so unmittelbarer anknüpfen, als die angeführten "Überlegungen" inzwischen längst ihren Niederschlag in den geltenden Prüfungsordnungen von Fakultäten und Landeskirchen gefunden haben und die Darstellung von kirchengeschichtlichem Grundwissen heutzutage eher noch dringender gefragt ist, wie jeder Kundige weiß. Um der für notwendig gehaltenen Stoffkürzung ("im Sinne einer Beschränkung auf das Wesentliche bzw. die Grundfakten mit konstitutiver Bedeutung und geschichtsbildender Wirkung") willen hat sich C. Andresen für seinen Teil eine zusammenhängende Darstellung des Christentums von den "Anfängen bis zur Hochscholastik" vorgenommen, zumal sich diese "mit Argumenten einer von ihm angestrebten typengeschichtlichen Analyse begründen" lasse (vgl. dazu desselben meisterhafte "Kirchen der alten Christenheit", Stuttgart 1971 [RM 29,1/2] mit dem Programm einer "ekklesiologischen Typengeschichte"). Aus rein pragmatischen Gründen ist diese Entscheidung jedoch für die Überarbeitung wieder rückgängig gemacht worden, einmal, weil der Vorteil einer Kirchengeschichtsdarstellung für die Zeit bis zum Beginn des 14. Jh. in *einem* Bande mit zu großen Nachteilen für die Lesbarkeit erkauft wurde (u.a. mit dem Verzicht auf Zwischenüberschriften, breiteren Rand, größere Abstände zwischen den Absätzen, Beigabe von Karten, Zahlengruppen etc.), zum andern, weil diese Entscheidung den Studier- und Lerngewohnheiten unter den Studierenden der evangelischen Theologie offensichtlich nicht genügend Rechnung trug.

Hier setzte die Überarbeitung an, blieb aber nicht dabei stehen. Sie aktualisierte und erweiterte (z.T. erheblich) die Literaturangaben, verdeutschte die altsprachlichen Zitate und sorgte dafür, daß in der Benutzung von Fremdwörtern und Fachausdrücken der realen sprachlichen Kompetenz der Benutzerinnen und Benutzer entsprochen werde. Sie ergänzte ferner, wo die Darstellung zu knapp, und ersetzte sie partienweise, wo sie nicht recht ausgewogen zu sein und dem heutigen Forschungsstand zu entsprechen schien.

Vor allem fügte sie eine Serie von "Schwerpunkten" (zu Hauptthemen und -problemen der alten Kirchengeschichte) an, welche teilweise Ergänzungen bringen, ansonsten aber zum leichteren Repetieren und Strukturieren verhelfen sollen. Endlich ist auch die Geschichte von Byzanz in die allgemeine Kirchengeschichte integriert worden, was sich in dem 2. Teilband noch stärker bemerkbar machen wird. Das alles unter möglichster Schonung des - unverändert wertvollen - ursprünglichen Textes!

Ich danke den Miterausgebern und dem Verlag der Reihe "Theologische Wissenschaft", besonders aber Frau Ingeborg Andresen sehr herzlich dafür, daß sie sich meinen Änderungsvorschlägen nicht verschlossen und keinen Zweifel daran hatten, daß es mir mit der pietas gegenüber dem Werk meines Vorgängers im Herausgeberkollegium und einstigen "Chefs" während meiner glücklichen Göttinger Assistentenjahre ebenso ernst sei wie mit dem Bestreben, den heutigen Studienbedürfnissen zu entsprechen.

Mein Dank gilt ebenso meiner Sekretärin, Frau Elke Langbrandtner, und meiner inzwischen promovierten "geprüften Hilfskraft", Herrn Vikar Ralph Hennings, der bei der Satz- und Registerherstellung von unschätzbarem Nutzen war.

Zu den fraglosesten Gemeinsamkeiten zwischen Carl Andresen und seinem einstigen Göttinger Assistenten gehörten: die Liebe zum Pfarramt, die Anhänglichkeit an Marburg und das Hessenland - und der Respekt vor dem Weg und Wirken von Dr. Hans-Gernot Jung, Studentenpfarrer in Marburg, Akademiedirektor in Hofgeismar und schließlich lange Jahre Bischof der kurhessisch-waldeckischen Landeskirche. Es ist gewiß in Carl Andresens Sinne, wenn die Überarbeitung seines Beitrages zur "Geschichte des Christentums" nun dem Andenken zweier Männer gewidmet sein soll: Hans Lietzmanns, des Lehrers, dessen Prägung allenthalben in der Andresenschen Darstellung zu spüren ist, und Hans-Gernot Jungs, des Bischofs, der Ende vergangenen Jahres, 61jährig, ganz überraschend starb.

Heidelberg, Ostern 1992   Adolf Martin Ritter

I. Die Urgemeinde und die urchristlichen Gemeinden* (1. Jh. n.Chr.)

1. Jerusalemer Urgemeinde

Nach der Kreuzigung des messianischen Bußpredigers *Jesus* von Nazareth (ca. 30 n.Chr.) erwarteten die Jünger, durch visionäre Begegnungen mit dem "Auferstandenen" erschreckt (Petrus, Herrenbruder Jakobus u.a.), seine Wiederkunft als "Menschensohn" an "heiliger Stätte", d.h. in den Wolken über dem Tempel von Jerusalem. Sie wurden darin nicht beirrt, als sog. *"Hellenisten"* (Judenchristen griech. Mundart) sich als besondere Gruppe organisierten (Apg 6, 1-6). Im Gegenteil: eine mit der Steinigung ihres Leiters Stephanus (Apg 7, 54-60) ausgelöste Christenhetze intensivierte noch die Parusieerwartung und führte zu dem missionarischen Erfolg der aus Jerusalem vertriebenen "Hellenisten", zunächst in außerpalästinischen Bereichen, z.B. Cypern und Antiochien (Apg 11, 19-26), und in Rom (Röm 1, 7), wo man der Toleranz eines liberalen Diasporajudentums gewiß sein konnte. Zentrum eines besonders an heidnischen Griechen orientierten und eschatologisch motivierten Missionseifers wurde die Christengemeinde von Antiochien. Zu ihr stieß der ehemalige Pharisäer Saulus; einst an dem Stephanuspogrom beteiligt, wandte er sich in jäher Bekehrung (ca. 32/35) dem Christusglauben zu (Gal 1, 15-24; Apg 11, 25f.). Als *Paulus* trat er in die antiochenische Heidenmission ein (Apg 13, 1-3).

Diese Entwicklung beeinträchtigte die Vorrangstellung der *Jerusalemer Urgemeinde* nicht; auch weiterhin erblickte man in ihr die Stammgemeinde des wiederkehrenden Christus. Deshalb suchte man von Antiochien aus um Anerkennung der Heidenmission in Jerusalem nach (sog. *Apostelkonzil* ca. 48/49: Gal 2; Apg 15). Die missionarische Flurbereinigung, die Jerusalem die Judenmission, Antiochien hingegen die Heidenmission vorbehielt, war mit der Auflage einer Kollekte für die "Armen" von Jerusalem verbunden und hielt weiterhin das Wissen um die "heilige Stadt" wach (Gal 2, 9f.; Röm 15, 25f.). Dem von apokalyptischer Naherwartung bestimmten Selbstverständnis der Urgemeinde mußten die Märtyrertode des Zebedaiden (44?) und vor allem des Herrenbruders *Jakobus* (62: Josephus, Ant XX 9,1 = §§ 200/3) weit mehr zusetzen: sie markierten die immer größer werdende Distanz zu dem geschichtlichen Jesus. Der *jüdische Krieg* (66-73) fügte der (nach Pella geflohenen?) Urgemeinde den Verlust der "heiligen Stätte" zu, indem röm. Truppen den Tempel zerstörten (70 n.Chr.). Angesichts des zerstörten Tempels war auch der heimgekehrten Gemeinde die Aussicht auf den wiederkehrenden

---

* S. unten Schwerpunkt IV.

1

Christus verstellt. In weite Ferne wurde sie gerückt, als nach dem letzten jüdischen Volksaufstand unter dem Messias *Simon Barkochba* (132-135) jedem Juden das Betreten der als "Aelia Capitolina" neu entstandenen Stadt Jerusalem untersagt wurde. Die Urgemeinde hatte ihre geschichtliche Rolle ausgespielt. Sie lebte nur im Geschichtsbewußtsein der Urchristenheit fort.

Der erste Kirchenhistoriker Lukas idealisiert sie (Apg 2, 44f.; 4, 32). Motive zur Entwicklung eigener Organisationsformen waren nicht gegeben. Das unterscheidet sie von der *Qumran*-Sekte; diese bietet nur Anschauungsmodelle (z.B. "Rat der Gemeinschaften" aus "zwölf Männern" und "drei Priestern": 1QS VIII 1; vgl. neben den "Zwölf" als Repräsentanten der zwölf Stämme des endzeitlichen Gottesvolkes und als endzeitliche Richter über Israel Mt 19, 28 par [= Q] die beiden Zebedaiden samt Petrus als Zeugen der Messiasepiphanie Mk 9, 2ff. par und den Paulusbericht über die drei "Säulen" Jakobus, Kephas und Johannes Gal 2, 9). Hauptanliegen war die Sammlung der Messiasgemeinde durch die apokalyptische Reinigungstaufe und ihre Versammlung als künftige Mahlgemeinschaft mit dem wiederkommenden, weil auferstandenen Jesus von Nazareth.

Die *messianische Bußtaufe* des Johannes war jetzt "christlich", indem sie "im Namen" des Messias geschah, der mit dem gekreuzigten, aber als "auferstanden" bezeugten Jesus von Nazareth identifiziert wurde; sie proklamierte seine baldige Rückkehr und die Teilhabe an seinem "Reich". Sie verpflichtete gleichzeitig zur asketischen Haltung; vgl. die von Paulus verwendete Traditionsformel von dem "Pneuma der Heiligung" (Röm 1, 4) und dazu wieder die Sektenregel von Qumran (auch dieser Gemeinschaft ist der Geist "in seiner Wahrheit" gegeben, denn "durch den Geist der Rechtschaffenheit und Demut" wird sie gereinigt werden: 1QS III 4-9). Dieses in der urgemeindlichen Taufe beschworene "Pneuma der Heiligung" schuf die Voraussetzung für eine triadische Taufformel; in Verbindung mit einer messianologischen Interpretation von Ps 2, 7 (Apg 13, 33; Hebr 1, 5) entstand so der triadische Taufbefehl Mt 28, 19.

Als *"Versammlung"* beanspruchte die Urgemeinde mit ihren Mahlgemeinschaften (Apg 1, 14; 2, 1f.; 2, 46; vgl. das messianische "Mahl der Erlösung" nachexilischer Apokalyptik äthHen 62, 14; slHen 42, 5; ferner Mt 8, 11 par), die Schar der künftigen Tischgenossen des wiederkehrenden Christus zu sein. Zum messianischen Horizont ihres "Brotbrechens" (Apg 2, 42.46) gehörte zweifelsohne der "Segensbecher" (1 Kor 10, 16; vgl. Lk 22, 17): beim messianischen Freudenmahl sollte David selber den Segen über ihn sprechen (Ginsberg, Legends of the Jews 4, 1913, 115f.; 6, 1928, 272f.). Der "Festjubel" (Apg 2, 46f.; vgl. 1 Petr 4, 13; Jud 24) solcher vorweggenommenen Mahlgemeinschaft mit dem Messias-Christus schuf wohl auch den Erwartungsruf "Maranatha" (es sei denn, daß ihm eine Kyrioschristologie zugrundeliegt: u. S. 3). Im übrigen entsprach der messianischen Ekklesiologie eine Christologie der Davidssohnschaft: diese ließ sich sowohl zur Prädikation "Knecht Gottes" als auch "Sohn Gottes" christlich entfalten.

2. Antiochien

Seit der Mitte des 1. nachchristlichen Jahrhunderts wurde Antiochien zum Angelpunkt der weiteren Entwicklung. Dieser Gemeinde eignete die aus den großstädtischen Verhältnissen resultierende Fähigkeit, die Gegensätze zwischen den bei ihr Zuflucht suchenden Christen zu überbrücken. Wohl berichtet die älteste Nachricht über sie von einem Konflikt in Sachen jüdischer Gesetzesfrömmigkeit zwischen Petrus und Barnabas einerseits und Paulus andererseits (Gal 2, 11-14). Ursache war die freizügige Regelung des Zusammenlebens in der aus Juden und Heiden zusammengesetzten Gemeinde, an dem die Gesetzesfrommen aus Jerusalem Anstoß nahmen. Hier ließ sich aber ein Kompromiß finden, der den Heidenchristen gewisse Pflichten (sog. noachitische Gebote: Lev 19, 4.29; 3, 17) auferlegte, wie man sie auch von den unbeschnittenen Anhängern der Synagoge, den sog. "Gottesfürchtigen", erwartete (Apg 15, 19f.; vgl. 15, 28f.). Des Paulus Vorwürfe gegen judenchristliche, in seinen Gemeinden um Anhängerschaft werbende Gesetzesfrömmigkeit (Gal; Phil 3) nötigen zu dem Schluß, der indirekt auch durch den lukanischen Bericht der späteren Trennung des Paulus von Barnabas (Apg 15, 36-39) bestätigt wird, daß Paulus konsequent jener Gemeinde den Rücken kehrte, deren Kompromißbereitschaft ihm unverständlich bleiben mußte; nur lukanischer "Ökumenismus" ließ ihn nochmals in Antiochien einkehren (Apg 18, 22f.).

Nur im duldsamen Antiochien läßt sich die mehrschichtige *Traditionsformel der Osterzeugen* ansiedeln, die so unterschiedliche Figuren wie Petrus und den Herrenbruder Jakobus zu gleichwertigen Autoritäten macht (1 Kor 15, 3-7). Paulus wird auch das Traditionsgut seines *Abendmahls*berichtes (1 Kor 11, 23-26), dessen Gedächtnischarakter die heidenchristliche Situation sichtbar macht und darin sich mit Lk 22, 15-20 berührt, aus Antiochien übernommen haben. Die Auskunft vom antiochenischen Ursprung des "Herrenmahls" schließt nicht die Möglichkeit aus, daß die Abendmahlstexte von Mk 14, 22-25 und Mt 26, 26-29 nicht aus der westsyrischen Metropole kommen. Im Gegenteil - mit ihrer ὑπέρ-Formel des stellvertretenden Sühneleidens ("um ... willen") und dem Gedanken der durch Blut erneuerten Bundesschließung, die auch Paulus und Lukas bekannt sind, wird ein gemeinsamer Grundstock greifbar, der auch mit den judenchristlichen "Hellenisten" eint. Mit solcher Lokalisierung wäre eine Mehrzahl von *"Hausgemeinden"* für Antiochien zu postulieren, was bei den hauptstädtischen Verhältnissen keine Schwierigkeiten bereitet: Antiochien konnte sich damals mit Alexandrien und erst recht Byzanz messen. Daß in den antiochenischen Hausgemeinden keine paulinische Leib-Christi-Ekklesiologie beheimatet war, die nur die *eine* Abendmahlsgemeinschaft der Ortsgemeinde zuläßt, wird indirekt durch Ignatius (u. S. 8f.) bewiesen. Sein leidenschaftliches Eintreten für die eine Abendmahlsgemeinschaft und für den einen Bischof Anf. 2. Jh.s erklärt sich daraus, daß der anfängliche Pluralismus antiochenischer Hausgemeinden im weiteren Verlauf der Entwicklung den Gemeindeseparatismus begünstigte - später das antiochenische Schicksal überhaupt! Im 1. Jh. sicherte er Antiochien die Führungsrolle. Wie einst in dem unverheerten Jerusalem mehrere Synagogen den verschiedenen Gruppen des außerpalästinischen Judentums bei ihren Pilgerfahrten zu Gebote standen, so bot Antiochien später außerpalästinischen Christen aller

Schattierungen friedsame Heimstatt. Innergemeindlicher Zwist war nach dem Ausscheiden des Paulus hier zunächst unbekannt.

3. Paulinische Gemeindegründungen

In die paulinischen Gemeindegründungen (Galatien, Philippi, Korinth) hingegen wurde er auf dem normalen Weg des zwischengemeindlichen Verkehrs getragen: erneut stieß antiochenische Konzilianz mit paulinischer Unduldsamkeit zusammen, wobei Paulus ausschließlich gegen die "Verfälschung des Evangeliums" protestierte. Bereits vor seinem Märtyrertod (ca. 60) zeichnete sich ab, daß die Zukunft dem Ausgleich und der Integrierung jüdischer Observanzfrömmigkeit in den "Frühkatholizismus" gehören würde.

Die Gemeindegründungen des Paulus (Philippi, Thessalonich, Korinth, galatische Gemeinden) haben daher anfänglich nicht die gleiche kirchengeschichtliche Rolle gespielt wie Gemeinden, die er bereits vorfand. Dazu gehörte vor allem Ephesus. Vor Paulus lehrte hier der alexandrinische Christ Apollon (vgl. 1 Kor 1, 12; 3, 4ff. mit Apg 18, 24ff.). Hier bot ihm auch unterkunftsmäßig und beruflich das judenchristliche Ehepaar Aquila und Prisk(ill)a die Basis eines mehrjährigen Aufenthaltes (1 Kor 16, 19; vgl. Apg 18, 18f.). Die Verhältnisse waren vorgeprägt, und so wiederholte sich für Paulus in Ephesus Antiochien. Der, in den Krawall der Silberschmiede von Lukas verlagerte, dramatische Abschluß des Ephesusaufenthaltes (Apg 19) dürfte den Andeutungen von 1 Kor 15, 32; 2 Kor 1, 8 (vgl. auch 2 Kor 11, 23) zufolge ein polizeilicher Ortsverweis unter konspirativem Zusammenwirken städtischer und synagogaler Behörden (letztere vielleicht judenchristlicherseits auf Paulus aufmerksam gemacht, falls Phil 3 ephesische Gefangenschaft bezeugt) gewesen sein. Selbst Lukas läßt Paulus nicht mehr nach Ephesus zurückkehren (Apg 20, 16f.).

Von einem paulinischen Gemeindetyp läßt sich verfassungsrechtlich kaum sprechen. Ausgerechnet in einer Paulusgründung begegnet zum erstenmal das *Ämter*paar der "Bischöfe und Diakone" (Phil 1, 1). Vielleicht mit den "Vorstehern" anderer Paulusgemeinden (1 Thess 5, 12; 1 Kor 16, 16) identisch, nimmt die damit vollzogene Abgrenzung von den geistlichen Aufgaben der "Apostel, Propheten und Lehrer" (1 Kor 12, 28; vgl. Eph 4, 11) eine für die "frühkatholischen" Gemeinden typische Zweiteilung vorweg, die aufgrund unliebsamer Erfahrungen an "Aposteln" und "Propheten" mit Übertragung geistlicher Funktionen an das eher "technische" Ämterpaar wieder aufgehoben wurde (vgl. Did 15, 1f. mit 1 Tim 3; Herm vis 3, 5, 1). Selbst "konfessionell" besaßen die Paulusgemeinden keinen Sonderstatus: sowohl im Taufakt wie im "Herrenmahl" bekannte man mit dem übrigen Urchristentum den einen "Kyrios Christos" (1 Kor 11, 23ff.; Röm 10, 9ff.; vgl. Phil 2, 11). Die Eigenart wurde erst an dem Kerygma von der "Freiheit in Christus" (2 Kor 3, 17; Röm 8, 21) und der daraus abgeleiteten "Freiheit von dem Gesetz" samt der daraus gezogenen Folgerung, z.B. Ablehnung der Beschneidung und jüdischer Ritualvorschriften (Gal 2, 3ff.; 5, 1ff.; Röm 2-4; Phil 3, 2ff.), greifbar.

4. Nach- und nebenpaulinisches Christentum

Es liegt auf der Hand, daß nach dem Tod ihres Gründers die paulinischen in die urchristlichen Gemeinden aufgehen mußten. In Taufe, Wortgottesdienst zum Zweck der Erbauung und Werbung, Eucharistie als Gemeinschaftsmahl der Gläubigen und "Gedächtnis"feier für den "Kyrios" bestand sowieso kein Unterschied. Erst recht nicht auf dem Gebiet des Brauchtums! Genannt sei nur das auf die synagogale Diaspora und ihren zwischengemeindlichen Briefverkehr zurückgehende Institut des sog. "Katholischen Briefes" (neben Eph und Jak vgl. auch Barn), das auf gattungsgeschichtlichem Gebiet eine Kontinuität demonstriert, die auch in anderen Bereichen (Vaterunser, Gebetssitten, gottesdienstliche Hymnen) zu beobachten ist; wie denn überhaupt das dem frommen Brauchtum eigene Trägheitsmoment kaum überschätzt werden kann. Unter diesem Aspekt löst sich z.B. die Frage, warum ausgerechnet antipaulinische Stimmen (Jak 2, 14-26; 2 Petr 3, 15f.) in den urchristlichen Gemeinden steigend Gehör fanden. Sie setzten sich dank ihrer Konformität mit der frommen Tradition durch. Die in der griechischen Diaspora liegende Gemeinde, an die der Verfasser des Jak schreibt, wird von jener "Armenfrömmigkeit" bestimmt, wie sie aus urchristlichen Hymnen (z.B. Lk 1, 46-55) und Gebeten (z.B. Apk 11, 17f.) entgegentritt, die ihrerseits aber Züge jüdischer, durch Qumran sichtbar gewordener Sektenfrömmigkeit aufweist. Ihre Kehrseite sind die Machtbilder endzeitlicher Geschichtsapokalyptik, die seit den exilisch-babylonischen Tagen ihres Ursprungs die Minderheitssituation der religiösen Gruppe zur Voraussetzung hat. Nicht zufällig ist ihr Visionsbild eines tausendjährigen Friedensreiches unter dem Zepter des wiedergekommenen Christus und unter der Regentschaft der auferstandenen Märtyrer und Frommen (Apk 19, 11ff.) nur so lange in Geltung geblieben, als die Minderheitssituation das Christentum prägte (u. S. 8).

5. Häretische Bewegungen

In erster Linie bringen "Irrlehren" (Häresien) in das gleichtönige Bild des Ur-christentums Farbe. Dieselben sind unterschiedlicher Art. In der phrygischen Stadt Kolossai sieht die Gemeinde sich von einer Häresie bedroht, die den Kult kosmischer Elemente mit einer rituell gestimmten Askese verband. Be-trachtete man in dieser Gemeinde jüdische Engelsspekulation als verwerflich (Kol 2, 16-23), so ist dem Verfasser des Jud die himmlische Engelwelt heilig. Er macht es gnostischen Irrlehrern, welche die Leiblichkeit, damit auch die Schöpfertätigkeit Gottes mißachten und den Libertinismus ("Alles ist euer"!) predigen, gerade zum Vorwurf, daß sie die Engelmächte, an ihrer Spitze Mi-chael, schmähen (v. 8f.). Wesentlich anderer Art scheint hingegen jene *Gnosis* zu sein, die im Schoß der von den Johannesbriefen angeschriebenen Gemeinde(n) entstanden ist. Hier führt Verachtung der Leiblichkeit und

Leugnung der Sünde zur geistlichen Überheblichkeit und Mißachtung der Bruderschaft. In ihrer "doketischen" Christologie (Christus - "nur zum Schein" menschgeworden und dem Leiden unterworfen) bekundet diese Irrlehre zudem ein spekulatives Interesse, ohne sich in die Spekulationen der späteren Gnosis zu verlieren; ihre Kennzeichnung als "enthusiastische Gnosis" (W. G. Kümmel) will solchen Unterschied festhalten.

Aufschlußreich sind endlich die Sendschreiben der Offenbarung Johannis (der Brief an die Gemeinde von Laodicea wirft freilich diesbezügliches Material nicht ab). Thyatira im abgelegenen Lydien erscheint hier als Zentrum einer libertinistischen Gnosis (Apk 2, 18-29). Die alttestamentlich gefärbte Charakterisierung als "Unzuchtssünder" unter Anführung einer "Jesebel" kehrt bei Anprangerung häretischer Umtriebe gleicher Art in Pergamon wieder (Apk 2, 14f.); denn die Chiffre "Bileamiter" (hebr. = "Volksvernichter", griech. "Nikolaiten") zielt in gleiche Richtung. Im übrigen bewegt sich die Devise der Häretiker, "die Tiefen des Satans" ergründen zu wollen (Apk 2, 24), bereits auf Bahnen des gnostischen Nihilismus, der sich nach Kain, Seth oder gar nach der "Schlange" (Ophiten, Naassener) benennt und damit das Böse beschwört, um des Guten teilhaftig zu werden (u. S. 19ff.). Neben Ephesus werden in den Sendschreiben nur noch den Gemeinden von Smyrna und Philadelphia keine häretischen Bewegungen angelastet. Ist es ein reiner Zufall, wenn gerade die letztgenannten Gemeinden stattdessen unter Verfolgung durch die Judenschaft zu leiden haben (Apk 2, 9; 3, 9)? Die orthodoxe Unduldsamkeit der Synagoge löste sichtlich antichristliche Aggressionen aus, heterodox-jüdischer Synkretismus aber trug Unruhe in die urchristlichen Gemeinden hinein. So beweisen auch die urchristlichen Häresien erneut die räumliche und geistige Nähe der Urchristenheit zum (hellenistischen) Diasporajudentum.

Lit.: E. Meyer, Ursprung und Anfänge des Christentums I, 1923; B. Moeller, Geschichte des Christentums in Grundzügen, (1965) [4]1987; H. Conzelmann, Geschichte des Urchristentums, (1969) [6]1989; W. G. Kümmel, Einleitung in das Neue Testament, ([12]1963) [21]1983; W. Schneemelcher, Das Urchristentum, 1981; K.M. Fischer, Das Urchristentum, 1985; H. Kraft, Die Entstehung des Christentums, [2]1986; A. Segal, Rebecca's Children: Judaism and Christianity in the Roman World, Cambridge/Mass. 1986; H. Paulsen, Das Christentum im 1. Jh., 1987; J. Becker u.a., Die Anfänge des Christentums, 1987; E. Schüssler Fiorenza, Zu ihrem Gedächtnis...: Eine feministisch-theologische Rekonstruktion der christlichen Ursprünge, 1988; C. Colpe, Das Siegel der Propheten, 1989; L. Schenke, Die Urgemeinde, 1990; G. Kretschmar, Die Kirche aus Juden und Heiden., in: J. van Amersfoort - J. van Oort, Juden und Christen in der Antike, Kampen 1990 9-43; J.E. Taylor, The phenomenon of early Jewish-Christianity, VigChr 44 (1990) 313-334.

II. Die frühkatholischen Gemeinden in ihrer Selbstbehauptung (2. Jh. n.Chr.)

1. Einführendes

Zu den wichtigsten Vorgängen des 2. Jh.s gehört der Wandel des kirchlichen Selbstverständnisses. Ursprünglich eine enthusiastische ("gottbegeisterte", "schwärmerische") Bewegung, von apokalyptischer Naherwartung erfüllt, wird das Christentum sich seiner Geschichtlichkeit bewußt. Hatte man bisher das Ausbleiben der Wiederkunft (Parusie) Christi bitter hingenommen oder es mit Herrenworten bzw. -gleichnissen als "Verzögerung" erklärt, so stellte man sich jetzt der Geschichte. Für Christen, die sich von Gott "erwählt" und als Gemeinschaft "herausgerufen" wußten, gewann dabei das geschichtliche Kontinuum heilsgeschichtlichen Rang und so theologische Beweiskraft. Der Entwurf von Gemeindeordnungen mit Ämtern und sonstigen Institutionen, die kirchengeschichtliche Dauer garantieren, war damit legitimiert. Die geschichtliche Konsolidierung war allerdings auch von einem Prozeß religiöser Verfremdung begleitet. Er wird erst im nachhinein greifbar, indem kirchengeschichtliche "Fehlleistungen" ausgeschieden und als "Häresie" gebrandmarkt werden. Zu ihnen gehörte z.B. die potentielle Entfaltungsmöglichkeit als synkretistische Religionsgemeinschaft oder als spekulative Religionsphilosophie (Gnosis). Zu solchen geschichtlichen Selbstverfehlungen gehörte auch restaurative oder reformerische Rückbesinnung auf die Ursprünge des Christentums (Montanismus, Markion). Ein drittes Merkmal dieses Jh.s kirchengeschichtlicher Dramatik ist die Loslösung vom Judentum, sei es als radikale Ablehnung (Barn), sei es im literarischen Disput (Ariston v. Pella; Justin; u. S. 17. 29). Am Ende dieses Prozesses der Entfremdung steht der angebliche "Judenchrist" Hegesipp (u. S. 54), der die christlichen Häresien aus dem Judentum ableitet, oder ein Irenäus (u. S. 36), der das Judentum global als "häretisch" aburteilt, damit aber gleichzeitig die Unsicherheit des Urteils bekundet, die heute noch im Begriff "Judenchristentum" fortlebt. Tatsache bleibt, daß Ende des 2. Jh.s die am jüdischen Ritus festhaltenden Christen als Minorität weitgehend von der katholischen Großkirche ausgeschieden wurden. Das letzte Band zum palästinischen Ursprung (von dem Heiden Kelsos noch um 180 n.Chr. den Christen vorgehalten) wurde damit abgeschnitten. In ihrer Selbstbehauptung um künftige Eigenständigkeit besorgt, mußten die frühkatholischen Gemeinden die Erfahrung machen, daß Fortbestehen noch nicht geschichtliche Kontinuität garantiert oder verlangt. Auch Diskontinuität kann Fortbestehen garantieren, weil am Anbruch des Neuen Überholtes absterben muß.

1.1. "Frühkatholizismus" als Forschungsproblem

Der Frühkatholizismus wurde zuerst durch F.Chr. Baur (1831) zum Gegenstand bes. Aufmerksamkeit und zum Anschauungsmodell hegelianischer Geschichtsdialektik gemacht. Sein Schüler A. Ritschl (1857: "Die Entstehung der altkatholischen Kirche", 2. Aufl.!) korrigierte dies nicht unerheblich, wenn er ein von Anfang an unabhängig von Paulus bestehendes, vulgäres Heidenchristentum zum Träger auf den "Katholizismus" hin machte. Zugleich setzte er die Entstehung desselben erst mit den "großen, antignostischen Kirchenlehrern" der Wende 2/3. Jh. an. Ritschls Auffassung wurde von A. Harnack (Lehrbuch der DG, [4]1909) übernommen.

Diese bis fast in die Gegenwart hinein vorherrschende Auffassung (Heussi § 14) ist im Hinblick auf den von der ntl. Forschung erarbeiteten Begriff des "Frühkatholizismus" (bahnbrechend E. Käsemann, Vortrag: "Amt und Gemeinde im NT", 1949, veröffentl. 1960; Fragestellung: Übergang aus dem Urchristentum in die sog. alte Kirche; W. Marxsen, Der Frühkatholizismus im NT, 1958; H. Küng, Der Frühkatholizismus im NT als kontroverstheol. Problem, 1963) zu überprüfen. Wie vor mehr als hundert Jahren (Ritschl) ist die Problematik von der ekklesiologisch-systematischen auf die historische Ebene zu überführen, der Begriff aus dem Bannkreis theologischer Abwertung zu befreien, Frühkatholizismus vielmehr als historisches Phänomen zu beschreiben, in seinem entwicklungsgeschichtlichen Beitrag zu kennzeichnen und zu definieren. Zu seinen Quellen gehören hier: das lukanische Geschichtswerk, Jud, 2 Petr, Pastoralbriefe, sog. Apostolische Väter mit Did, Herm, pseudepigr. Schrifttum (Evangelien etc.), aber auch die frühen Apologeten.

1.2. Ballungszentren

Die Entwicklung der frühkatholischen Gemeinden wurde von Gesetzen beherrscht, die allg. für Minderheiten, im speziellen aber für das antike Diasporajudentum galten. Die Ausbreitung folgte den Verkehrs- und Handelswegen. Weil man am leichtesten in großstädtischer Anonymität lebte, wurden die Knotenpunkte des Mittelmeerraumes zu den Gelenken eines die Weite des Raumes leicht überwindenden Gemeindeverbandes. Dabei ergaben sich für die Ortsgemeinden Situationsunterschiede, die sich auch auf ihre innere Entwicklung auswirkten. Frühkatholische Gemeinden an den Zielpunkten des mediterranen Handels und Wandels mußten sehr bald die Gemeinden überflügeln, die vom Durchgangsverkehr ihrer Städte bestimmt waren, so daß sie ihre kirchengeschichtliche Funktion nur als Ausstrahlungszentren ausüben konnten.

1.2.1. Rom

Bekanntes Beispiel der erstgenannten Kategorie der Ballungszentren ist Rom. An dessen christliche Gemeinde richtete bereits 55/56 n.Chr. Paulus einen Brief (Röm). Für Petrus, damals noch nicht in der Hauptstadt, wurde sie gleichfalls sein Schicksal als Märtyrer wie hernach für Ignatius v. Antiochien (ca. 110). Dieser beschwor das Ansehen der "Apostel" Petrus und Paulus, um von der Gemeinde in seinem Streben nach dem Martyrium nicht gehindert zu werden, und bezeichnete sie metaphorisch als "Freie", d.h. als Märtyrer (IgnRöm 4, 3). Von den Martyrien des Petrus und des Paulus schreibt sozusagen in einem Atemzug ein Gemeindeschreiben Roms nach Korinth (1 Clem 5; ca. 95/96 n.Chr.). Zu gleicher Zeit kann ein Pseudepigraph voraussetzen, daß nach allgemeiner Auffassung Petrus sich in "Babylon" d.h. in Rom aufgehalten habe (1 Petr 5, 13); um 100 n.Chr. spricht ferner ein anderer andeutend von einem Martyrium des Petrus in Rom unter Nero (AscJes 4, 2f.). Weder die traditionsgeschichtliche Analyse Hans Lietzmanns ("Petrus u. Paulus in Rom", 2. Aufl. 1927) noch die Grabungen unter St. Peter (1940-1949) mit ihrer Entdeckung einer "memoria Petri" haben älteres Beweismaterial erbracht (E. Dinkler, ThR 25, 1959). Die auch durch Tacitus (ann XV 44) für die Zeit Neros (54-68) bezeugte Christengemeinde wuchs während der frühkatholischen Periode vorwiegend dank der Zugewanderten und trieb vor allem unter griech. Juden Mission (Dio Cass. LXVII 14). Aktiv wurde man nur, wenn in auswärtigen Gemeinden wie Korinth Frieden zu stiften und zugleich übergemeindliche Verantwortung zu bekunden war (1 Clem), oder wenn in der Bußfrage (u. S. 13f.) in Form eines apokalyptischen Sendschreibens eine Entscheidung zu treffen war (sog. Hirt des Hermas; vor 150 n.Chr.). Man riet und entschied in der Haltung jenes Konservatismus, der schon immer in Roms Mauern zuhause war. Eben deshalb schied man Zugereiste wie den Gnostiker Valentin (u. S. 21) oder den Reformer Markion (u. S. 22ff.) aus den Reihen aus, zumal wenn sie mit den vom jüdischen Christentum stark geprägten Traditionen in Widerspruch gerieten.

1.2.2. Alexandrien

Alexandrien ist das zweite Beispiel eines frühkatholischen Ballungszentrums, dessen Ursprünge für uns im Dunkel bleiben. Auch hier dürften jüdische Christen die Pioniere gewesen sein (vgl. den christlichen "Juden und Alexandriner" Apollon, Apg 18, 24). Wie der Barnabasbrief (zw. 115-140 n.Chr.) in seinen Ausfällen gegen das Judentum vermutlich anzeigt, lebte man in nächster Nähe zur Synagoge, was bis in die Zeiten eines Origenes (u. S. 38ff.) anhielt. Die synagogalen Traditionen Alexandriens waren zumindest bis zum Beginn des 2. Jh.s liberal gewesen. In den Mauern dieser Stadt war nicht nur der Geist einer gestrengen Philologie, sondern auch der spekulativen Philosophie, ja der Theosophie zuhause, einer "mystischen" Gotteslehre, in welcher sich okkultistische und pantheistische Anschauungen mit offenbarungstheologischen Vorstellungen verbinden. In diese Umgebung fügt sich gut ein, daß aus dem Alexandrien des 2. Jh.s hervorragende Vertreter des christlichen Gnostizismus wie der zugereiste Syrer Basilides (u. S. 20f.) hervorgegangen sind. Örtliche Tradition begünstigte ferner die Produktion von "Evangelien". Teils orientierten sie sich am synoptischen Vorbild und verrieten ihre Heterodoxie nur durch die Traditionsfigur des Herrenbruders Jakobus als Garanten ihrer synkretistischen Anschauungen (Hebräerevangelium: 1. Hälfte 2. Jh.). Teils knüpften sie an die Gattung der "Apokalypse" an, in der der Auferstandene Fragen der Jünger auf dem Offenbarungs- (= Welten-) berg vor seiner Himmelfahrt beantwortet und dabei gnostische Geheimlehren verkündet (Ägypterevangelium) oder Einblick in Hölle und Totengericht bietet (Petrusapokalypse, beide 1. Hälfte 2. Jh.). Die ApkPetr erfreute sich noch im 4./5. Jh. selbst in orthodoxen Kreisen großer Beliebtheit.

1.2.3. Antiochien und Ostsyrien

Antiochien hingegen repräsentiert ein frühkatholisches Durchgangs- und Strahlungszentrum. Seine Bedeutung gewann es in erster Linie durch die Fluktuation der Mitglieder. Damit hängt vielleicht zusammen, daß im Verlauf des 2. Jh.s die judenchristlichen Gemeindeglieder das Übergewicht gewannen. Beobachtungen (R.M. Grant) zu dem in Antiochien lehrenden Menander (Vertreter der sog. samaritanischen Gnosis im Übergang vom 1./2. Jh.) über Ignatius (s.o.) bis hin zu seinen bischöflichen Nachfolgern Theophilus (ca. 180) und Serapion (ca. 190) lassen erkennen, daß die judenchristlichen Mitglieder der syrischen Metropole sich literarisch und theologisch stark betätigten. Ob mit dem Zurückdrängen der heidenchristlichen Majorität aus den Anfängen die Beanspruchung des *Petrus* als apostolischer Leitfigur zusammenhängt, ist unklar; greifbar wird dies erst durch judenchristliches Schrifttum aus der 1. Hälfte des 3. Jh.s (Pseudoklementinen: u. S. 54) und durch die liturgische Verwendung eines Petrusevangeliums im Umkreis von Antiochien um 190 n.Chr. (Euseb, KG VI 12). Dem griech.-syrischen Sprachgebiet entstammt ferner das durch die gnostisch-koptische Geheimbibliothek von Chenoboskion (Thebais) neuentdeckte *Philippus*evangelium (2. Hälfte 2. Jh.), das valentinianische Gnosis als christlich ausgibt. Neben den gnostischen Traditionsgrößen Matthäus und Thomas war Philippus als "Schreiber" bereits bekannt (Pistis Sophia 42).

Auf Judas *Thomas* beruft sich noch weitere gnostische Geheimliteratur von Chenoboskion: das sog. Thomasevangelium (wie das Philippusevangelium aus "Herrensprüchen" zusammengestellt) und das Buch des "Athleten Thomas" - beide ihrer Gattung nach gnostische Apokalypsen, d.h. Offenbarungsreden des Auferstandenen. Ostsyrien ist ihre Heimat. Ihr Gnostizismus bezeugt den engen Zusammenhang zwischen dem anfänglich "häretischen" Christentum Ostsyriens mit seinem Zentrum Edessa (Tatian, Bardaisanes) und der jüdischen Christenheit von Antiochien. Im ostsyrischen Missionsgebiet war zudem das Nazoräerevangelium bei jüdischen Christen im Gebrauch (1. Hälfte 2. Jh. ins Aramäische oder Syrische übersetzt); es stand dem synoptischen Matthäusevangelium sehr nahe. Auch nach Syrien strahlte der antiochenische Pluralismus (o. S. 2f.) aus.

1.2.4. Kleinasien

Die stärkste Ausstrahlungskraft aber besaßen die Gemeinden Kleinasiens, wie die engen Informationskontakte zum fernen Lyon (durch den Kleinasiaten *Irenäus* [u. S. 25] hergestellt) und der Passahstreit mit Rom (u. S. 45) beweisen. Eindrucksvoller Repräsentant frühkatholischen Christentums der römischen Provinz Asia ist in der 1. Hälfte des 2. Jh.s Bischof *Polykarp von Smyrna* (u. S. 17f.). Sein Zeitgenosse *Papias*, Gemeindeleiter des phrygischen Hierapolis, lenkte die Aufmerksamkeit auf die kleinasiatischen Traditionen, indem er ca. 130 n.Chr. "Worte und Taten des Herrn" aus mündlicher Tradition sammelte, kommentierte und hierfür neben den Töchtern des Evangelisten Philippus (Apg 21, 8f.) sich auf den "Presbyter" Johannes berief. Als apostolischen Traditionsgaranten beanspruchte denselben aber auch Ephesus, das als Provinzhauptstadt der Asia zur Führungsrolle bestimmt war und sie dann auch übernahm: sein Bischof *Polykrates* (ca. 190) wurde Rufer im Streit mit Rom (u. S. 13); bei ihm war allerdings aus dem "Presbyter" der Lieblingsjünger geworden (Euseb, KG V 24, 2-5).

Wie wenig damit integre Überlieferung garantiert war, beweist aus dem Chenoboskionfund (s.o.) das neuentdeckte *"Apokryphon des Johannes"*. Es bringt in der üblichen Art gnostische Offenbarungsreden des Auferstandenen, hat sichtlich Beziehungen zur ägyptischen Barbelognosis (u. S. 20), konnte den kleinasiatischen Raum aber nur unter der Flagge des Apostels Johannes erobern; auf diesem Umweg über Ephesus erhielt Irenäus im hohen Norden seine Kenntnis der Barbelognostiker (adv haer I 29). Nachdem um die Mitte des 2. Jh.s ein kleinasiatisches Pseudepigraph die Apostelgestalt des Petrus beansprucht hatte (2 Petr), sollte um 180 n.Chr. ein kleinasiatischer Presbyter für seine "Paulusakten" (Tertullian, bapt 17) den Apostel Paulus wählen, der nachweislich in Ephesus weilte, von diesem aber nie beansprucht worden ist. Auch der in den gleichen Raum und die gleiche Zeit (ca. 170/180) gehörende "Brief der (11!) Apostel" *(Epistula apostolorum)* spart ihn aus, wenn er unter Berufung auf die Apostel seine antignostischen Argumente vorträgt. Im übrigen bewies sich die Aktivität der frühkatholischen Gemeinden Kleinasiens nicht nur in ihrem Widerstand gegen die gnostische Aushöhlung des Christentums, sondern auch in der Abweisung der montanistischen "Prophetie" (u. S. 16ff.). Bedeutsame Autoren wie der Rhetor *Miltiades* (ca. 160-180), die Bischöfe *Apollinaris* v. Hierapolis und *Meliton* v. Sardes (170-190) sind aus ihnen hervorgegangen; neben dem Kleinasiaten *Quadratus* (ca. 120) gehören die letztgenannten auch zu den ältesten *Apologeten*. Neutestamentliche Forschung siedelt die johanneischen Gemeindebriefe und die für den Frühkatholizismus charakteristischen Pastoralbriefe in Kleinasien an. In der Tat, als frühkatholisches Strahlungszentrum kommt ihm eine besondere Bedeutung zu, zumal wenn man seine spezifische Eigenart, Askese als Heiligung zu fordern, in größeren Zusammenhängen sieht (u. S. 97ff.).

1.3. Traditionalismus: das Beispiel der Didache

Der Traditionalismus ist ein besonders auffallendes Merkmal des Frühkatholizismus, den man als Blütezeit des apostolischen Pseudepigraphentums bezeichnen kann. Apostolische Autorität legitimiert den Glauben, sie regelt das innergemeindliche und häusliche Leben (sog. "Haustafeln", z.B. Eph 5, 22-6, 9; Kol 3, 18-4, 1; 1 Petr 2, 18-3, 12). "Geistliches" und " weltliches" Leben wird grundsätzlich auch nicht in den "Gemeindeordnungen" unterschieden, die sich als Testamente des Paulus an seine Schüler geben (Past); Schöpfungs- und Heilsordnung sind identisch. Schon ihre theologische Voraussetzung verrät die synagogale Herkunft ihres Traditionsgutes.

Die sog. Didache (urspr. Titel vielleicht: "Unterweisung des Herrn durch die zwölf Apostel für die Gemeinde unter den Völkern"), älteste außerbiblische Gemeindeordnung, bringt dafür den eindeutigen Nachweis. Sie wird von Christus selber als dem "Lehrer" gegeben, was sowohl Anklänge an das jüdische Rabbinat wie an den popularphilosophischen Schulbetrieb hellenistischer Tradition (vgl. z.B. Klemens' "Katechetenschule" in Alexandrien: u. S. 38f.) weckt. Die Diaspora-Ekklesiologie des Titels paßt ausgezeichnet in die Welt griechischen Judentums, zu der auch inhaltliche Beziehungen vorhanden sind. Ja, der Tauf(?)-Katechismus Did 1-6 und sein Zweiwegeschema ist neuerdings durch Qumran (1QS III 13-IV 26) sogar für sektiererisches Judentum Palästinas belegt. Die andere schon längst bekannte Parallele aus dem Barnabasbrief (18, 1-20, 2) ist damit nicht entwertet; ihr ist der sog. christliche

Einschub (Did 1, 3-2, 1) unbekannt, so daß sie die Herkunft des Materials aus einem jüdischen Katechismus am augenscheinlichsten macht. Der zweite Teil der Did ist eine Gottesdienstordnung (cap. 7-10) mit Anweisungen für Apostel und Propheten (übergemeindliche Amtsträger) und für Bischöfe und Diakone (Gemeindebeamte: cap. 15). In solcher Gestalt vielleicht schon Ergebnis einer Redaktion, erfuhr die allgemein nach Syrien verlegte Didache später noch manche Überarbeitung.

2. Das frühkatholische Gemeindeleben

2.1. Verfassung und Gottesdienst

Alle Zeugen des Frühkatholizismus belegen die sog. *Presbyterialverfassung* als die ihm eigene Gemeindestruktur. Daran ändert gelegentliche Betonung des *einen* Bischofs (IgnPhld 4; 7, 2; IgnSm 8, 1; Polyk) nichts. Im Gottesdienst sitzen auf der Presbyterbank vor der "Menge" (πλῆθος) die "Vorsteher" und "Ältesten", die dank ihrer mit der Glaubensbewährung gleichgesetzten Lebenserfahrung aus der Gemeinde, dem "Bundesvolk" (λαός), hervorgegangen sind. Aus ihrem Kreis wiederum schälen sich die "Aufseher" (ἐπίσκοποι) und "Diener" (διάκονοι) heraus; deren Anzahl bestimmen Bedarf und finanzielle Möglichkeiten der Lokalgemeinde, da sie ein Entgelt für ihre Tätigkeit erwarten können (1 Tim 5, 17f.); unliebsame Erfahrungen mit "Aposteln" und "Propheten" (Mißbrauch der charismatischen Sonderstellung: Did 11f.) haben dem bezahlten Gemeindebeamtentum den Weg geebnet (Did 15). Die Amtseinsetzung der "Bischöfe" und "Diakone" erfolgte nach synagogalem Vorbild unter *Handauflegung* (Did 15, 1; vgl. 1 Tim 4, 14; 2 Tim 1, 6; Apg 13, 1-3). Sie konnte als Geistbegabung, aber auch als Amtsbestallung verstanden werden; im letzteren Fall begünstigten heils- und kultgeschichtliche Begründungen sogar ein geistliches Beamtenrecht (1 Clem 42-44). Die Herkunft aus der synagogalen *Ordination* besagt negativ eindeutig, daß mit den frühkatholischen Ämtern keine sakramentalen Funktionen verbunden waren. Ihnen lag in erster Linie die Gestaltung des *gottesdienstlichen Lebens* ob, das familiären Charakter hatte und seinerseits auch tief in das häusliche Leben eingriff.

Charakteristisch sind die sog. *Agapefeiern*, gemeinsame, von Gebeten umrahmte Mahlzeiten der Gemeinde (Gebetstexte: Did 9f.; die Spuren jüdischer Herkunft sind unverkennbar). Daneben kennt dieselbe Quelle ein als "reines Opfer unter den Völkern" bezeichnetes "Brotbrechen" (Did 14, aus jüngerer Traditionsschicht), das am "Herrentag" (Apk 1, 10; 1 Kor 11, 20) stattfindet und den sonntäglichen Gebetsgottesdienst beschließt. Auch unsere zweite Quelle kennt *zwei Gottesdienstformen*. Die eine bezieht sich auf den normalen *Sonntagsgottesdienst,* der abends stattfindet (Justin, Apol I 67). Er ist zweigeteilt, einmal in einen Wortgottesdienst (Verlesung der "Propheten" oder Evangelien mit anschl. Ansprache und nachfolgendem Fürbittengebet) und zum anderen in ein eucharistisches Mahl. Die andere scheint die Liturgie der *Osternacht* zu sein; sie ist jedenfalls im Wochenkalender nicht festgelegt. Im Anschluß an einen Taufakt wird eine Eucharistiefeier, die eindeutig als sakramentale Handlung gedacht ist und deshalb wie eine Mysterienhandlung erscheint (Justin, Apol I 61.65f.), begangen. Der im gleichen Zusammenhang geschilderte *Taufritus* beschwört als Onomataufe die "Namen" von Gottvater, Sohn und Hl. Geist, beweist magisches Denken und auch darin Beziehung zum antiken Judentum (vgl. die Taufanweisungen Did 7).

Tief ins häusliche Leben griff die Sitte des *Fastens* ein, die man gleichfalls vom Judentum übernahm, deshalb aber auch im bewußten Gegensatz (jüdische Fastentage: Montag, Donnerstag) am Mittwoch und Freitag übte (Did 8, 1). Ebenso distanzierte man sich in den eng mit den Fasten zusammenhängenden *Gebetssitten* von dem Beten der "Heuchler" (d.h. Juden) und stellte betont das "Vaterunser" als christlich obligatorischen Gebetstext heraus (Did 8, 2f.). Wenn man allerdings im gleichen Atemzug die Forderung eines dreimaligen Betens desselben am Tage erhob, dann folgte man darin einem pharisäischen Brauchtum (J. Jeremias). Bemühen um Distanz von der sichtlich allzu nahen Synagoge spricht endlich aus der Wahl des "ersten Wochentages" (1 Kor 16, 2; Joh 20, 19; Apg 20, 7) zum "Herrentag" (dem späteren "Sonntag"; vgl. IgnMagn 9, 1); andere auf die Symbolik des "Heliostages" abgestellte Begründungen (Ign a.a.O.; Justin, Apol I 67, 7; dial 41, 4) sind Erscheinungen von kurzlebiger Dauer.

Nur in der Berechnung des *Ostertermins* konnte frühkatholischer Traditionalismus sich schwer aus der synagogalen Umklammerung befreien. Der jüdische Festkalender bot zum Gedächtnis des Leidens Jesu den 14. Nisan (= 14. Tag des ersten Mondmonats) an, d.h. den unabhängig vom Wochenkalender berechneten *Passahtermin*. Die sprachliche Verknüpfungsmöglichkeit (πάσχειν = "leiden" im Unterschied zum hebr. *passah* = "verschonen") begünstigte solches Unterfangen, zugleich die Datierung der Kreuzigung im Sinne der johanneischen Passahchronologie. Diese sog. quartodezimanische Passahberechnung wurde vor allem von den kleinasiatischen Gemeinden festgehalten (Ep. apostolorum; Passahhomilie des Meliton?). Im *Passahstreit* wurde sie leidenschaftlich durch Polykrates v. Ephesus gegen Bischof Viktor v. Rom verteidigt (S. 10. 45). Wo man zum erstenmal sich der synoptischen Passahchronologie (Freitag: Kreuzigung; Sonnabend: Grabesruhe = Fasten; Sonntag: Auferstehung) entsann und die künftige Lösung fand, ist umstritten. Die Preisgabe der quartodezimanischen Berechnung des Passah- bzw. Ostertermins zerschnitt jedenfalls ein weiteres Band geschichtlicher Gemeinschaft mit den Juden als dem Volk der Erwählung.

2.2. "Gemeinde der Heiligen": das Problem der Buße

Gerade das Erwählungsbewußtsein einer "Gemeinde der Heiligen" war für den Frühkatholizismus konstitutiv! In den urchristlichen Gemeinden zunächst von der Parusieerwartung getragen, wurde durch deren Erlahmen der *Erwählungsgedanke* in diesem Kirchenbegriff nur noch mehr bekräftigt. Gleichzeitig wurde noch deutlicher, daß die Forderung nach persönlicher Heiligung innerhalb der "Kirche der Geheiligten" ein Gemeindeanliegen war. Schon die Diaspora-Ekklesiologie der Synagoge hatte in der strengen Innehaltung der "Tora" und deren ritueller Vorschriften ein Angeld auf die endzeitliche Rückführung ins Land der Väter erblickt! Die religiöse Integrität der

Einzelgemeinde, vorab die Bewahrung der Eintracht und Betrachtung der "Rechtssatzungen des Herrn", waren gesamtkirchliches Anliegen. Das klassische Dokument dafür ist der *1. Klemensbrief* (Appell zur Eintracht und Friedensgesinnung auf dem Hintergrund stoischer Naturphilosophie unter typischen Normen jüdischer Observanzfrömmigkeit: Beten, Fasten, Almosen, Gastfreundschaft, vgl. Kap. 9-20; ausführliches Schlußgebet Kap. 59, 2-61, 3 mit kollektivem Schuldbekenntnis und Bitte kollektiver Vergebung "unserer Ungesetzlichkeiten", denen die "Sünden deiner Knechte und Mägde" nachgeordnet werden, Kap. 60, 1f.). Anspruch auf ein übergemeindliches Aufsichtsrecht durch Rom stand nicht hinter dem Schreiben vom Jahre 96 n.Chr.; es wurde noch 160 im Gottesdienst von Korinth verlesen, wo man seinen Sinn richtig verstanden hatte: es wollte die Gesamtkirche "erbauen".

Der sog. *zweiten Buße*, d.h. einer nochmaligen Sündenvergebung (Hebr 6, 1-8; 12, 14-17), mußte die frühkatholische Ekklesiologie aus prinzipiellen Gründen sich versagen. Durch die Taufe als "Reiner" in der "Gemeinde der Heiligen" eingefügt, durfte der Einzelne deren Reinheit und Heiligkeit nicht gefährden. Das blieb auch oberstes Gesetz, als man den Gedanken der Sündlosigkeit preisgeben mußte (1 Joh 1, 7-2, 2) und zwischen vergebbaren und sog. Todsünden unterschied (1 Joh 5, 16f.). Deren Trias (Christusverleugnung, Mord und Unzucht bzw. Ehebruch) ist in der Tat primär Verstoß wider die Gemeinschaft, wobei die beiden "crimina" nicht zufällig ihre synagogale Vorgeschichte hatten (1 Kor 5, 1-5; Apg 15, 20.28f.; Joh 8, 1-6; vgl. Lev 20, 10; Dtn 22, 22-24). Hier konnte nicht nachgegeben werden. Als die großstädtischen Verhältnisse Roms dann doch zur Konzession und Revision der Unvergebbarkeit des Ehebruchs zwangen, geschah es als fiktive, einmalige Ausnahme am Vorabend des Weltendes: das ist das treibende Motiv des sog. "Hirten" des Hermas (o. S. 9). Das visionäre Bild vom Turmbau als Symbol der Kirche (Herm vis 3; sim 9 ist später Einschub, der abermals die Bußfrist verschiebt) macht den ekklesiologischen Kontext anschaulich; an eine Zulassung der Todsünder zu einem regulären Bußinstitut (u. S. 53) war nicht gedacht. Im übrigen unterstanden die sog. vergebbaren Sünden der gemeindlichen Vergebungsgewalt (Mt 18, 18; Joh 20, 22f.; auch Mt 16, 19 steht unter dieser ekklesiologischen Prämisse); Bußleistungen waren im Rahmen der Gemeindezucht zu erbringen (Vermahnung, Gemeindefürbitte). Die Gemeindezucht war mithin als brüderliche Zurechtweisung verstanden. Ihr blieb als letzte Alternative nur der Ausstoß aus der Gemeinde, die Exkommunikation, als christliche Fortsetzung des Synagogenbannes.

3. Das Verhältnis zur nichtchristlichen Umwelt

3.1. Lokale Christenverfolgungen und ihre Rechtsgrundlagen

Immerhin konnten die frühkatholischen Gemeinden auf diese Weise Ordnung und Sitte, damit aber auch ein wesentliches Stück ihrer "Rechtgläubigkeit" als gesichert betrachten. Ihre Bewährung hatten sie zu erbringen, als die Öffentlichkeit auf sie aufmerksam wurde. Weithin war Volksunwille im Spiel, den unterschwelliger Haß gegen alles Andersartige schürte. Wie in urchristlichen

Zeiten blieben daher die Christenverfolgungen des 2. und anfangenden 3. Jh.s lokal beschränkt. Im Unterschied zu den Anfängen unterlag man jetzt aber nicht den haltlosen Verdächtigungen, die üblicherweise gegen religiöse Minderheiten geäußert wurden ("thyesteische Mahlzeiten" = ritueller Kindermord; "ödipodeische Verbindungen" = Inzest, "blutschänderische" Beziehungen zwischen "Brüdern" und "Schwestern"). Die Öffentlichkeit erhob vielmehr konkrete Anschuldigungen und machte die Christen für jedwede Katastrophe verantwortlich: "Wenn der Tiber die Mauern überflutet, wenn der Nil die Felder nicht überflutet, wenn der Himmel sich nicht rührt, wenn die Erde sich bewegt, wenn eine Seuche wütet, gleich schreit man: 'Die Christen vor den Löwen'" (Tert., apol 40, 2). Zudem wurden jetzt die polizeilichen Maßnahmen gegen die Christen durch kaiserliche Reskripte strafrechtlich reguliert. Dabei stand für Rom das politische Interesse an den Ostprovinzen des Reiches und damit die Tendenz im Vordergrund, die religiösen Verhältnisse dort unter Kontrolle zu halten.

Die *Rechtsgrundlagen der Christenverfolgungen* gehören zu den umstrittensten Themen der Altertumswissenschaft, zumal die Quellenbasis für den in Frage kommenden Zeitraum von Nero (54-68) bzw. Trajan (98-117) bis zu Commodus (180-192) sehr schmal ist. Zwei Alternativen bestehen: 1. die röm. Behörden konnten aufgrund der sog. Koerzitionsgewalt der Magistrate nach ihrem Ermessen (Verhaftung bis hin zur Auspeitschung und Tötung) polizeilich gegen die Christen vorgehen (Theod. Mommsen, Ges.Schr. III 3, 1907, 389-422). 2. Man ging auf dem Wege der außerordentlichen Strafverfolgung (cognitio extra ordinem [sc. iudiciorum privatorum]) vor. Seit Augustus zunächst nur in den Kaiserprovinzen angewandt, sollte dies Strafprozeßverfahren seit Diokletian (ab 284) reichseinheitlich gelten. Es kannte das Kaisergericht als Berufungsinstanz, war überhaupt wegen der Konsultationspflicht der Provinzstatthalter ein wichtiges Instrument kaiserzeitlicher Rechtspflege.

Die Forschung ist sich darin einig, daß kein strafrechtliches Statut wie die "leges Corneliae" (Sulla) oder "l. Iuliae" (Augustus), auf die Tert., apol 1-46, seine Anklagen abstellt, oder sonst eine gesetzliche Grundlage (lex rogata, senatus consultum, constitutio Caesaris) Aktionen gegen die Christen rechtlich abschirmten. Der vielzitierte Satz nulla poena sine lege ("keine Strafe ohne gesetzliche Grundlage") ist den Christen niemals zugute gekommen.

Auch die *Quellen und ihre Auslegung* sind umstritten. Einig ist man sich nur darin, daß die Anfrage des Statthalters von Bithynien, Plinius' des Jüngeren, in Sachen dortiger Christen (ca. 111/3) und das Reskript aus der Staatskanzlei Trajans (Plin., epist X 96f.) in jeden Klärungsversuch integriert sein müssen. Diese Versuche scheiden sich an der Frage, ob man das sog. "institutum Neronianum" Tertullians (nat I 7, 9; vgl. Tacitus, ann XV 44) vom Jahre 64 für gesichert hält oder nicht. 1. Bejaht man dies, dann stand Zugehörigkeit zum Christentum als solche ("nomen ipsum": Tert.) unter Todesstrafe, was das Trajansreskript erhärten könnte. Dann müßte man ein Hadriansreskript an den Prokonsul der Provinz Asia namens Minicius Fundanus 124/125 n.Chr. (Justin, Apol I 68, 5-10) als Fälschung bewerten, während "neuere Verordnungen" (so Meliton v. Sardes bei Euseb, KG IV 26, 5) von Mark Aurel (vgl. Modestinus nach Dig. 48, 19, 30 u. Paulus, Sent V 21, 2) nur einen bis zu den Severern andauernden Zustand der "religio illicita" untermauern könnten. 2. Verneint man dagegen die Historizität des "Neronianum", dann kommt man zur Folgerung, daß Trajan zum erstenmal einer Religionspolitik Direktiven gab, die religiöse Strafmaßnahmen durch behördliche "Anfragen" (consultationes) bzw. deren "Beantwortungen" (rescripta) zentral zu steuern bemüht war. Ohne die Strafwürdigkeit eines eingestandenen Christentums zweifelhaft erscheinen zu lassen, mußte diese Religionspolitik der Toleranz (non conquirendi sunt; ...nec nostri saeculi est ["man soll sie nicht aufspüren;... das ist unseres Zeitalters unwürdig"]: ep. X 97) darauf bedacht sein, anonymen und falschen Anklagen zu wehren. Das Hadriansreskript und auch der historische Kern eines Antoninus Pius-Reskriptes an das sog. Koinon ("Landtag") der Asia ca. 160/161 n.Chr. (Euseb, KG IV 13, 1-7) würden dies bestätigen.

Lit.: R. Freudenberger, Das Verhalten der römischen Behörden gegen die Christen im 2. Jh., dargestellt am Brief des Plinius an Trajan und den Reskripten Trajans und Hadrians, [2]1969; J. Speigl, Der römische Staat und die Christen. Staat und Kirche von Domitian bis Commodus, 1970; J. Molthagen, Der römische Staat und die Christen im 2. und 3. Jahrhundert, 1970; T. Christensen, Christus oder Jupiter. Der Kampf um die geistigen Grundlagen des Römischen Reiches, 1981; R.M. Grant, Christen als Bürger im Römischen Reich, 1981; H.D. Stöver, Christenverfolgung im Römischen Reich: ihre Hintergründe und Folgen, 1982; St. Benko, Pagan Rome and the early Christians, Bloomington 1986; I. Lesbaupin, Bleesed are the persecuted: Christian life in the Roman Empire, 64-313, Maryknoll 1987; P. Keresztes, Imperial Rome and the Christians, 2 Bde., New York 1989.

3.2. Schutzschriften und literarische Apologien

Im *kleinasiatischen Raum* ist die Situation dadurch gekennzeichnet, daß weniger die röm. Staatsbehörden als die jüdischen Gemeinden und die auf Staatsloyalität bedachten und um den Kaiserkult besorgten Stadtverwaltungen die erklärten Gegner des Christentums waren. Umgekehrt suchten die frühkatholischen Gemeinden den Zusammenstoß mit der heidnischen Umwelt und dem Staat zu vermeiden. Sie hielten sich an die entsprechenden, bereits der Synagoge bekannten, dann durch Paulus seinen Gemeinden (Röm 13) eingeschärften, von ihnen selber aber als gottesdienstliches Fürbittgebet formulierten (1 Clem 60, 4 - 61, 1) Direktiven. Als Minderheit waren sie aber nicht immer in der Lage, ihr Prinzip der Vermeidung von Konfrontationen zu verwirklichen. In ihren eigenen Reihen konnte apokalyptischer Fanatismus (Montanismus) die Staatsfeindlichkeit fördern. Reichspolitische Krisensituationen (z.B. unter Mark Aurel) konnten die Christen in das Zwielicht der politischen Unzuverlässigkeit tauchen. Dann kam es auch im kleinasiatischen Raum zu Konflikten und blutigen Zusammenstößen.

Ihm entstammen denn auch die ersten christlichen *Schutzschriften*. Sie betonen die Staatstreue der Christen und heben die moralische Unbedenklichkeit ihrer religiösen Anschauungen hervor, um den Behördenschutz zu erhalten (charakteristisch *Quadratus*, Fragm. bei Euseb, KG IV 3, 2; ca. 123/124 oder 129). Die meisten stammen aus der Zeit Mark Aurels (161-180): so der Rhetor *Miltiades* oder die

Bischöfe *Apollinaris* v. Hierapolis und *Meliton* v. Sardes (o. S. 11).

Hingegen kamen die *literarischen Apologien* aus Bereichen, die vergleichbare Verfolgungen nicht aufweisen konnten. Sich propagandistisch an Kaiser bzw. den römischen Senat, in Wahrheit aber an das religiös interessierte Publikum wendend (*Aristides* v. Athen ca. 125-128; *Justin* in Rom ca. 150/155; sein Schüler *Tatian* nach 165; *Athenagoras* v. Athen ca. 177; Bischof *Theophilus* v. Antiochien ca. 180), empfahlen sie ihm das Christentum als die "wahre Philosophie", selbst wenn sie im Geist zeitgenössischer Kulturkritik von der "barbarischen" Urphilosophie des Christentums (Tatian) sprachen. Die These, die Christen seien neben den Hellenen und den Juden "drittes Geschlecht" (Aristides, Athenagoras), wollte für die Christen freie Religionsausübung einklagen. Mit der von der jüdischen Apologetik übernommenen Behauptung, die Griechen (Platon) hätten ihre Weisheit von Mose übernommen, in Wahrheit sei aber erst im Christentum die Logosoffenbarung in früheren Geistern des Hellenentums zu ihrer Vollendung gekommen (Justin), besserte man die konkrete Situation nicht. Sie rief nur eine eindrucksvolle, literarische Reaktion in dem "Alethes Logos" des Heiden *Kelsos* (ca. 160 oder 176-178?) auf den Plan. Dieser sparte nicht mit Schmähungen (Jesus als unehelicher Sohn eines röm. Soldaten; die Christen als "Aufstand" der Unterwelt) und wies nachdrücklich auf den jüdischen Ursprung des Christentums, das nicht nur im Zerwürfnis mit seiner Stammesreligion lebe, sondern im gleichen Geiste auch alles Bestehende zersetze und alles Überkommene pervertiere (These von der Verfälschung Platons etc.). Das hinderte die Apologeten nicht, für die Verbindung platonischen Denkens mit christlichem Glauben einzutreten. Sie wurden damit zu Avantgardisten einer geistes- und theologiegeschichtlichen Synthese, die sich als außerordentlich fruchtbar erwies und durch den literarischen Gegner des Kelsos, Origenes (u. S. 39f.), wirkungsvoll als theologisches System vorgeführt wurde.

3.3. Märtyrerverehrung

Für die Gemeinden des 2. Jh.s war zunächst der Widerstand ihrer "Bekenner" in den Zeiten der Verfolgung, hernach die Verehrung ihrer Märtyrer (Blutzeugen) von größerer Bedeutung. Die Bewunderung heldenhaften Bekennermutes spielte dabei eine große Rolle, zumal wenn ihm ein leidenschaftlicher Drang zum Martyrium zugrunde lag wie bei Ignatius v. Antiochien (o. S. 8f.; das 3. Jh. sollte darüber anders denken, u. S. 56ff.). Gleichzeitig verstand man aber auch, das Blutzeugnis der Glaubensbrüder der Glaubensstärkung der Einzelgemeinden und der Festigung übergemeindlicher Bande nutzbar zu machen, wenn z.B. Polykarp v. Smyrna nach dem Märtyrertod des antiochenischen Bischofs in Rom den Austausch der Ignatiusbriefe unter kleinasiatischen Gemeinden anregte (Polyk 13, 2; ca. 110 n.Chr.): die Briefe sollten im Gottesdienst verlesen werden. Hier war auch der "Sitz im Leben" für das Schreiben, mit dem die Gemeinde von Smyrna später das Martyrium ihres Bischofs Polykarp "allen an jeglichem Ort befindlichen Parökien der heiligen und allgemeinen (katholischen) Kirche" anzeigte (MartPol, 156/57, 163/68 od. 177 n.Chr.). Das gleiche Formular des diasporalen Gemeindebriefes benutzten die gallischen Gemeinden von Vienne und Lyon, als sie "den Brüdern in Asia und Phrygia, die mit uns den gleichen Erlösungsglauben und die gleiche Hoffnung haben", von den dortigen Verfolgungen berichteten (Euseb, KG V 1, 3-2, 7; 177 n.Chr.).

Beide Briefe stellen die Urform der altchristlichen "Martyrien" dar, die Gattung der sog. *Passio*. In ihrer Auffassung des Märtyrers als Blutzeugen und in ihrer gottesdienstlichen Ortung sind sie in der frühjüdischen Makkabäerverehrung verankert (Makk). Der zweite Typ der sog. *Acta* ist lokal gebunden und für die Gedächtnisfeiern am Grabe des Märtyrers bestimmt; sein Interesse an den Reliquien des Märtyrers bekundet Nähe zum heidnischen Heroenkult. Für die Zeit nach Decius ist er durch die "*Acta Scilitanorum*" nachweisbar, Verhörprotokolle von (180 n.Chr. verurteilten) numidischen Christen, welche die Opferedikte des Decius voraussetzen. Dem "Sitz im Leben" entspricht der Stil wortkarger Vernehmungsprotokolle; sie bieten keine historische Gewähr. Sind die Märtyrerakten für die altkatholische Frömmigkeit des 3. Jh.s charakteristisch, so steht die "Passio Perpetuae et Felicitatis" (Martyrium: 202/203 n.Chr.) sozusagen auf der Schwelle. Sie berichtet über Dulden und Leiden dreier Katechumenen aus Karthago, ferner der Patrizierin Vibia Perpetua, ihres Säuglings und dessen Amme Felicitas (frömmigkeitsgeschichtlich aufschlußreiche Visionen der Märtyrer). Sie stellt nochmals unter Beweis, daß diese Gattung der gottesdienstlichen Erbauung am dienlichsten war: sie sollte mit der reichskatholischen Hagiographie (u. S. 97f. 100f.) ihre Urständ feiern.

Lit.: H. v. Campenhausen, Die Idee des Martyriums in der alten Kirche, [2]1964; H.W. Surkau, Martyrien in jüdischer und frühchristlicher Zeit, 1938; H. Cancik u.a., Aspekte frühchristlicher Heiligenverehrung, 1977; Th. Baumeister, Die Anfänge der Theologie des Martyriums, 1980; D. Wendebourg, Das Martyrium in der Alten Kirche als ethisches Problem, ZKG 98 (1987) 295-320; Th. Baumeister, Genese und Entfaltung des altkirchlichen Martyriums, 1991; Chr. Butterweck, Altkirchliche Martyrien im Meinungskampf. Beobachtungen zum Thema "Martyriumssucht" im frühen Christentum, Theol.Diss. Heidelberg 1991.

4. Christlicher Gnostizismus

Gnostische Verachtung der Körperlichkeit konnte dem körperlichen Leiden keine religiöse Wertung zubilligen. Schon daran zeigt sich, daß gnostische Spekulation im festen Gefüge des frühkatholischen Moralismus ein Fremdkörper war, ja ein Sprengstoff zu werden drohte. Auf jeden Fall muß von einer stürmischen Entwicklung der Gnosisbewegung gesprochen werden, bedenkt man, daß ca. 90/100 n.Chr. mit *Kerinth* in Kleinasien (Ephesus?) für uns der erste christliche Gnostiker greifbar wird (Iren., adv haer I 26, 1; Euseb, KG IV 14, 6), und daß ca. 135 n.Chr. bereits ein spekulativer Gnostiker wie *Valentin* in Rom wirksam ist, der seinerseits auf eine mythologisch entfaltete Gnosis zurückgreift. Der Hang zum theosophischen Mystizismus muß bestimmte Kreise in den frühkatholischen Gemeinden wie ein Rausch erfaßt haben. Der Gnostizismus ist daher nicht nur allgemeine Zeiterscheinung, sondern er macht auch die mangelnde *geistige* Attraktivität des Frühkatholizismus sichtbar.

4.1. Die Quellen

Quellen waren von jeher Exzerpte u. Fragmente bei den sog. antignostischen Vätern (Iren.; Hippol.; Clem.Alex; Tert.; Orig.) und beim Ketzerbekämpfer, Bischof *Epiphanius* v. Salamis (ca. 335-403), der uns eines Gnostikers Brief an eine fiktive Dame namens Flora übermittelt. Die Tradenten prägten zugleich das herrschende Bild vom Gnostizismus als einer christlichen Häresie. Die Entdeckung gnostischer Originalschriften im 19./20. Jh. (*"Pistis Sophia"; 2 Bücher "Jeû"*) und gnostischer Traktate im Berliner Papyrus BG 8502, darunter das *"Apokryphon des Johannes"*, änderten an diesem Bild nichts. Im Fall der *"Oden Salomos"* (1909 syr. vollständig entdeckt) verwarf man sogar die gnostische Zuweisung, weil dann die Existenz einer jüdischen Gnosis hätte postuliert werden müssen (E. Schürer, ThLZ 24, 1899, 167-170). Erst die ntl. Forschung (vor allem R. Bultmann u. seine Schüler) trieb die Frage nach einer *vorchristlichen Gnosis* voran. Aktiviert wurde sie durch den Fund einer gnostischen Geheimbibliothek (1945/1946) in Nag Hammadi (Oberägypten), dem antiken Chenoboskion (Thebais). Bisher nur titelmäßig bekannte, ferner auch unbekannte Gnostikerschriften stehen jetzt im Original (kopt. übers., z.T. auch stark überarbeitet) zur Verfügung. Sämtliche XIII Codices (=53 Einzeltitel) sind inzwischen publiziert, darunter mit der "Apokalypse Adams" (CG V 5) und der "Paraphrase des Sem" (CG VII 1, 1. Hälfte) nichtchristliche Texte. Vor allem läßt sich jetzt der Christianisierungsprozeß nichtchristl. Texte verfolgen, wie die Umwandlung des neuentdeckten *Eugnostosbriefes* (CG III 3; CG V 1) in die *"Sophia Jesu Christi"* (BG 8502; CG III 4). Weitere Beispiele der Verchristlichung: das *"Apokryphon Johannis"*, *"Evangelium Mariae"*, *"Die Taten des Petrus und der zwölf Apostel"*. Der Fund führt im übrigen alle ntl. Gattungen vor: gnostische Evangelien, eine Apostelgeschichte, Apostelbriefe und Apokalypsen. Die Adaptierung der Form enthüllt die Tendenz der Unterwanderung des katholischen Christentums durch die Gnostiker. Auswahl der Texte in dt. Übers. durch W. Foerster u.a. (Die Gnosis I-III, Zürich 1969, 1971, 1980); vollst. engl. Übersetzung, hg.v. J.M. Robinson, 3.überarb. Aufl. Leiden 1988.

4.2. Gnostische Systeme

Altchristliche Polemik stellte Persönlichkeiten wie den legendären *Simon Magus* (Apg 8, 9-11; vgl. Justin, Apol I 26, 1-3) und seinen Nachfolger *Menander* (ebd. I 26, 4; Iren., adv haer I 23, 5; o. S. 10) als sog. "Häresiarchen" an den Anfang des christlichen Gnostizismus. Wohl zu Unrecht! Selbst für Sektengründer, umgeben mit der Gloriole eines Erlösers, wie *Karpokrates* und seinen Sohn *Epiphanes* (Iren., adv haer I 25, 1-26, 1; Clem. Alex., strom III 5, 2-9, 3) waren die Voraussetzungen nicht gegeben. Ausgang der Entwicklung waren jene anonymen, gerne als "Schulhäupter" bezeichneten

"Systematiker", deren "Systeme" dank der Polemik des 2./3. Jh.s der un-
barmherzigen Vernichtung gnostischer Originalliteratur durch die reichskatholische Kirche entgangen sind.

Schon formal bekunden die "Systeme" eine der frühkatholischen Frömmigkeit
fremdartige Denkungsweise. Ursprünglich ein psychologischer, dann soziologischer
Begriff, hat σύστημα auch in der stoischen Kosmologie Eingang gefunden, und zwar
in der Verbindung: "das von Göttern und Menschen sowie den um ihretwillen entstandenen Dingen gebildete System" (Chrysipp, SVF II 257-259.638). Auf dem
Hintergrund solcher "Weltanschauung" konnte spätantike Seinserhellung sich in "Systemen", die das Dasein in seinem Gewordensein als einen Entfaltungsprozeß viel-
fältiger Gruppierungen erklärte, literarisch artikulieren und dies durch zeichnerische
Darstellungen veranschaulichen (Diagramm der Ophiten: Orig., c Cels VI 21, rekon-
struiert bei H. Leisegang, Gnosis, S. 160f.; Zeichnungen in den Büchern "Jeû", hg.
v. C. Schmidt-W. Till, S. 261ff.). Solche anonymen Systementwürfe sind gemeint,
wenn wir heute zwischen den *Ophiten*, den *Barbelognostikern*, den *Naassenern*, den
Sethianern und den *Peraten* unterscheiden; die sog. "*Doketen*" Hippolyts (haer VIII
8, 2-10, 11) beleuchten die Problematik einer Kennzeichnung als "Schule", schon
deshalb, weil die Inkarnation keineswegs nur für gnostische, sondern auch für jüdische bzw. judenchristliche Ohren skandalös war und darum - zuerst wohl von
Judenchristen, denen die Intaktheit des (jüdischen) Monotheismus als vordringlich
erschien - "doketistisch" (Christus "nur zum Schein" fleischgeworden) aufgelöst
wurde. Ungeachtet der relativ späten Bezeugung hat man in den mythologisch ge-
färbten "Systemen" das Baumaterial zu sehen, mit dem spekulativ veranlagte Gnostiker ihre Programme der Weltüberwindung durch Weltverneinung ausgestalteten.

4.3. Basileides und Valentin

Fundament und Strebepfeiler für die Systeme der beiden herausragenden Gnostiker Basileides und Valentin gründeten in der alexandrinischen Geisteswelt.
Diese hatte von jeher die Philologie in den Dienst spekulativer Religionsphilosophie gestellt und war schon immer Pflanzstätte philosophischer, auf Schulhäupter eingeschworener Schulen mit einem entsprechenden Lehr- bzw. Se-
minarbetrieb gewesen. Das sicherte eine bemerkenswerte Geschlossenheit unter den Anhängern und geschichtliche Kontinuität auch, als die altkatholische
Kirche sie als "Sekten" ausgeschieden hatte; fortan mußten sie um eine Regelung ihres Gemeinschaftslebens besorgt sein (3. Jh.). Vorher aber hatten sie
in die frühkatholischen Gemeinden tief eindringen können und dort großen
Anklang gefunden.

Basileides (ca. 125-160) wirkte ununterbrochen als Schulhaupt in Alexandrien;
sein Sohn *Isidorus* scheint in üblicher Weise die Nachfolge als διδάσκαλος
("Lehrer") angetreten zu haben. Im Übergang 2./3. Jh. konstituierte man sich als
christliche Gemeinde, war sich allerdings in der Datierung von Epiphanias und
Karfreitag nicht einig (Clem. Alex., strom I 146, 1-4). B. war der Verfasser eines
umfangreichen Werkes mit dem Titel ἐξηγητικά ("Auslegungen"), eines Kommen-
tars zum Evangelium (welchem, ist strittig), des ersten, von dem wir überhaupt
wissen! Von I. ist ebenfalls eine Schrift dieses Titels überliefert, worin aber diesmal

Worte eines uns sonst unbekannten Propheten Parchor ausgelegt werden (vgl. Clem. Alex., strom VI 53, 2-5). Auch sonst waren beide literarisch tätig.

Über das System des B. liegen in der Hauptsache drei widersprüchliche Überlieferungsstränge vor: 1. Die Fragmente bei Clem. Alex., strom, die heute i.a. als zuverlässig betrachtet werden und von denen daher auszugehen ist, wenn es gilt, die Lehre des B. zu rekonstruieren; 2. die Darstellung des Hippolyt, haer VII 20-27, die mit Clemens immerhin vergleichbar ist; 3. der Bericht des Irenäus, adv haer I 24, 3-7, dessen grobe Verzeichnung (im Sinne eines verwilderten Basilidianismus) nicht wenig dazu beigetragen hat, daß B. in den Schatten des Valentin geriet. Nach Clemens und Hippolyt ist das "System" des B. als konsequenter Monismus zu bezeichnen. B. ist außerdem der einzige Gnostiker, der sich mit der Frage des christlichen Martyriums befaßte und die Antwort mit dem Hinweis auf den leidenden Gott (Passion Christi) gab: Wie bei Jesus ist das Martyrium als von Sünde, insbesondere von der Anlage zum Sündigen reinigendes Strafleiden und also als eine Wohltat zu verstehen, die die göttliche Vorsehung den Auserwählten erweist (vgl. strom IV 81, 1-83, 1).

Valentinus, der jüngere Zeitgenosse, wich vor der Lokalgröße Basileides nach Rom aus, wo er ab ca. 136-165 n.Chr. als "Lehrer" tätig war (Iren., adv haer III 4, 3 = Euseb, KG IV 11, 1). Als Prediger (Homilien), Dichter (Hymnen) und Literat, der alle Gattungen beherrschte, hatte V. zunächst Kontakte zum katholischen Christentum, wurde aber dann aus der Gemeinde verwiesen. Schüler wie *Ptolemaios* ("Brief an Flora" bei Epiphan., panar 33, 3, 1-7, 10) oder *Herakleon* v. Alexandrien (ca. 200) mit seinem Johanneskommentar (Exzerpte durch Origenes in seinem Joh.-Kommentar) wandelten literarisch und auch missionarisch auf den Spuren ihres Meisters. Ihn lobten zudem andere Schüler. Sie verstanden sich nicht nur auf den barokken Zeitgeschmack des 2. Jh.s (mythologischer Synkretismus, metaphysische Zahlenspekulationen), sondern wußten im 3. Jh. auch gnostisches Gemeindeleben zu gestalten (vgl. das "Bad", einen gnostischen Taufritus des Alexandriners *Theodotos* nach Clem. Alex., exc ex Theod, oder die Sterbegebete bei dem Valentinianer *Markos* nach Iren., adv haer I 11-21). Eben diese Schüler haben der Gnosisforschung die Rekonstruktion des Originalsystems von Valentin aber auch erschwert. Fest steht nur, daß es im Unterschied zu Basileides ein konsequenter Dualismus war, dessen soteriologische Devise lautete: "Gnosis ist Macht", und der darin Gnosis als geistige Selbstbehauptung verstand.

Die moderne *Forschungsdebatte* stand lange im Zeichen der existentialphilosophischen Interpretation der Gnosis als Modell des modernen Nihilismus durch Hans Jonas. Sie machte eine Sprachregelung notwendig (Internationales Gnosis-Kolloquium von Messina 1966). "*Gnosis*" meint "Wissen um göttliche Geheimnisse" im Sinne einer ahistorischen Phänomenologie und systematischen Wertung. "*Gnostizismus*" hingegen meint die "Systematiker" des 2. Jh.s, deren "Grundformel" von dem Gedanken der "Abwärtsentwicklung" (Jonas: "devolution") des Göttlichen bestimmt wird. Solche Deutung der Gnosis als Seinserhellung erschwert die theologie- und dogmengeschichtliche Einordnung, wie Harnack sie mit seiner These von dem Gnostizismus als der "akuten Hellenisierung" des Christentums im Unterschied zur "latenten" in der Dogmenbildung vornahm. H. Langerbeck wollte in Auseinandersetzung mit Bultmann und Jonas ihr wieder zur Geltung verhelfen.

Ungeachtet des noch immer nicht einhelligen Forschungsbildes lassen sich folgende *Hauptmerkmale der Gnosis* als allgemein anerkannt herausstellen: 1. Zwischen dem "Urgrund", der in seiner Jenseitigkeit dem rationalen Denken nie zugänglich ist, und der Welt der Todesverfallenheit klafft ein unüberbrückbarer Gegensatz. 2. Unverlierbar in seiner Göttlichkeit ist aber auch das "Selbst" (Pneuma, Seele des Gnostikers), mag es auch vom "Fall" in die Todeskammern des Diesseits betäubt und deshalb ihm ausgeliefert sein. 3. Sobald der erlösende "Ruf" aus der Welt des Lebens und des Lichtes ertönt, fallen die Fesseln: das "Selbst" erkennt sich selbst und löst damit zunächst für sich jenen Prozeß einer Rückkehr in die göttliche Lichtheimat aus, der erst zum Abschluß kommt, wenn der letzte "Lichtfunke" die Welt der Finsternis verlassen hat, so daß sie in sich zusammenfällt.

Mit diesem Erlösungskonzept erhob zum erstenmal im Zeitalter des Frühkatholizismus das religiöse Individuum seine Stimme. In *gnostischen Liedern* und Hymnen (Perlenlied der Thomasakten; Naassenerpsalm etc.) kamen noch nie gehörte Töne der Lyrik zum Durchbruch. Ebenso eindeutig war aber auch, daß hier elementare Erlösungssehnsucht jede "konfessionell" gebundene Gläubigkeit mißachtete. In dem Nebel einer synkretistischen Religiosität verschwammen die christlichen Konturen des Frühkatholizismus.

Lit.: W. Foerster, Literaturauswahl, in: Die Gnosis I, Zürich 1969, 481-484; K. Rudolph, Gnosis und Gnostizismus, ein Forschungsbericht, ThR.NF 34 (1969) - 38 (1973); ders., Gnosis und Gnostizismus, 1974 = WdF 262 (Sammlung einschlägiger Aufsätze); ders., Die Gnosis. Wesen und Geschichte einer spätantiken Religion, ²1980; K. Koschorke, Die Polemik der Gnostiker gegen das kirchliche Christentum, NHS 12, Leiden 1978; B. Aland (Hg.), Gnosis (= FS f. H. Jonas), 1978; K.-W. Tröger (Hg.), Altes Testament - Frühjudentum - Gnosis. Neue Studien zu "Gnosis und Bibel", 1980; E.M. Yamauchi, Pre-Christian Gnosticism: a survey of the proposed evidences, Grand Rapids ²1983; A.H.B. Logan - A.J.M. Wedderburn, The New Testament and Gnosis. Essays in honour of R.McL. Wilson, Edinburgh 1983; G.A.G. Stroumsa, Studies in Gnostic mythology, NHS 24, Leiden 1984; L. Benley, The Gnostic Scriptures. A new Translation with Annotations and Introductions, Garden City 1987.

5. Reformerische und restaurative Rückbesinnung

5.1. Markions Kirchenreform

Von jedem Gnostizismus ist Markion, wie man vielfach annahm, schon dadurch geschieden, daß er - seinem Vorbild Paulus auch darin folgend - Gemeinden begründete. Als Gnostiker verdächtigte ihn Irenäus, indem er ihn zum Schüler des in Rom wirkenden Syrers *Cerdo* machte. Der Dualismus zwischen dem "schlechten Weltschöpfer" (Demiurg) und dem "fremden Gott" der Erlösung schien sogar neuzeitlicher Darstellung eine hinreichende Begründung für die Klassifizierung als Gnostiker. Die Geschiedenheit vom

Gnostizismus hingegen hat Harnack kräftig betont und zugleich das - lange nachwirkende - Bild von dem Kirchenreformer ("Reformator") Markion gezeichnet.

M. stammte aus der Küstenstadt Sinope am Schwarzen Meer. Als Schiffsreeder war er sehr bald zu Geld und zu einem bemerkenswerten Bildungsstand gekommen. Nach antikem Brauch anscheinend Reeder und Kapitän zugleich, suchte er auf seinen Trampfahrten den Anschluß bei den jeweiligen Christengemeinden, in deren Hafen er zufällig lag. In der Hafenstadt Smyrna hingegen soll sein Bemühen, für seine Reformgedanken Gehör und Unterstützung zu finden, fehlgeschlagen sein: Polykarp (o. S. 10) beantwortete die Bitte um Anerkennung mit dem viel kolportierten Verdikt eines "Erstgeborenen des Satans" (Iren., adv haer III 3, 4 = Euseb, KG IV 14, 7). Die Gemeinde Roms ließ sich zunächst von dem um 140 Zugereisten eine beachtliche Geldsumme spenden (Erlös aus dem Schiffsverkauf?). Erst allmählich wurde ihr deutlich, daß M.s Reformprogramm auf eine Abschaffung des AT hinauslief. Es kam zu einer erregten Diskussion vor dem Gemeindeforum, die mit dem Gemeindeausschluß endete; die Markioniten sollten später diesen Tag als ihren "Reformationstag" feiern. Er markierte jedenfalls den Beginn einer altchristlichen Sonderkirche, die erst nach der "konstantinischen Wende" durch kaiserliche Häretikergesetze aus dem Blickfeld verschwand (u. S. 65. 72f. 95f.).

Die *Kirchenreform* Markions war von ihrem dogmatischen Ansatzpunkt aus, ein Gott der Gerechtigkeit könne nicht zugleich ein Gott der Liebe sein, konsequent durchdacht worden. Die Schlußfolgerung, im Alten Testament eifere ein Gott der Rache und des Rechtes um seine "Gerechtigkeit", womit er zugleich seine Unzulänglichkeit als Weltschöpfer (Demiurg) eingestehe, ließ eine antithetische Interpretation des Neuen Testamentes als Offenbarungsurkunde göttlicher Liebe zu. Die Gegenüberstellung widersprüchlicher Worte aus dem Alten und Neuen Testament in den "*Antithesen*" Markions (durch Tertullian, adv Marcion bekannt) bot anschauliche Begründung. Die weitere Folgerung, "die Propheten" (AT) von der gottesdienstlichen Lesung auszuschließen, machte als dritte eine dogmatische Revision des Neuen Testamentes notwendig. Anstelle mehrerer Evangelien (?) entschied Markion sich für das Evangelium des Paulusschülers Lukas und, nicht zuletzt wegen des Galaterbriefes, für das paulinische Schriftenkorpus, so daß jetzt die markionitischen Gottesdienste mit ihren Lesungen aus "Apostolos" und "Euangelion" gebündelte "Konfessionalität" ausstrahlten.

Kompromißlos war auch die *Ethik* Markions. Ihre Tatkraft resultierte aus einem Geschichtsbild, das den Gläubigen auf das Kampffeld zwischen dem "Bösen" (Demiurgen) und dem "fremden Gott" stellte. Letzterer, Inbegriff des Guten, hatte zur List greifen müssen, um den "Bösen" zu überwinden. Er stattete den Erlöser Christus mit einem Scheinleib aus. Dessen Kreuzigung durch die Juden setzte einmal deren Gott, den Demiurgen, ins Unrecht, übertölpelte ihn aber auch und stellte ihn so als "dummen Teufel" bloß (zuerst bei den Gnostikern begegnendes Motiv). Für die Gläubigen ist die lex caritatis (das "Liebesgesetz") der Bergpredigt hinfort höchstes Gebot. Da Markion mit der Fleischesauferstehung auch den jüdisch-apokalyptischen Gedanken eines

tausendjährigen Friedensreiches unter dem wiederkommenden Christus verwarf (vgl. Apk 20, 4.6f.), waren seine Christusgläubigen um so mehr aufge-
rufen, ein Reich der Liebe in dieser Welt zu verwirklichen. Selbstloser Verzicht und Bejahung einer radikalen Askese (Enthaltung von Fleisch- und
Weingenuß; Ehelosigkeit, was später aufgegeben wurde) mußten markioniti-
sche Einsatzbereitschaft steigern. Das Reformprogramm Markions nahm jedes
Gemeindeglied in Pflicht.

Das erklärt die weltweite *Verbreitung* (Südgallien, Nordafrika, Ägypten, Kreta,
Kleinasien, Syrien, Mesopotamien, Pontus). Außerdem nahm man im Verlauf der
Zeit einige Korrekturen vor (Rückkehr zu einem nur leicht abgewandelten
Schöpfungsglauben; Milderung der asketischen Forderungen). Im Unterschied zu
den sich arrangierenden Gnostikern waren die Markioniten um eigenständiges Profil
bemüht. Sie besaßen ihren eigenen Schriftkanon (s.u. Schwerpunkt VI) und ihre
selbständige Gottesdienstordnung. Sie tauften nicht auf den dreieinigen Gott,
sondern "im Namen Jesu Christi". Als angebliche Wahrer des paulinischen Erbes
gingen sie auch nicht von der Presbyterialverfassung ab, sondern vermehrten die
durch Apg 20, 17 u. 28 als paulinisch nachgewiesenen Gemeindeämter der
"Bischöfe" und "Presbyter" noch durch die "Märtyrer".

5.2. Der Montanismus

Der Montanismus wollte die urchristliche Naherwartung des Endes zu neuem
Leben erwecken und ist darin als Restaurationsbewegung zu bewerten. Ob
man nun den Schwerpunkt auf die Wiedererweckung urchristlicher Prophetie
oder nachbiblisch-jüdischer Apokalyptik legt: seit Lukas (Pfingstrede des Petrus: Apg 2, 14ff.) wußten frühkatholische Christen, daß die Prophetie als ein
pneumatisches Charisma zu den "Zeichen" der "letzten Tage" gehörte. Wie
bereits die urchristlichen Generationen, mußten aber auch die frühkatholischen Christen unter dem Widerspruch zwischen ihrer Endzeiterwartung und
ihrer eigenen Geschichtlichkeit leiden. Frühkatholische Eschatologie steigerte
ihn zudem. Sie griff auf Vorstellungen des nachbiblischen Judentums von einem endzeitlichen Friedensreich unter der davidischen Königsherrschaft des
wiederkommenden Messias zurück und gab dies als orthodox aus.

So malte Papias v. Hierapolis (o. S. 7), für Irenäus theologische Autorität
schlechthin, auch bezüglich des *Millennium* (1000jähriges Reich), paradiesische Bilder einer schier unvorstellbaren Vegetationsüppigkeit in dem kommenden Friedensreich (Iren., adv haer V 33, 3f.). Nicht minder utopisch schilderte Justin unter Hinweis auf Jesaja und Micha, wie einst die Schwerter zu Pflugscharen umgeschmiedet
würden und jeder unter seinem Weinstock und Feigenbaum sitzen werde. Das Bild
vom ewigen Frieden spannte er in den Rahmen seiner Lehre von der "ersten" und
der "zweiten Ankunft" Christi (dial 40, 4; 109, 2ff.), lehnte jedoch die politische
Verwirklichung ab. In dieser neutralen Gestalt als reiner Zukunftsvision sollte die
Lehre vom 1000jährigen Reich (= Chiliasmus) Dauer gewinnen. Das war der ge-
wiesene Weg erst recht, nachdem Jerusalem, künftige Hauptstadt des Friedensreiches, als Aelia Capitolina eine heidnische Stadt geworden war (o. S. 2). Die
apokalyptische Aktualisierung war nur möglich, wenn man die Vorstellung von dem

"Neuen Jerusalem", das vom Himmel herabkommen werde (Apk 21, 2), abwandelte und die künftige Herabkunft an einen anderen Ort verlegte, solche Verlegung aber durch den endzeitlichen Prophetengeist legitimierte.

Montanus und seine Prophetinnen Maximilla und Priska (bzw. Priscilla) wählten diese Möglichkeit. Ihr Auftreten fällt in die Jahre irgendwann nach 150 und vor 179 n.Chr. (allein feststehendes Todesdatum der Maximilla). Montanus galt als Inkarnation des von Christus verheißenen "Parakleten" (Joh 14, 26; 16, 7); hierfür sind seine Offenbarungssprüche verantwortlich zu machen, die sich in dem selbstprädikativen Stil von dem seiner Prophetinnen unterscheiden (Schneemelcher [5]II, 579f.). Deren "Offenbarungen" wurden weithin von den üblichen, chiliastischen Vorstellungen bestimmt. Dazu gehörten als Vorbereitung auf die Wiederkunft Christi die Aufhebung der Ehe, verschärftes Fasten, Drängen zum Martyrium, Ausscheidung der Sünder aus der Gemeinde und die Aufforderung, sich an "heiliger Stätte", jetzt im phrygischen Landstädtchen Pepuza bzw. Tymion, zu versammeln. Bedenkt man ferner, daß Montanus sich keiner dogmatischen Irrlehre schuldig machte, dann versteht man die Erregung der Christen im benachbarten Kleinasien über die "Neue Prophetie". Im fernen Westen nahm man die Kunde von den "Phrygern" weit gelassener. Roms Christengemeinde erwog zeitweilig die Anerkennung, im Streit der Meinungen traten die Konfessoren ("Bekenner") aus den Gefängnissen von Vienne und Lyon in einem "Friedensbrief" für die Aussöhnung der Gemeinde Roms mit den "Brüdern in der Asia und Phrygia" ein (Euseb, KG V 3f.; ca. 177/178 n.Chr.).

Zahlreiche *Gegenschriften* (Euseb, KG V 16, 3-17, 4 hält sich an einen Anonymus) stellen dem damaligen Niveau kleinasiatischer Theologie ein gutes Zeugnis aus. Andererseits war man sichtlich ratlos. Gewisse Kreise (sog. Aloger ["Logos-Lose"; vgl. Joh 1]) wollten ausgerechnet die Schriften des inzwischen zur Traditionsgröße von Ephesus aufgestiegenen Apostels Johannes nur deshalb von der gottesdienstlichen Lesung ausschließen, weil die Montanisten sich auf Apk beriefen. Noch primitiver waren Versuche, vor der versammelten Gemeinde sich des "prophetischen Geistes" durch Exorzismen zu erwehren, oder nach Art der frühkatholischen Gemeindezucht die Lebensführung der "neuen Propheten" zu überprüfen. Herr der Bewegung wurde man erst, als der altkatholische Episkopat seit ca. 200 n.Chr. auf Bischofssynoden sein Anathema aussprach. Amtsträger, die sich auf ihre durch apostolische Sukzession übermittelte Geistbegabung beriefen, traten selbstbewußt gegen den inzwischen dubios gewordenen "prophetischen Geist" auf.

Trotzdem brach für die Montanisten die Welt nicht zusammen, als die mit ihrem Tode (179 n.Chr.) von Maximilla prophezeite Weltkatastrophe nicht eintrat. Im *Westen* empfahl sich der "Paraklet" weiterhin durch seine Sprüche aus dem Munde montanistischer Gemeindeglieder. Tertullian, seit 207 n.Chr. Montanist, belegt sie mit seinen montanistischen Traktaten (Bd. 2 CChrL). Die "Offenbarungen" sprachen sich stets für rigorose Kirchenzucht aus, verboten die sog. zweite Ehe, empfahlen die Sitte, in der Fastenzeit ohne den üblichen Wein zu essen (sog. Xerophagien), und schlossen im Gegensatz zur großkirchlichen Konzilianz (u. S. 53) den Todsünder von der Buße aus. Aus ihnen sprach das Selbstverständnis einer Gemeinschaft der "Geistlichen" (spirituales), die gegenüber den großkirchlichen Christen (psychici) eine elitäre Gesinnung an den Tag legten.

Dem entsprach eine *Ekklesiologie*, die formulieren konnte: "Wo drei Laien sind, dort ist die Kirche" (Tert., cast 7, 3). Ihr kann man entnehmen, daß die nordafrikanischen Montanisten an der Presbyterialverfassung festgehalten haben, wie sie in Karthago für die Anfänge postuliert werden kann. Der Übergang zur Episkopalverfassung im 3. Jh. tangierte die Montanisten weniger, ja dürfte ihnen eher neue Mitglieder eingebracht haben. Ihre Stunde schlug, als selbst die ihnen nahestehenden Donatisten sich episkopal organisierten (u. S. 68ff.). Mitte des 4. Jh.s betrachtet man sie als eine Gruppe der Vergangenheit (Optat., c Parm 1, 9), ähnlich ein weström. Häretikergesetz 470 n.Chr., in dem sie im Westen zum letztenmal erwähnt werden.

Im *Osten* entwickelten sich die Dinge anders. Hier bestimmte noch der sog. can 7 des 2. ökumen. Konzils (Konstantinopel), daß "die Montanisten, die hier Phryger genannt werden", bei Eintritt in einem kurzfristigen Verfahren erneut getauft werden sollten. Geschichtlichen Fortbestand sicherte das Stammland Phrygien: allein in den Jahren 398-428 n.Chr. ergingen 6 oström. Kaiseredikte gegen die "Montanisten", wobei auch die Bezeichnung "Pepuziten" vorkommt. Nach wie vor blieb nämlich Pepuza Mittelpunkt einer übergemeindlichen Organisation mit einem "Patriarchen" an der Spitze. Ungeklärt sind die ihm zur Seite stehenden "Teilhaber" (κοινῶνες; lat. cenones). Waren sie Reste einer älteren, "demokratischen" Verfassung, bei der eine Mehrzahl von "Propheten" die Leitung innehatte? Als Pneumatiker waren sie befugt, von der Kollekte (κοινωνία) zu leben, die herumreisende Evangelisten für sie sammelten (Hier., ep 41, 3f.). Die Gemeinden profitierten vom Kontrast zur großkirchlichen Frömmigkeit (drei Fastenzeiten im montanistischen Kirchenjahr, Pfingsten als Hauptfest, quartodezimanische Berechnung des Ostertermins; vgl. Sozomenos, KG VII 18, 12-14) und hielten sich bis ins 5. Jh.

Lit.: A. v. Harnack, Marcion: Das Evangelium vom fremden Gott, [2]1924, anast. Darmstadt 1961; H. v. Campenhausen, Die Entstehung der christlichen Bibel, 1968, 174-193; G. Lüdemann, Zur Geschichte des ältesten Christentums in Rom, I, ZNW 70 (1979) 86-114; R.J. Hoffmann, Marcion, Chico/Ca. 1984 (dazu allerdings G. May, ThR 51 (1986) 404-413); G. May, Marcion in Contemporary Views: Results and Open Questions, in: The Second Century 6 (1987/88) 129-151; H. Graf Reventlow, Epochen der Bibelauslegung, I. Vom Alten Testament bis Origenes, 1990, 144-150. - K. Aland, Der Montanismus und die kleinasiatische Theologie, ZNW 46 (1955) 109-116 (= KG.Entwürfe, 1960, 105-111), vgl. H. Kraft, ThZ 11 (1955) 249-271; H. Paulsen, Die Bedeutung des Montanismus für die Herausbildung des Kanons, VigChr 32 (1978) 19-52; A. Strobel, Das Heilige Land der Montanisten, Berlin-New York 1980 (mit der Besprechung von G. May, JAC 27/28 (1985) 231-234); R.E. Heine, The Montanist Oracles and Testimonia, Macon 1989. Zum "häretisch" werdenden Judenchristentum s. u. S. 54ff.

6. Die Krise des Frühkatholizismus

Die Krise des Frühkatholizismus im 2. Jh. n.Chr. ist nach allem als Zerreißprobe zu bezeichnen. Suchte der Gnostizismus auf den antiken Weltpessimismus einzugehen und seinem Erlösungssehnen gerecht zu werden - "neue Welten", die das Christentum in die Agonie spätantiker Frömmigkeit gezogen hätten -, so wollten Markions Reform wie auch der endzeitliche Prophetismus des Montanus aus den Quellen des Ursprungs neue Kraft schöpfen. Als Erbe des antiochenischen Pluralismus stets auf Ausgleich bedacht, suchte der Frühkatholizismus die auseinanderstrebenden Tendenzen mit ihm zu Gebote stehenden Mitteln zunächst aufzufangen. Das geschah mit Hilfe der vielzitierten sog. drei *katholischen Normen* (Kanon, Glaubensregel, monarchischer Episkopat), die Harnack für die dogmengeschichtliche Entwicklung als normativ bezeichnete. Doch darf nicht übersehen werden, daß die genannte Trias andere anstehende Probleme (Schriftexegese, Christologie, Bekämpfung der Häresie) eben wegen ihrer frühkatholischen Herkunft nicht lösen konnte. Wenn sie trotzdem entwicklungsgeschichtliche Bedeutung gewann, dann ist das dem altkatholischen Christentum zuzuschreiben, das den Frühkatholizismus ablöste.

6.1. Kanonbildung*

Die Kanonbildung war Abwehr des Gnostizismus, der die frühkatholische Christenheit mit einer Fülle apokrypher Evangelien, Apostelbriefe, Apokalypsen etc. überschüttete, weil er für sich selber keine Abgrenzung der Offenbarungsschriften kannte. Auch aus Homer, Empedokles, Heraklit, Parmenides und Plato (Naassenerpredigt) sprach für die Gnostiker das universale Gottespneuma. Daß der Frühkatholizismus sich an dem zweigeteilten Kanon des Markion (o. S. 23f.) orientierte, ist unwahrscheinlich. Sein dreigeteilter Kanon: "Evangelien", "Taten der Apostel" und "Briefe der Apostel" steht der jüdischen Kanongliederung jedenfalls näher; vgl. die Dreiteilung "Gesetz, Propheten und die übrigen Väterschriften" schon um 130 v.Chr. im griech. Prolog zu Jesus Sirach und die im Verlauf des 2. Jh.s n.Chr. sich durchsetzende atl. Trias "Gesetz, Propheten, Schriften". Wahrscheinlich liefen jüdische und frühkatholische Kanonbildung unter gegenseitiger Beeinflussung parallel.

6.2. Bekenntnisbildung ("Glaubensregel")

Die Bekenntnisbildung hingegen war ohne Vorbild. Neuere Forschung, die für das Credo nach seinem "Sitz im Leben" fahndete (H. Lietzmann, Symbolstudien), hätte dafür das Gespür schärfen müssen. Vor allem nannte man das Taufbekenntnis, konnte dafür aber nur die dreigliedrigen Tauffragen aus der Kirchenordnung Hippolyts ca. 215 n.Chr. anführen; eine Textvariante zu Apg 8, 37 (Bekenntnis des Kämmerers vor der Taufe) reicht nicht aus, um ein dreigliedriges Taufcredo für das 2. Jh. zu postulieren. Da Taufe und kirchliches Selbstverständnis eng zusammenhängen, wird man begründeter das Taufbekenntnis dem altkatholischen Konfessionalismus zuweisen können (u. S. 47).

---

* S. unten Schwerpunkt VI.

Am Anfang der Bekenntnisbildung stand eher die polemische Zuspitzung des *Kerygmas*, um in der Predigt oder durch ökumenischen Gemeindebrief der jeweiligen Häresie entgegentreten zu können. Ausgangspunkt dieser Lehrbekenntnisse war dabei ein christologischer Kernsatz, der in der aktuellen Polemik eigenständig fortentwickelt wurde (bes. bei den Credo-Formeln der Ignatiusbriefe zu studieren), so daß die frühkatholische Bekenntnisbildung sich bis hin zur triadisch entfalteten "Richtschnur der Wahrheit" (Glaubensregel) kontinuierlich vollzog. Ihr 1. Artikel hatte die εἷς θεός-Prädikation ("Gott ist nur Einer") und den kosmischen Vaterbegriff der griechischen Umwelt aufgenommen, um im Bekenntnis zu Gott dem Schöpfer sowohl Markion als auch der Gnosis entgegentreten zu können. Der christologische Passus brauchte in diesem Zweifrontenkrieg nur entfaltet zu werden, während die Bindung des göttlichen Pneumas an die Kirche im 3. Artikel der antimontanistischen Polemik dienlich war. Ein typisch frühkatholisches, deshalb aber auch viel diskutiertes Bekenntnisformular liegt in ep. apostolorum 5 (16) vor.

6.3. Bischofsamt

Auch die Bildung eines Amtsbegriffes wurde durch die Auseinandersetzungen des 2. Jh.s gefördert, wie am Ende des 1. Jh.s schon seine Entfaltung 1 Clem 40-44 beweist. Ging es hier um disziplinäre Fragen, so sollte im 2. Jh. die Auseinandersetzung mit dem Gnostizismus die gleiche Auswirkung haben. Die am Schluß von 1 Tim ausgesprochene Warnung vor den "Antithesen der sogenannten Gnosis" (6, 20f.) enthüllt das treibende Motiv der Pastoralbriefe und ihres Bestrebens, die frühkatholische Ältestenordnung als "apostolisch" auszuweisen: es ging um die "reine Lehre". Noch wirkungsvoller gegenüber einer von den Gnostikern behaupteten Lehrtradition mußte der Nachweis einer lückenlosen Amtsnachfolge der Apostel als Tradenten der Christusbotschaft sein. Zum Nachweis solcher "apostolischen Sukzession" griff man auf Bischofslisten zurück, wofür ca. 160/170 Hegesipp (u. S. 54) den frühesten Anhaltspunkt bietet. Die eigentlichen Schwierigkeiten brachen gegenüber dem Montanismus auf. Hier half nur ein Amtsbegriff, in dem Amt und geistliche Vollmacht deckungsgleich waren. Letztere wurde vornehmlich als Bußgewalt wahrgenommen und lag damals in Händen der Gemeinde (Mt 18, 18; 16, 18f.). Wie sollte sie aber dem Einzelnen und erst recht dem Amtsträger anvertraut werden? Erst der monarchische Episkopat konnte dies beantworten; das verschob die Lösung in den Altkatholizismus (u. S. 31f.).

6.4. Grenzen der Leistungsfähigkeit

Sein Unvermögen zeigte der Frühkatholizismus Ende 2. Jh. auch an anderen Punkten, von denen zwei hervorgehoben seien:

6.4.1. Frühkatholische Schriftauslegung

Der spekulativen Exegese der Gnostiker, die durch die Übernahme gelehrter Literaturformen (Kommentare, Traktate) überhaupt wegweisend wurden, war die frühkatholische Schriftauslegung nicht gewachsen. Sie bewegte sich mit ihrer, von der Urchristenheit übernommenen, christologischen und durch den

28

ekklesiologischen Skopus erweiterten Exegese des Alten Testaments ganz auf den Bahnen des antiken Judentums, wenn sie für den Schriftbeweis die Kulminierung der Zeugen als ausschlaggebend betrachtete und deshalb Testimonien, d.h. Schriftbelege, sammelte, um so einzelne Topoi zu begründen (Barnabasbrief; Justin, dial c Tryph). Noch Irenäus führte so seinen "Erweis der apostolischen Verkündigung" als Florilegium von Schriftstellen durch (vgl. auch Ps.-Cyprian, Testimonia). Ihm kam nur eine beschränkte Beweiskraft zu. Gegenüber den Gnostikern galt nicht die Quantität der Zeugen, sondern die Qualität des Zeugnisses; d.h., ihr Beitrag zur Wahrheitsfindung war ausschlaggebend. Es zeigte sich aber, daß exegetische Hermeneutik und kerygmatische Tradition im Frühkatholizismus ohne Beziehung nebeneinander standen.

6.4.2. Frühe Apologetik oder das Problem: Theologie - Gemeindefrömmigkeit

Gleich tief war die Kluft zwischen frühkatholischer Gemeindefrömmigkeit und spekulativer Theologie. Deren Anfänge wurden von apologetischen Motiven bestimmt, indem man aus Werbungsgründen das Christentum als eine den "Hellenen" gleichwertige, ja überlegene Moralphilosophie darstellte. Man sprach nach außen eine ganz andere Sprache als im Innern. Die "Theologie" (ein auf Aristoteles zurückgehender Begriff!) vermittelte schon mit ihrer Fachsprache Denkmodelle der Metaphysik; beides war frühkatholischer Frömmigkeit fremd.

Bei *Tatian* und seiner "Rede an die Hellenen" (ca. 175) wird solcher Vorstoß in fremde Welten besonders fragwürdig. Mit seiner schroffen Kritik an der griechischen Philosophie glaubte er, die "Monarchia Gottes", d.h. den biblischen Monotheismus, zu verteidigen. Indem er aber gleichzeitig die Transzendenz Gottes herausstellte, wurde er vielleicht der konsequenteste Metaphysiker unter den Apologeten der frühkatholischen Periode. Solche Konsequenz führte jedoch gleichzeitig dazu, daß er eine Inkarnationslehre im Rahmen seiner Christologie vertrat, die nach Art des Gnostizismus doketisch (Lehre vom Scheinleib) gefaßt war. Sie trug ihm die Verurteilung als Häretiker ein.

Als "Märtyrer und Philosoph" (Tert., Val 5, 1) blieb seinem Lehrer *Justin* (gest. ca. 165) dies Schicksal erspart. Seine Logoschristologie machte sich die mittelplatonische Logosphilosophie dienstbar, wie es bereits vor ihm der alexandrinische Jude *Philon* (1. Jh.) getan hatte. Im übrigen hatte sich die eklektische Philosophie des Mittelplatonismus (eine Mischung von platonischer Metaphysik, aristotelischer Dialektik und stoischer Ethik) schon ihrerseits in den Dienst eines religionsphilosophischen Theismus gestellt. Justin wandelte mit seiner Lehre von den "göttlichen Keimkräften" in Natur und Geistesgeschichte als Ausstrahlungen des göttlichen (Samenkörner der Wahrheit ausstreuenden) "Logos spermatikos" wie auch mit der Hervorhebung der Unsterblichkeitslehre für die Seele und der Gesamtherrschaft des "überhimmlischen Gottes" (monarchia) als bleibenden Werten der hellenischen Philosophie auf ausgetretenen Pfaden. Er schlug nur einen Seitenweg ein, wenn er den "Logos spermatikos" der Griechen mit dem Logos der Christen gleichsetzte und dabei an den johanneischen Prolog anknüpfte. Erst später erwies sich das als Sackgasse, weil die justinische Logoschristologie subordinatianische Züge trug und in der Sicht des Frühkatholizismus, der den Monarchianismus begünstigte (u. S. 51f.), heterodox erscheinen mußte.

Auch an den frühen "Apologeten" wird also die Insuffizienz des Frühkatholizismus sichtbar. Ihm fehlte die Sprungkraft, von seinem Biblizismus aus zu einer systematischen Theologie vorzustoßen.

Lit.: W. Bauer, Rechtgläubigkeit und Ketzerei im ältesten Christentum, (1934) ²1964, (mit Nachtrag v. G. Strecker); H.-D. Altendorf, Zum Stichwort: Rechtgläubigkeit und Ketzerei im ältesten Christentum, ZKG 80 (1969) 61-74; J.F. McCue, Orthodoxy and Heresy: Walter Bauer and the Valentinians, VigChr 33 (1979) 118-130; D.J. Harrington, The Reception of Walter Bauer's 'Orthodoxy and Heresy in Earliest Christianity' during the 1970, HThR 73 (1980) 289-298.; G.T. Burke, Walter Bauer and Celsus: The Shape of Late Second-Century Christianity, in: The Second Century 4 (1984) 1ff.; Th.A. Robinson, The Bauer thesis examined: the geography of heresy in the early Christian church, Lewiston 1988. - H. v.Campenhausen, Die Entstehung der christlichen Bibel, 1968; I. Frank, Der Sinn der Kanonbildung. Eine hist.-theol. Untersuchung der Zeit vom 1. Clemensbrief bis Irenäus v. Lyon, 1971; K.H. Neufeld, "Frühkatholizismus". Idee und Begriff, ZkTh 94 (1972) 1-28; J.-D. Kaestli - O. Wermelinger, Le canon de l'Ancien Testament, Genf 1984; H.Y. Gamble, The New Testament Canon. Its Making and Meaning, Philadelphia 1985; A.M. Ritter, Die Entstehung des neutestamentlichen Kanons: Selbstdurchsetzung oder autoritative Entscheidung?, in: A.-J. Assmann (Hg.), Kanon und Zensur, 1987, 93-99; B.M. Metzger, The canon of the New Testament, Oxford ²1988; Zum Problem des biblischen Kanons = JBTh 3 (1988). - H. v.Campenhausen, Das Bekenntnis im Urchristentum, in: ders., Urchristliches und Altchristliches, 1979; ders., Der Herrentitel Jesu und das urchristliche Bekenntnis, in: ebenda, 273ff.; ders., Das Bekenntnis Eusebs von Caesarea (Nizäa 325), in: ebenda, 278-299; A.M. Ritter, Art. Glaubensbekenntnisse V, TRE 13 (1984) 399-412. - H. v.Campenhausen, Kirchliches Amt und geistliche Vollmacht in den ersten drei Jahrhunderten, (1953) ²1963; A.M. Ritter, Wer ist die Kirche? Amt und Gemeinde im Neuen Testament und in der Kirchengeschichte, in: ders., - G. Leich, Wer ist die Kirche?, 1965; B. Kötting, Amt und Charisma in Theorie und Praxis der Alten Kirche, in: F. Hahn u.a., Dienst und Amt, 1973, 41-60; F. Hahn, Neutestamentliche Grundlagen für eine Lehre vom kirchlichen Amt, in: ebenda, 7-40; K. Kertelge (Hg.), Das kirchliche Amt im Neuen Testament, 1977; J. Rohde, Urchristliche und frühkatholische Ämter. Eine Untersuchung zur frühchristlichen Amtsentwicklung im NT und bei den apostolischen Vätern, 1976; R.M. Hübner, Die Anfänge von Diakonat, Presbyterat und Episkopat in der frühen Kirche, in: A. Rauch - P. Imhof (Hg.), Das Priestertum in der einen Kirche, 1987, 45-89; U. Neymeyr, Die christlichen Lehrer im 2. Jahrhundert, Leiden 1989; M. Karrer, Das urchristliche Ältestenamt, NT 32 (1990) 152-188. - P. Prigent, Justin et l'AT, Paris 1964; O. Skarsaune, The Proof from Prophecy. A Study in Justin Martyr's Proof-Text Tradition, NT.S 25, 1970; W. Eltester, Das Mysterium des Christentums, ZNW 61 (1970) 278-293; E.F. Osborn, Justin Martyr, 1973; R. Brändle, Die Ethik der "Schrift an Diognet", Zürich 1975 (AThANT 64); H.H. Holfelder, Εὐσέβεια und φιλοσοφία. Literarische Einheit und politischer Kontext von Justins Apologie, ZNW 68 (1977) 48-66. 231-251; K. Wengst, "Paulinismus" und "Gnosis" in der Schrift an Diognet, ZNW 90 (1979) 41-62 (überzogene Kritik an Brändle); A. Lindemann, Paulinische Theologie im Brief an Diognet, in: Kerygma und Logos (FS f. C. Andresen), Göttingen 1979, 337-350; R.M. Grant, Greek Apologists of the second century, London 1988. - W. Maurer, Hellenisierung - Germanisierung - Romanisierung, in: H.D. Wendland (Hg.), Kosmos und Ecclesia, 1953, 35-72; W. Pannenberg, Die Aufnahme des philosophischen Gottesbegriffes als dogmatisches Problem der frühchristlichen Theologie, (jetzt) in: ders., Grundfragen systematischer Theologie, 1967, 296-346; A. Grillmeier, Hellenisierung - Judaisierung des Christentums als Deuteprinzipien der Geschichte des kirchlichen Dogmas, (jetzt) in: ders., Mit ihm und in ihm. Christologische Forschungen und Perspektiven, Freiburg 1975, 423-488; G.C. Stead, Die Aufnahme des philosophischen Gottesbegriffes in der frühchristlichen Theologie: W. Pannenbergs These neu bedacht, ThR 51 (1986) 349-371.

III. Die altkatholische Großkirche in ihrer Eigenständigkeit (3. Jh. n.Chr.)

1. Die Entwicklung zur Großkirche

"Die Mission und Ausbreitung des Christentums in den ersten Jahrhunderten" (Titel eines grundlegenden Werkes von A. Harnack; vgl. B. Kötting, RAC 1, 1138/1159) zeigt zwei Stromschnellen - eine im Übergang vom 2./3. Jh. unter den Severern, die andere mit der sog. "Friedenszeit" in der 2. Hälfte des 3. Jh.s. Die beiden Expansionsphasen hängen allerdings nicht nur mit der Gunst etlicher Kaiser oder gar mit dem Niedergang des röm. Imperiums, sondern auch und nicht zuletzt mit den Wandlungen des christlichen Selbstverständnisses zusammen. Sie gehen auf einen innerchristlichen Entwicklungsprozeß zurück, der zuerst in den Jahren 180-200 n.Chr. greifbar wird.

1.1. Der monarchische Episkopat und seine Bußgewalt

Markanter Vorgang ist vor allem die Übernahme des gemeindlichen Bußinstitutes in "apostolischer" Amtsvollmacht durch den monarchischen (oder Mon-) Episkopat (Prinzip: In *einer* [Stadt-] Gemeinde nur *ein* Bischof). Dessen Bußpraxis gab das frühkatholische Ideal der "Kirche der Heiligen" zumindest für den kirchlichen Alltag preis. Zum Erschrecken aller, die den Wandel der kirchlichen Verhältnisse nicht zur Kenntnis genommen hatten, trug ihm der röm. Bischof Kallist ca. 218 n.Chr. mit seinem sog. peremptorischen Edikt (u. S. 53) Rechnung. Es signalisierte, daß an die Heiligung der Einzelchristen nicht mehr so hohe Anforderungen gestellt werden wie vielfach noch im Frühkatholizismus. Es fand aber auch in den Missionspredigten seinen Niederschlag, die sich rigoristischer Forderungen enthielten und mit ihrem Heilsangebot die Kirchenportale weit öffneten. Entscheidend für den Durchbruch zum Christentum der breiten Massen am Vorabend der sog. konstantinischen Wende war aber der Entscheid des altkatholischen Episkopats nach den Verfolgungen unter Decius und Valerian (u. S. 56ff.). Obwohl die hohe Zahl von Glaubensleugnern, also "Todsündern", den Verfechtern des frühkatholischen Heiligkeitsideals rechtzugeben schien, blieb man seiner großkirchlichen Gesinnung treu und ließ auch die "Gefallenen" (lapsi) zum kirchlichen Bußinstitut wieder zu (u. S. 58f.).

1.2. Literarische Werbung

Neue Selbstbewußtheit spiegelte sich auch in neuen Formen der literarischen Werbung wider. War bisher die christliche "Apologetik" ausschließlich auf die polemische Verteidigung des Christentums aus (o. S. 16f.), so stellte man sich jetzt selber der Diskussion. Dafür bediente man sich des Dialoges mit nichtchristlichen Gesprächspartnern (*Ariston* v. Pella, ca. 178 n.Chr.: der jüdische Christ *Jason* disputiert mit dem Juden *Papiskus* über Christus; *Minucius Felix*, Octavius, Mitte 3. Jh.: im ciceronianisch-gepflegten Latein trägt zunächst der Heide seine Bedenken gegen das Christentum vor, die dann der Christ Octavius entkräftet; beide Dialoge enden natürlich mit der "Bekehrung" der Nichtchristen). Vom Gnostizismus übernahm man die Gattung des protreptischen Briefes (Werbeschreiben). Das schönste Beispiel bietet der *Diognet*brief (Verf. unbekannt; 2. Hälfte 2. oder Anfang 3. Jh.): er bezeichnet das Christentum als "Seele" im "Körper" der menschlichen Gesellschaft und schlägt damit bisher unbekannte Töne christlicher Weltbejahung an. Das Gegenbeispiel aggressiver Selbstbewußtheit ist Tertullian mit seinem "Apologeticum" (Ende 197 n.Chr.). Im Stil der forensischen Gerichtsrede verteidigt er mit seinen Invektiven das Christentum, als stünde es vor den Schranken des höchsten Gerichtes. Als sein Verteidiger schleudert er im Schlußplädoyer den fiktiven Richtern ins Gesicht: "Doch nur zu, ihr guten Statthalter... kreuzigt, martert, verurteilt uns, reibt uns auf! ... Nur zahlreicher werden wir, sooft wir von euch niedergemäht werden: ein Same ist das Blut der Christen" (apol 50, 15f. [C. Becker]).

1.3. Missionspraxis

Auch in der Missionspraxis setzte eine neue Christengeneration die Feldmarken weiter. Die Anfänge waren eschatologisch motiviert, dementsprechend aber auch methodisch unbekümmert gewesen; sie waren sehr bald gescheitert. Die frühkatholische Missionspraxis hatte resigniert und sich, wie es bei allen religiösen Minderheiten zu geschehen pflegt, mit den harten Gegebenheiten abgefunden. Jetzt diktierte die altkatholische Mission sich selber das Gesetz ihres Handelns. Die Beobachtung, daß im Verband der altkatholischen Kirchen neue Schwerpunkte entstanden, die aufs engste mit der innerkirchlichen Aktivität des monarchischen Episkopats zusammenhingen, illustriert solchen Wandel.

1.4. Schwerpunkte

Am besten zeigt dies vielleicht *Alexandrien*, das erst mit Bischof Demetrius (189-231/232) eine gesamtkirchliche Rolle übernahm. Ihm ist die Zurückdrängung des gnostischen Christentums der Anfänge (o. S. 20f.) zuzuschreiben. Mit der Gründung einer kirchlichen Katechetenschule (217; erster Leiter: Origenes, u. S. 38ff.) wurde theologische Wissenschaft in den Dienst einer Katholisierung Ägyptens gestellt. Sie war mit einer Neuorganisierung des Kirchenwesens im Sinne des Episkopalismus verbunden. Nur in Alexandrien hielten sich die Presbyter als selbständige Gemeindepastoren der Stadtkirchen (sozusagen Fossilien der Presbyterialverfassung). Um so erfolgreicher war Demetrius in der Provinz "Aegyptus"; am Ende seines Wirkens konnte er eine Bischofssynode um sich versammeln (231), deren Teilnehmer überwiegend ihre Bischofssitze nilaufwärts hatten. Von dort aus wurde die Landbevölkerung missioniert; die Übersetzung des NT ins Sahidische, der oberägyptischen Landessprache, im Verlauf des 3. Jh.s bekundet es.

Palästina wurde der 2. Schwerpunkt altkatholischer Mission. Das Gesetz zum Reichsbürgerrecht (u. S. 42) bewirkte hier einen "konfessionellen" Wandel. Die bisher antipharisäische Landbevölkerung (politische Opportunität war wohl der Grund) erschloß sich der schon längst durch das Rabbinat eingeleiteten Neubelebung der Tora-Frömmigkeit. Wie in urchristlichen Zeiten konnte die christliche Mission sich nur in den Küstenstädten hellenistisch-griechischer Sprachkultur betätigen. Die Prokuratorenresidenz Caesarea "am Meer" mit ihrer kirchlichen Hochschule (u. S. 39f.) wurde zum Missionszentrum. Anfang des 4. Jh.s waren die Küstenstriche und damit der entscheidende Landesteil zu einer fast christlichen Provinz geworden, wo man durch provokatorische Aktionen sogar die Opferhandlungen der röm. Behörden zu stören wagte (Euseb, mart Pal 4, 8); vgl. u. S. 62.

Edessa ist ein 3. Missionszentrum des Altkatholizismus. Wie im Fall Alexandriens machte auch hier ein heterodoxes Christentum jüdisch-gnostischer oder hellenistisch-gnostischer Prägung den Anfang. Spezifisch orientalisch war, daß mit *Bardaisanes* eine hochgestellte Persönlichkeit am Königshof für das Christentum warb (die erst ca. 300 entstandene Abgarlegende, vgl. Euseb, KG I 13, behauptet allerdings, schon seit Jesu Zeiten sei das Königshaus christlich gewesen). Der mit griech. Geisteskultur vertraute, "aramäische Philosoph", Historiker, Astrologe und Dichter (für syr. Lit. vorbildlich!) vertrat gleichfalls ein synkretistisches Christentum. Dessen Katholisierung fällt in die Zeit des Niederganges des Abgarenreiches (216: Umwandlung in eine röm. Provinz). Mit der Weihe *Paluts* zum Bischof von Edessa (190-219) durch Serapion v. Antiochien begann ein edessenischer Episkopat altkatholischer Sukzession. Das sog. Diatessaron *Tatians*, eine Evangelienharmonie, belegt für das syrische Kirchengebiet die Übersetzung des NT in die Landessprache und damit die Missionierung der Landbevölkerung. Seine allmähliche Ablösung (seit Anfang 3. Jh.) durch das "Evangelium der Getrennten" (sog. vetus Syra), also den Vier-Evangelien-Kanon, signalisiert gleichzeitig den Rekatholisierungsprozeß.

Karthago wurde zum Missionszentrum des nordafrikanischen Altkatholizismus und gleichzeitig zur Geburtsstätte altchristlicher Latinität (*Acta Perpetuae et Felicitatis*, u. S. 49; *Tertullians* Schriften, u. S. 37f.; sog. *Afra*, d.h. altlat. Übers. von AT und NT vor Hieronymus). Die altkatholischen Gemeinden setzten sich vornehmlich aus röm. Kolonisten und Mittelschichten zusammen, für die Ende 2. Jh. eine zweite Wohlstandswelle anbrach. Die Africa proconsularis (weitgehend das heutige Tunesien und Tripolitanien) und die Küstenstriche wurden zuerst von der katholischen Mission erfaßt, während die punische Landbevölkerung Numidiens (große Wein- und Öllatifundien) recht spät den Zugang zum Christentum fand und dann vorwiegend der donatistischen Sonderkirche (u. S. 68ff.) sich anschloß. Anfang des 3. Jh.s waren bereits numidische Bischöfe auf einer Synode in Karthago anwesend, die Bischof Agrippinus (218-222; kaum der erste katholische Bischof) einberufen hatte. Die Ausbreitung des Christentums vollzog sich dann recht schnell, wie die Briefe *Cyprians* (u. S. 44) mit ihren Nachrichten von vermehrten Bischofssynoden mit steigenden Teilnehmerzahlen Mitte 3. Jh. lehren. Sie vermitteln vor allem wertvollen Einblick in jene theologische Gedankenwelt, welche die altkatholische Mission beseelte.

1.5. Gemeinde- und Missionsbischöfe

Rückgrat der altkatholischen Mission ist der monarchische Episkopat (s.o.), der sich auf die apostolische Amtssukzession gründet. Dank der damit ihm delegierten apostolischen Vollmacht hat der Ortsbischof schon für seinen Gemeindebereich den Missionsauftrag (Mt 10; 28, 18ff.) zu erfüllen, im vermehrten Maß für die Provinz aber jener Bischofsstuhl (cathedra), der in der jeweiligen Hauptstadt steht: politisches Verwaltungs- und christliches Missionszentrum sind weithin identisch. Hier legt man Wert auf einen Apostelgründer mit höchstmöglicher Autorität.

Allerdings vermochte nicht jedes Missionszentrum den befristeten Aufenthalt eines Apostels in seinen Mauern nachzuweisen und zum Gründungsdatum apostolischen Ursprungs zu machen wie z.B. Korinth (Petrus: Euseb, KG II 25, 8) oder Antiochien (Petrus: KG III 36, 2). Die Schwierigkeit bestand vor allem für Alexandrien. Ihr begegnete man durch eine lückenlose Bischofsliste (Chronik des Julius Africanus ca. 217). Sie hatte sich eine röm. Bischofsliste zum Vorbild genommen, wußte darüber hinaus aber auch die Amtsdauer anzugeben und trug darin ein Merkmal der Beamtenrollen.

Bischöfliche *Amtslisten*, die den bisherigen Traditionsnachweis konkretisierten, waren überhaupt das Gebot der Stunde; vgl. die antiochenische Bischofsliste (Euseb, KG III 22) und vor allem die von Jerusalem (KG IV 5, 1-4). In Jerusalem, wo die Vertreibung der Juden unter Hadrian die Amtsnachfolge unterbrochen hatte, benannte man bis zur Zerstörung unter Hadrian 15 Juden als christl. Bischöfe, denen dann Heidenchristen in gleicher Funktion nachfolgten. Gerade an diesem Fall wird deutlich, daß die altkatholischen Bischofslisten (Euseb brauchte sie als zeitliches Gerippe für seine KG; vgl. Ed. Schwartzens große Ausgabe GCS Bd. 3), die vor allem für die Anfänge mit fiktiven Namen arbeiteten, darin wenig verläßlich sind. Mit fiktiven Namen am Anfang arbeitete auch die stadtrömische Bischofsliste (Iren., adv haer III 3, 3f.). Das daneben greifbar werdende Filiationsprinzip (Tert., praesc 36; vgl. dagegen 32), das mit der Vorstellung apostolischer Mutter- u. Tochterkirchen arbeitete, war darin unangreifbarer.

Das Selbstbewußtsein des altkatholischen Episkopats kam am stärksten in dem neuen Institut des *Missionsbischofs* zur Darstellung: hier delegierte bischöfliche Autorität ihrerseits apostolische Vollmacht. Bekannte Beispiele waren die Origenesschüler *Gregor "der Wundertäter"* und sein Bruder *Athenodorus* (Euseb, KG VI 30; vgl. VII 28, 1): bereits zum Bischof konsekriert, wurden sie von ihrer Heimatkirche ausgesandt, um durch Mission sich ihren künftigen Bischofssprengel selber zu "erarbeiten". Nicht zuletzt der Missionsbischof beleuchtet die missionarische Aktivität, die von dem monarchischen Episkopat ausstrahlte: er war in der Tat das Herz des Altkatholizismus!

Lit.: H. v. Campenhausen, Kirchl. Amt u. geistl. Vollmacht i.d. ersten drei Jhh., [2]1963, Kap. 7 - 12; A.F.J. Klijn, Edessa - Die Stadt des Apostels Thomas, 1965; K. Holl, W.H.C. Frend u. G. Kretschmar in: Hg. Frohnes - U.W. Knorr (Hgg.), Kirchengeschichte als Missionsgeschichte, I. Die Alte Kirche, 1974, 3-17. 32-50. 94-128; W.H.C. Frend in: The Cambridge History of Africa 2, hg. v. J.D. Fage, Cambridge 1979, Kap. 2; E. Fink - Dendorfer, Conversio. Motive und Motivierung zur Bekehrung in der Alten Kirche, 1986; Alexandrina (FS f. Cl. Mondésert), Paris 1987, bes. 151 - 172; G. Bardy, Menschen werden Christen. Das Drama der Bekehrung in den ersten Jahrhunderten, 1988.

2. Altkatholische Theologen

Die altkatholische Theologie knüpfte an die Apologeten (Justin, Athenagoras) an, wenn sie den mittleren Platonismus, der in wesentlichen Strömungen - im Unterschied zum Neuplatonismus - einer theistischen Frömmigkeit gewogen war, zu ihrer geistigen Werkstatt machte (die Eigenwilligkeit eines Tertullian, der dem stoischen Monismus näher stand, belebt nur dieses Gesamtbild). An den Gnostizismus erinnernde Züge resultieren aus der gemeinsamen Verankerung in dieser spätantiken Religionsphilosophie. Dazu gehört z.B. eine an Fragen der Erkenntnis ausgerichtete Anthropologie (Relation: Selbsterkenntnis-Gotteserkenntnis) oder die Begründung von "Lehrsätzen" (δόγματα, δόξαι) zu Schöpfungslehre (Kosmologie), Christologie und Soteriologie, Ekklesiologie und Eschatologie. Dabei sah man sich wieder auf die doxographischen (lediglich Lehrmeinungen referierenden) Lehrbücher der Schulphilosophie angewiesen, die mit ihrer Methode der Stoffanordnung nach Grund- oder Hauptbegriffen (loci: Hippol., haer II!) das Bemühen, zu einem sinnvollen Ganzen, zu einem theologischen Lehr"system" zu kommen (Hippol., haer X 32 - 34!), bestimmt nicht erleichterte, immerhin aber erste Anleitung bot. Im übrigen verfolgte die altkatholische Theologie recht unterschiedliche Ziele, je nachdem, ob man eine bewußt auf die Schriftoffenbarung sich berufende "biblische Theologie" oder eine die heiligen Schriften spekulativ ausdeutende und darin es mit der Religionsphilosophie aufnehmende "Glaubenslehre" im Auge hatte.

2.1. Irenäus von Lyon

Irenäus (ca. 142 - ca. 200) aus dem kleinasiatischen Smyrna (Umgang mit Polykarp: o. S. 17f.; Unterweisung durch "Älteste", auf die er sich dann berief) verschlugen unbekannte Umstände ins ferne Keltenland. Der gelehrte Mann wurde zunächst Presbyter in der damals noch überwiegend griech. Christengemeinde (überwiegend jüd. Herkunft?) von Lyon. Als deren Delegierter überbrachte er 177 "Friedensbriefe" zugunsten des Montanismus nach Rom (o. S. 25f.). Im nächsten Jahr übertrug man ihm die Gemeindeleitung, nachdem der 90jährige Potheinos das Opfer einer Christenverfolgung geworden war (o. S. 18). Ob dies im Rahmen eines monarchischen Episkopats geschah, ist zweifelhaft (vgl. Euseb, KG V 5, 8 mit V 1, 29).

Aus seinem, von aller Welt gelesenen, Schrifttum ragen die 5 Bücher "Entlarvung und Widerlegung der fälschlich so genannten Gnosis" heraus. Dies für die Gnosisforschung unentbehrliche Quellenwerk charakterisiert Irenäus als einen Vertreter *biblischer Theologie*. Wohl ist ihm philosophische Metaphysik vertraut. Er kennt die anthropologische Homoiosisformel der "Gottähnlichkeit" und der "Gottangleichung" aus dem "Theaitetos" Platons (176 b). Er entscheidet sich aber immer für den "Gott Abrahams, Isaaks und Jakobs" (Schlußsatz), wenn er mit solchen Philosophumena seine heilsgeschichtliche Rekapitulationslehre (ἀνακεφαλαίωσις) entfaltet, die den theologischen Bezug zwischen Schöpfung und Erlösung herstellt. Danach sieht er in der Fleischwerdung des "Wortes Gottes" nicht nur auf die endliche "Zusammenfassung" (recapitulatio) und Vollendung des ursprünglich von Gott nach seinem "Bilde" gestalteten und in reiner Idealität gewollten Menschen (Gen 1, 26), sondern auch den Anfang einer neuen Menschheit.

2.2. Hippolyt von Rom

Hippolytos (ca. 165 - 235) galt schon den Kirchenvätern als Schüler des Irenäus und bestätigt dies Urteil noch heute durch seine Kommentare (zu Daniel, zum Hohelied, zu den Proverbien), exegetischen Traktate und seine Psalmenhomilien. Über dem literarischen Nachlaß liegt der Schatten der Exkommunikation nach dem Konflikt mit Bischof Kallist von Rom (u. S. 53); außerdem wurde der griech. Autor im Westen sehr bald nicht mehr verstanden und darum nicht mehr gelesen. Erst Zufallsfunde ließen Licht auf ein reichhaltiges Oeuvre fallen, das sich zusätzlich mit Osterberechnungen, mit einer Chronik und einer Kirchenordnung befaßte, außerdem philosophische Traktate und vor allem ein antihäretisches Werk umfaßte. Aus dem bisher eindeutig bestimmten, heilsgeschichtlichen Theologen Hippolyt wurde durch die Funde eine janusartige Erscheinung, die gleichzeitig Züge eines spekulativen Theologen offenbarte. Solche Zwiespältigkeit erklärt sich am besten aus einer Aporie der theologiegeschichtlichen Situation. In der Auseinandersetzung zwischen biblischer und spekulativer Theologie war der Entscheid noch nicht gefallen. Die spekulative, aus Alexandrien kommende und im Westen als fremdartig empfundene Methode zeigt bei Hippolyt deutlich Spuren der Unfertigkeit, wie der älteste Systementwurf der altchristlichen Theologiegeschichte Hippol., haer X 32f. beweist. Schon in der Anlage seiner systematisch reflektierten Ketzerbekämpfung wird der Dissens zweier Methoden deutlich. Stellt das Vorwort thetisch und resignierend zugleich fest, daß nur der durch die Apostel tradierte und in den "Hütern der Kirche" repräsentierte Heilige Geist die Irrgläubigen überführen könne, so argumentiert das Werk selber rein rational, ohne sich zu dem Offenbarungsgedanken zu flüchten. Nicht zufällig hat die, bei Loslösung von der katholischen Mehrheit von Hippolyt für seine Sondergemeinde ca. 215 verfaßte, "Apostolische Überlieferung", auch Kirchenordnung Hippolyts genannt, am nachhaltigsten gewirkt (u. S. 47).

2.3. Tertullian von Karthago

Tertullian (ca. 170 -212?), anfangs katholisch, tritt um 207/208 zum Montanismus über. Seine rhetorische Bildung, die seinem persönlichen Temperament entsprach, läßt ihn schon in jungen Jahren zu einer eigenständigen Figur werden. Der Sprachgewandte ist in der griech.-philosophischen Lit. bewandert, verachtet platonische Metaphysik, weil ihm monistischer Realismus näher steht, bevorzugt gegenüber philosophischer die medizinische Psychologie. Die erhaltenen 37 Buchtitel sind lat. verfaßt und mit ihren apologetischen, dogmatisch-polemischen, moralpädagogischen und vor allem theologischen Themen im engeren Sinne der Tagesforderung angepaßt. Hier ist T. in seinem Sprachelement, brilliert mit seiner Invektive, hintergründigen Satire und Prägnanz der Diktion; gleichzeitig wird dieser literarische Florettkämpfer zum *Sprachschöpfer*, der mit seinen Wortprägungen (z.B. trinitas, meritum, sacramentum) die westliche Theologiegeschichte bis in die Gegenwart bestimmt.

Der eigenständige Denker erschwert selber seine theologiegeschichtliche Einordnung. Er gehört zu den "antignostischen Vätern", ist kein "biblischer Theologe" wie Irenäus, schwankt aber auch nicht zwischen biblizistischer und spekulativer Methode wie Hippolyt. Er ist *Schrifttheologe*, der die "Glaubensregel" (regula fidei) zur postulierten Norm für eine Schriftexegese macht. Von der Logoschristologie der Apologeten (Athenagoras) beeinflußt, wendet er auf die heilsökonomische Trinitätslehre des Irenäus aristotelische Begrifflichkeit an (gradus, forma, species). Seine Formel: "Es gab eine Zeit, wo dem Vater ein Sohn nicht gegeben war" (Hermog 3), eilte scheinbar dem arianischen Subordinatianismus voraus, wie sein trinitarisch-christologischer Personbegriff, die Formeln "una substantia - tres personae" und "una persona - duae substantiae" die Ergebnisse des trinitätstheologischen und christologischen Streites vorwegzunehmen schienen (u. S. 78ff., u. S. 84ff.). Nicht minder bedeutsam wurde er für die abendländische Rechtfertigungslehre. Auch sonst (z.B. in der Gotteslehre) substanzhaft denkend, verstand T. die in der Taufe vermittelte Rechtfertigung als eine durch den Hl. Geist vermittelte Kraftbegabung: sie hält den Christen im Gnadenstand und wirkt die Werke seiner Heiligung. Damit wurde er zum Vater einer "vulgärkatholischen" Tauflehre und machte die Rechtfertigung selber zu einem Zentralthema abendländischer Theologie.

2.4. Klemens von Alexandrien

Klemens (gest. vor 215) trieb seit 190 Theologie als eine, im Schulprogramm durchdachte, *christliche Wissenschaft*, wobei er wie sein alexandrinischer Lehrer *Pantainos* von dem frei finanzierten Schulinstitut (sog. Didaskaleion) lebte. Der Lehrbetrieb bestimmte denn auch das literarische Schaffen, wie das Hauptwerk und sein systematisch durchdachter Gliederungsplan (paid I 3, 3) zeigen. Die "Mahnrede an die Heiden" (sog. Protreptikos) bezog sich auf die 1. Ausbildungsstufe: er spricht die noch in heidnischen Vorstellungen lebenden Hörer an und umwirbt sie. Der sog. "Paidagogos" hatte als 2. Teil des Werkes und 2. Stufe der Schule bekehrte Gemeindechristen, die "Gläubigen" (Pistiker), im Auge. Sie waren die eigentlichen "Katechumenen" des Schulbetriebes. Auf den offiziellen Glauben der Kirche (Pistis) autoritativ verwiesen, erwartete man von ihnen eine ethisch reflektierte Lebenshaltung, ohne allzu strenge Forderungen der Askese zu stellen. Auf der 3. Stufe sollte dem innersten Kreis, den "Gnostikern", Wegweisung gegeben werden, in strenger Askese den Geist zu läutern, damit dieser die kirchlichen Dogmen spekulativ durchdringen und dies durch eine allegorische Schriftauslegung begründen könne. Das Material hierzu liegt heute in den thematisch unverbundenen Büchern 1 - 7 der sog. "Teppiche" (Stromateis) vor.

Der Dreistufenplan kehrt auch bei Origenes wieder. Er gründet auf einer trichotomischen ("dreiteiligen") Anthropologie und ist mit einer christologischen Akkommodationslehre verbunden, nach welcher der göttliche Logos sich in seiner Offenbarung dem menschlichen Erkenntnisvermögen anpaßt ("akkomodiert") und jenem sich als "Protreptikos", diesem aber als "Paidagogos" und einem dritten als "Didaskalos" zeigt (paid I 3,3). Trotzdem ist Klemens, der eklektisch aus jüdisch-alexandrinischer Religionsphilosophie, mittlerem und Neuplatonismus seine geistigen Bausteine nimmt, ein geschlossener Entwurf versagt geblieben. Er, der sich gegen die Gnostiker wendet, muß bei der Lösung der ihm von dem doktrinären Neuplatonismus gestellten Probleme auf eben den Gnostizismus zurückgreifen.

2.5. Origenes

Origenes (ca. 185-253/254) gehört zu den einflußreichsten Theologen der

Alten Kirche. Er war zudem einer ihrer regsamsten Schriftsteller (Schriften-
verzeichnis nach dem Bibliothekskatalog von Caesarea/Pal. bei Hieronymus,
ep 33,4; vgl. adv Rufin. Weitere Angaben: Euseb, KG VI; die antike Zäh-
lung nach ca. 800 "Büchern" übertreibt; bester Vergleichsmaßstab: 574 Homilien). Mit seiner geistigen Universalität und theologischen Kraft ist er nur
Augustin vergleichbar. Der Verehrung seines Schülers Euseb verdanken wir
einige *biographische Daten:*

In einer lokalen Christenverfolgung (203/4) des Vaters und des elterlichen
Vermögens beraubt, hätte Origenes vielleicht einen anderen Lebensgang gehabt, wenn ihm nicht eine reiche Frau ihre Schatulle und ihren Salon geöffnet
hätte. Diese Frau eines einflußreichen Schulphilosophen vermittelte vielleicht
auch den Kontakt zum Mittelplatoniker Ammonios, dessen Schüler Origenes
wurde. Sehr jung noch eröffnete er dann seine "Schule", bis 215 blutige
Stadtkrawalle ihn und Klemens aus der Stadt vertrieben; er ging in das benachbarte Palästina. Von dort rief ihn Bischof Demetrius (o. S. 33) als Leiter
einer jetzt bischöflich autorisierten Katechetenschule zurück (217). Bald
mußte eine zweite Kraft eingestellt werden, der Origenes die Grundausbildung
überließ, während er selber die "Fortgeschrittenen" unterwies, wenn nicht
sein Weltruhm ihn auf weite Reisen (Rom, Athen, Antiochien, Palästina)
führte. Daran nahm sein Bischof weniger Anstoß, als daß man ihn auf einer
Vortragsreise in Palästina zum Presbyter weihte (230): zwei alexandrinische
Synoden erklärten die Weihe für nichtig, exkommunizierten Origenes und
verbannten ihn aus Alexandrien (231).

So entstand im palästinischen *Caesarea* unter seiner Leitung eine kirchliche
Hochschule, für deren dann zu Weltruhm kommende Bibliothek sein "Verle-
ger" Ambrosius - aus nicht ganz uneigennützigen Gründen - mit seiner
Schreibwerkstatt die nötigen Arbeitskräfte zur Verfügung stellte. Origenes
konnte so für diese Hochschule ein *theologisches Studienprogramm* nach seinem Herzen entwerfen, das überhaupt das erste seiner Art war. Es fing mit
einem "Generalstudium" an, das sich nicht von der ἐγκύκλιος παιδεία
("Allgemeinbildung") der Spätantike unterschied. Nach Absolvierung ihrer
Fächer (Logik, Dialektik, Physik, Arithmetik, Astronomie, Geometrie) erfolgte die Unterweisung in Ethik und Philosophie als Mittelstufe, um in das
Hauptstudium (Auslegung der hl. Schriften zur spekulativen Begründung der
christlichen Dogmen) auszumünden (Quelle: "Dankrede" eines Studenten, angeblich Gregors d. Wundertäters [o. S. 35], beim Verlassen der Hochschule).
Die vielgerühmte Hexapla des Origenes (alttestamentl. Textrevision) sowie
ein sog. Onomastikon (biblisch-geographisches Lexikon, das Euseb vollenden
sollte) bezeugen, wie ernst in dieser Schule trotz ihrer spiritualistischen Exegese der Buchstabe der hl. Schriften genommen wurde. Sie wurde denn auch
die Wiegenstube eines theologisch gebildeten Episkopats, der hernach in den
Streitigkeiten der reichskatholischen Kirche dem Osten die Führung sichern
sollte. Dem in der decischen Verfolgung gefolterten und bald danach verstorbenen Origenes selber dankte diese Kirche am Ende mit der Verdammung (u.
S. 41, 103, 110).

Origenes hat das Verdienst, als erster Grundsätze einer *christlichen Dogmatik* formuliert zu haben (alexandrinische Lehrvorträge "Über die Grundlehren" [de principiis]). An der Spitze ihres triadisch ("dreistufig") aufgebauten "Systems" steht jenseits allen veränderlichen Werdens der transzendente Gott. Der (über allem Seiende) "Gott selbst" (αὐτόθεος) ist aber auch Ursache allen anderen Seins und muß Ewigschaffender sein. Origenes spricht deshalb von der ewigen Zeugung des Sohnes (des Logos) durch den Vater.

Dieser, der Logos, ist damit dem Vater seinsmäßig zugehörig, gleichzeitig aber ihm als "zweiter Gott" untergeordnet. Der Logos, der deutlich Züge des mittelplatonischen Weltgeistes (Nus) trägt, ist nach der einen Seite nur "Abbild" (εἰκών) des über ihm stehenden Urbildes, nach der anderen jedoch Urbild für die untergeordneten Seinsformen. An der Spitze ihrer Vielheit steht das Pneuma, das - trotz seiner göttlichen Substanz - einen zeitlichen Anfang hat. In diesem "dritten Reich" erhalten die ihm unterstellten, pneumatischen Wesen ihre ewige Existenz nur dadurch, daß sie unentwegt sich dem "Abbild" (dem Sohn) und durch ihn dem "Urbild" (dem Vater) in intelligibler Gottesschau zuwenden.

Damit hatte die kirchliche Trinitätsvorstellung den Charakter einer metaphysischen Hypostasenlehre gewonnen, wenn auch im subordinatianischen ("abstufenden") Sinne. An sie knüpfte die origenistische *Soteriologie* an. Ihr Intellektualismus bekundete sich darin, daß das Heilsverfahren von den "Denkwesen"(λογικά, νόες) seinen Anfang nimmt und bei ihnen wieder sein Ende findet. Die Ordnung dieser, je nach ihrer Gottnähe als Seraphim, Cherubim, Erzengel und Engel hierarchisch abgestuften Geistwesen wurde durch die "Abkehr" ihres obersten Lichtengels von Gott gestört. Indem er die "Noes" mit sich in die Tiefe riß, ergab sich aus seinem "Absturz" die "Grundlegung" (καταβολή) der sichtbaren Welt. Aus den pneumatischen "Geistwesen" wurden "Seelenwesen" (ψυχικά), wobei die Materialisierung als Abkühlung (ψυχή von ψυχρόω od. ψυχρίζω) der feurigen Pneumasubstanz verstanden wird. Doch göttliche Güte wandelte das Verhängnis zu einem Erziehungsinstitut. Die Einkörperung dient den mit freiem Willen ausgestatteten Seelen zur Läuterung. Den Weg wies der göttliche Logos selber. Bei seiner Inkarnation nahm sein göttliches Pneuma noch eine Seele mit sich, die nicht an der himmlischen Revolte beteiligt war. Als Abbild des triadisch abgestuften Universums und Idealbild des Menschen nach Gottes Willen bewies der Inkarnierte, daß der Geist (νοῦς) zusammen mit der Vernunft (λόγος) den widergöttlichen Regungen der Seele und Versuchungen des Leibes erfolgreich widerstehen kann. Fortan bietet er sich den "Somatikern", die noch am Leiblich-Irdischen haften, als Erlöser an, weil das mit seinem Tod dem Teufel überschüssig gezahlte "Lösegeld" (Mt 20, 28) ihnen zugute kommt. Den "Psychikern" wird er mit der Gesetzespredigt zum "Pädagogen" und hilft mit der Leistungstherapie des frommen Werkes, während die "Pneumatiker" Geist von seinem Geist sind und aus freien Stücken durch Askese ihr Erkenntnisvermögen fördern, um durch sich steigerndes Abstraktionsvermögen zur Gottesschau vorzudringen. Krönung dieser "Erziehung des Menschengeschlechtes" ist seine Rückkehr in die vorgeschichtliche Existenz als Geistwesen. Die "Wiederherstellung" (ἀποκατάστασις) bedeutet zugleich das Ende der Geschichte.

Nicht zuletzt diese sog. *Apokatastasislehre* hat früh Kritik laut werden lassen, zumal Origenes der Logik seines idealistischen, freiheitlichen Konzeptes nicht auswich und die Möglichkeit bejahte, daß im Himmel erneuter Aufstand ausbrechen könnte. Die kosmologische Folgerung einer Mehrheit von Welten im Nacheinander der Weltenjahre wurde ihm zudem von der antiken Kosmologie nahegelegt. - Systematische Konsequenz eignete im übrigen auch der *Hermeneutik* des Origenes. Dem triadischen Aufbau von Metaphysik, Kosmologie und Anthropologie entsprach die Unterscheidung zwischen dem "somatischen", auf das Historische ausgerichteten, dem "psychischen", die moralische Belehrung beachtenden, und endlich dem "pneumatischen", die spekulativen "Geheimnisse" der Schriften bedenkenden Schriftsinn. Hermeneutik und Dogmatik waren eine geschlossene Einheit.

Lit.: M. Widmann, Irenäus und seine theol. Väter, ZThK 54 (1957) 156-173; A. Benoit, Saint Irénée, Paris 1960; N. Brox, Offenbarung, Gnosis und gnostischer Mythos bei Irenäus von Lyon, 1966; H. v. Campenhausen, Die Entstehung der Heilsgeschichte, Saeculum 21 (1970) 189-212; N. Brox in: M. Greschat (Hg.), Gestalten der Kirchengeschichte. Alte Kirche I, 1984, 82-96 (Lit.!). - A. Hamel, Kirche bei Hippolyt, 1951; L. Bertsch, Die Botschaft von Christus u. unserer Erlösung bei Hippolyt v. Rom, 1966; J. Frickel, Das Dunkel um Hippolyt von Rom, Graz 1988. - H. Karpp, Schrift und Geist bei Tertullian, 1955; U. Wickert, Glauben und Denken bei Tertullian u. Origenes, ZThK 62 (1965) 153-177; J. Moingt, Théologie trinitaire de Tertullien, Paris 1966-1969; T. D. Barnes, Tertullian, Oxford 1971; J.-C. Fredouille, Tertullien et la Conversion de la Culture Antique, Paris 1972; G. Hallonsten, Satisfactio bei Tertullian, Malmö 1984; ders., Meritum bei Tertullian, Malmö 1985. - S.R.C. Lilla, Clement of Alexandria. A Study in Christian Platonism and Gnosticism, Oxford 1971; D. Wyrwa, Die christliche Platoaneignung in den Stromateis des Clemens von Alexandrien, 1983; A. v.d. Hoek, Clement of Alexandria and his use of Philo in the Stromateis, Leiden 1988. - H. Koch, Pronoia und Paideusis, 1932; M. Harl, Origène et la fonction révélatrice du verbe incarné, Paris 1958; R.P.C. Hanson, Allegory and event, London 1959; Fr.-H. Kettler, Der ursprüngl. Sinn der Dogmatik des Origenes, 1965; H. de Lubac, Geist aus der Geschichte, dt. 1968; P. Kübel, Schuld und Schicksal bei Origenes, Gnostikern und Platonikern, 1973; A. Crouzel, Origène, Paris 1985; K.J.Thorjesen, Hermeneutical Procedure and Theological Method in Origen's Exegesis, 1986 (PTS 28); B. Neuschäfer, Origenes als Philologe, 2 Teile, Basel 1987; H. Graf Reventlow, Epochen der Bibelauslegung, I, 1990, 150-193.

3. Die politischen Verhältnisse

Keinem der genannten Theologen blieb der Zusammenstoß mit städtischen oder staatlichen Behörden erspart. Das beleuchtet gleichzeitig die politischen

Verhältnisse, die nur bedingt die Ausbreitung des Christentum begünstigten.

3.1. Begünstigende Faktoren

Zu solch begünstigenden Faktoren gehört z.B. der Wandel des bisherigen Regierungssystems. Hatte man bis zu Kaiser Commodus (180-192) die Kontinuität zum flavischen Kaisertum auf dem Wege der Adoption sichergestellt, so entmachtete das severische Herrscherhaus (193 bis 235) mit seinem dynastischen Prinzip den Senat. Die Sonne des augusteischen Prinzipats, dessen Strahlen einst die um Rom zentrierte Welt beschien, versank hinter dunklen Wolken. Wohl beschworen die Severer das Flaviertum als politisches Patronat. Trotzdem legte Caracalla mit der sog. Constitutio Antoniniana (Pap. Gießen 40) im Jahre 212 jedem Provinzler in die Wiege, was einst Privileg der Stadtrömer, dann der Italiker gewesen war und noch um 100 n.Chr. mit seinem Titel "civis Romanus" in der Provinz Aufsehen und Neid erregte (Apg 22, 25ff.). Der neue Dynastiegründer Septimius Severus (193-211) kam aus der Provinz und wandte ihr seine Gunst zu: Leptis Magna, seine Geburtsstadt, erlebte ihre höchste Blüte; ihre Stadtgötter (Herkules, Dionysos) erschienen auf den Münzen Roms. Als Septimius in zweiter Ehe Julia Domna, die Tochter eines syr. Priesterkönigs in Emesa (Homs) heiratete, das den Sonnengott Elagabal verehrte, erschienen Sonne und Mond auf den Münzen. Der Großneffe Julia Domnas ließ sich als röm. Kaiser Elagabal nennen und den hl. Stein von Emesa nach Rom überführen (210). Die Stunde war den orientalischen Religionen günstig. Die Christen wußten zu berichten, daß die zweite Tochter, Julia Mammaea, sich für das Christentum interessierte und Origenes zu Vorträgen vor ihr nach Antiochien bestellte (Euseb, KG VI 21,3f.). Ihr kaiserlicher Sohn Alexander Severus (222-235) ließ sich durch den Christen und Origenesfreund Julius Africanus (o. S. 34) im Pantheon zu Rom eine öffentliche Bibliothek einrichten.

3.2. Verfolgungen in Karthago und Alexandrien

Für die Christen wirkte sich solches kaiserliche Wohlwollen oder Interesse jedoch nicht besonders begünstigend aus. Im Gegenteil, in den Provinzen reagierte man eher negativ. Instruktiv sind hierfür Vorgänge in *Karthago* im zehnjährigen Regierungsjubiläumsjahr des Septimius Severus (202/203). Mit militärischen Lorbeeren aus dem Orient zurückgekehrt, hatte der Kaiser zunächst an den Decennalienfeiern in Rom teilgenommen, um in Begleitung seiner Familie in die nordafrikanische Heimat zu fahren und sich dort feiern zu lassen. In Leptis Magna, seinem Geburtsort, errichtete man ihm einen Ehrenbogen, der ihn als Serapis, Julia Domna aber als Isis darstellte (Grabungsbefund). Wie die Provinzhauptstadt, die gleich Leptis Magna aus demselben Anlaß das Reichsbürgerrecht (ius Italicum) erhielt, den kaiserlichen Gönner zu ehren gedachte, wissen wir nicht. Immerhin geht aus einer christlichen Urkunde hervor, wie man am Ernennungstage des Kaisersohnes Geta zum Caesar und Mitaugustus (sog. dies natalis) diesen durch "Spiele" ehrte (Acta Perpetuae et Felicitatis, u. S. 49). Deren Höhepunkt war die Todeshetze von 5 jungen Christen. Der stellvertretende Prokonsul hatte zu diesem Zweck willkürlich christliche Angehörige der höheren Stände verhaften lassen. Sichtlich wollte er durch diesen Willkürakt solche christlichen Stimmen zum Schweigen bringen, die - wie Tertullian - mit provokatorischer Impertinenz darauf pochten, Septimius Severus dulde in seinem Palast im Hofrang Christen und habe diese sogar öffentlich vor dem Mob geschützt (ad Scap 4,5f.).

Ob die lokalen Christenverfolgungen in *Alexandrien* (203/4, o. S. 39) in einem Zusammenhang damit stehen, daß Septimius Severus samt Familie sich Ende 200 bis 202 in Alexandrien aufgehalten hatte, um von dort zu den Decennalienfeiern nach Rom aufzubrechen, ist deshalb nicht als Möglichkeit auszuschließen. Sicher kann man kaum von einer "severischen Verfolgung" als einer ersten "wohlorganisierten, weltweiten Aktion" gegen die Christen sprechen, wie noch vor nicht allzu langer Zeit wieder geschehen (W.H.C. Frend). Man hat eher den Eindruck, daß die Provinzbehörden im steigenden Maße Unsicherheit in ihrem Verhalten gegenüber Christen an den Tag legten. Gerüchte über kaiserliche Begünstigung und notorischer Christenhaß in der Provinzbevölkerung könnten dies erklären. Der altkatholische Episkopat dürfte sich jedenfalls bewußt gewesen sein, daß nur in den Gottesdiensten und Versammlungen der Christen die Konsolidierung zur Großkirche erfolgen konnte. Verfassung, Liturgie und Frömmigkeitsleben waren eine Ausrichtung zu geben, die es erlaubte, sich um so eindeutiger gegenüber häretischen und schismatischen Abweichungen abzugrenzen.

Lit.: W.H.C. Frend, Martyrdom and Persecution, Oxford 1965; ders., The Rise of Christianity, London 1984; J. Speigl, Der römische Staat und die Christen. Staat und Kirche von Domitian bis Commodus, Amsterdam 1970; J. Molthagen, Der römische Staat und die Christen im 2. und 3. Jahrhundert, [2]1975.

4. Konsolidierung zur Großkirche

Die Verfassungsverhältnisse im 3. Jh. entsprachen dem altkatholischen Selbstverständnis. Auf der apostolischen Sukzession des monarchischen Episkopats gegründet, die gleichzeitig die Autonomie der Einzelgemeinden sicherte, konnte der altkatholische Synodalverband sich als eine Vereinigung gleichgestellter und gleichberechtigter Bischofskollegen konstituieren. Auf seinen Synoden, an denen auch Presbyter und Diakone neben den örtlichen Gemeindevertretern teilnahmen, waren ausschließlich die Bischöfe stimmberechtigt (ältestes Synodalprotokoll Herbst 256 zu Karthago). Die für Kappadokien Mitte 3. Jh. bezeugte Alljährlichkeit der Synoden (Cyprian, ep 75, 4) wird durch die Beobachtung ergänzt, daß in erster Linie die Gefährdung bischöflicher Kollegialität wie im Ketzertaufstreit (u. S. 45f.) oder der reinen

Lehre wie im Fall des Paulus v. Samosata (u. S. 50f.) die bischöflichen "Kollegen" (alternative Bezeichnung des bischöflichen Amts"bruders") auf den Plan rief. Erst Ende des 3. Jh.s konnte sich aus der Christianisierung einer Provinz ergeben, daß man die örtlichen Gemeindebeschlüsse zusammenfaßte und einander anzugleichen suchte (canones einer Synode im südspanischen Elvira: 304-309?). Im übrigen gingen die Synodalbeschlüsse aus einer Beratung hervor, an deren Ende die Zustimmung als Mehrheitsbeschluß stand. Derselbe wahrte auch formal seinen akklamativen Charakter, indem er unter der Zitationsformel: "es hat uns gefallen" = "wir haben beschlossen" (δοκεῖ, lat. placuit; vgl. Apg 15, 25.28!), protokolliert wurde; das erhielt sich in den altchristlichen Canones-Sammlungen (u. S. 95).

4.1. Altkatholischer Episkopalverband

Auch der altkatholische Episkopalverband schuf sich seinem Selbstverständnis angemessene Formen. Zu ersteren gehörte z.B. die gegenseitige Anzeige der Bischofswahl (Cyprian, ep 44, 1 u. ö.). Aus einem Wahlakt hervorgegangen, der die frühkatholische Wahlhoheit des örtlichen Gemeinde"volkes" wahrte, erhielt der Gewählte seine Amtsautorität erst mit der von den benachbarten Bischöfen vollzogenen Bischofsweihe (ep 67, 5; Hippolyt, trad nr. 2 Botte); nur sie vermittelte ihm apostolische Sukzession und Amtsvollmacht. Im übrigen vollzog sich die Wahlanzeige in Form sog. "Gemeinschaftsbriefe" (Euseb, KG VII 30, 17). Sie waren aus den "Empfehlungsschreiben" urchristlicher und frühkatholischer Zeit entwickelt worden (vgl. 2 Kor 3, 1; Röm 16, 1ff.; 1 Clem 63, 3; Polyk 14). Die neue Bezeichnung "literae communicatoriae" hielt gleichzeitig fest, daß sie Reisenden und Zugewanderten die Aufnahme in die Abendmahlsgemeinschaft gewähren sollten. Während die reichskatholischen Bischofsanzeigen als sog. "Inthronisationsbriefe" vom Urkundenstil geprägt wurden (feierliches Protokoll der Aushändigung und Empfangsbestätigung: Euagrios, KG IV 4), kam in der vorkonstantinischen Zeit die gesamtkirchliche Funktion stärker zum Zuge: die Wahlanzeige legitimierte die bischöfliche Unterschrift im zwischengemeindlichen Briefverkehr. Sie sicherte die Rechtgläubigkeit und wehrte unliebsame Elemente ab.

In bemerkenswerter Eifersucht achtete der altkatholische Episkopat darauf, daß die ökumenische Kollegialität nicht durch Vormachtsansprüche gefährdet werde. Nach Lage der Dinge konnten sie nur vom stadtröm. Bischof erhoben werden. Sein *Primatsanspruch* (Cyprian, ep 71, 3) hat dann auch gesamtkirchlichen Streit verursacht. Die doppelte Bezeugung apostolischer Sukzession seiner Kathedra durch die Apostelmärtyrer Petrus und Paulus (Iren., adv haer III 3, 2; vgl. Euseb, KG II 25, 7) spielte dabei eine Rolle; die auf Mt 16, 16ff. unter späterer Hinzufügung von Joh 21, 15ff. sich berufende "petrinische Sukzession" (K. Heussi) gewann erst später Gewicht.

4.2. Der Streit um Ostertermin und Osterfasten

Der Passahstreit (Euseb, KG V 23-25), Ende des 2. Jh.s durch einen kleinasiatischen Presbyter ausgelöst, der in Rom für die quartodezimanische Berechnung des Passahtermins (o. S. 13) eintrat, war mehr vom Zaun gebrochen. Als Polykarp von Smyrna 4 Jahrzehnte zuvor bei einem österlichen
Rombesuch an seinem kleinasiatischen Brauch festhielt (155), da löste dies
keinen ökumenischen Streit aus, zumal die Differenz sich aus den örtlichen
Gegebenheiten ergab: in Rom ließ sich schwer ein durch die Synagoge bestimmter Festkalender durchführen. *Viktor* I. von Rom (189-198) war zunächst gut beraten, als er in einem Rundschreiben die bischöflichen Kollegen
in aller Welt bat, auf regionalen Synoden die Angelegenheit zu behandeln;
auch anderswo war man zu einer Osterberechnung übergegangen, bei der
Festtag und Sonntag zusammenfielen. Nur eine unter *Polykrates* von Ephesus
tagende Synode Kleinasiens hielt hartnäckig an der jüdischen Berechnung
nach dem 14. Nisan fest. Als Viktor aber dann die Kirchengemeinschaft mit
den Kleinasiaten wegen "Irrglaubens" aufsagte, stieß er zu seiner Überra-
schung auf den geschlossenen Widerstand des altkatholischen Episkopats: dieser war nicht gewillt, dem Bischof von Rom eine gesamtkirchliche Sprecher-
rolle zuzubilligen.

4.3. Ketzertaufstreit

Im sog. Ketzertaufstreit Mitte des 3. Jh.s wurden weit schärfere Klingen zwischen Rom und Nordafrika gekreuzt. Die eine lag in der Hand *Cyprians* von
Karthago (ca. 190-258). Weniger an Fragen spekulativer Theologie als der
Ekklesiologie interessiert, kann er als Repräsentant des lat. Altkatholizismus,
seine Abhandlung "Die Einheit der katholischen Kirche" (de ecclesiae catholi-
cae unitate) aber als Dokument gelten, in dem röm. Ordnungsdenken und alt-
katholisches Selbstverständnis, lat. Form und episkopale Diktion sich klassisch verbinden (z.B. cap. 6: Habere iam non potest Deum patrem qui eccle-
siam non habet matrem ["Gott kann nicht länger zum Vater haben, wer die
Kirche nicht mehr zur Mutter hat"] - "eine Warnung an diejenigen, die in der
Kirche die Taufe empfingen" [M. Bévenot z.St.]). Der Stil seelsorgerlicher
Verantwortlichkeit sucht seinesgleichen, wenn Cyprian aus gegebener Veran-
lassung zur Feder griff wie angesichts des Abfalls vieler Christen in der decischen Verfolgung (de lapsis) oder in dem ihr auf dem Fuße folgenden Pestjahr (de mortalitate). An spez. nordafrikanischer Tradition hielt Cyprian fest,
wenn er die soteriologische Funktion der Kirche und der von ihr verwalteten
Sakramente an die Heiligkeit der Amtsträger knüpfte; für die Schlußfolgerung, daß eine in einer schismatischen Gemeinde vollzogene "Ketzertaufe"
ungültig sei und beim Kircheneintritt wiederholt werden müsse, konnte er sich
sogar auf Tertullian (de baptismo) und eine Synode von Karthago (ca. 220)
berufen.

Anders beurteilte man die Dinge in Rom, wo lokale Schismen seit Ende des 2. Jh.s sich abwechselten; hier hätte der Zwang zu mehrmaliger Wiedertaufe auf die Dauer das Taufsakrament entwertet. Man begnügte sich deshalb damit, wiedereintretenden Schismatikern die Hand aufzulegen, was man aus dem Bußinstitut übernahm.

Zum Konflikt kam es, als ein Lokalschisma Cyprian selber zwang, eine Regelung zu treffen und durch eine Synode von Karthago (255/6) die sog. "Ketzertaufe" zu verwerfen. Diesen Entscheid ließ er seinem bischöflichen Kollegen in Rom zugehen. Das war damals *Stephanus* I. (254-257), weniger Repräsentant als Cyprian, dafür aber Exponent eines auf die Kathedra Petri pochenden Primatsanspruches, der sich hierfür auf Mt 16, 18f. berief (Cyprian, ep 75, 17). Nachdem er in mehreren Schreiben die Richtigkeit der Auslegung des Felsenwortes (Mt 16, 18f.) bestritten hatte, rief Cyprian 256 87 Bischöfe nach Karthago, die sich hinter ihn stellten; auch aus dem fernen Osten kam Zustimmung. Es war fast ein Gebot der Selbstachtung geworden, daß Stephan daraufhin Cyprian als "Pseudochrist und Pseudoapostel" (ep 75, 25) die Exkommunikation androhte. Vergeblich bemühte sich in diesem Streit Alexandriens Bischof noch bei des Stephanus Amtsnachfolger um einen Ausgleich (Euseb, KG VII 2-5). Nicht er sollte ihn beenden, sondern die valerianische Verfolgung (258), deren Opfer sowohl Cyprian von Karthago wie Xystus (Sixtus) II. von Rom wurden (u. S. 57).

4.4. Hierarchische Strukturen

Auch die Ausbildung einer Ämterhierarchie (-rangordnung) war Ausdruck eines großkirchlichen Selbstverständnisses, dem an der Straffung der Gemeindeverwaltung gelegen sein mußte. Ein hauptamtlicher Klerus verlangte allerdings Vermehrung der Gemeindeeinnahmen. Die frühkatholischen, presbyterial verfaßten Gemeinden hatten mit der ehrenamtlichen Betätigung ihrer Repräsentanten rechnen können; zusätzlich erforderliche Geldmittel wurden durch die gottesdienstlichen Kollekten (Tertullian: sportulae, d.h. "Körbchen") gedeckt. Auch griff man jetzt auf das alttestamentliche Zehntgebot zurück (Num 18, 20ff.; vgl. syr. Didascalia ; Const Apost II 25, 6; VIII 30f.; ferner Cyprian, unit eccl 26), um den hauptamtlichen Kräften ein Monatsfixum (mensurnae; μηνιαῖα) zukommen zu lassen (Cyprian, ep 39, 5). Deren Kreis wurde zwangsläufig eingeengt, und zwar auf den sog. "clerus maior" (Bischof, Presbyter, Diakon). Seine Unterscheidung von dem sog. "clerus minor" (Subdiakon, Akoluth, Lektor, Ostiarius: vgl. Ps.-Cyprian, de rebapt 10) hat auch ökonomische Gründe. Die "klerikale Rangordnung" (Cyprian, ep 38, 2) stellte mit ihren aufsteigenden Rangstufen auch gesteigerte Anforderungen. Da höhere Grade aber mit "vermehrten Einkünften" (a.a.O.: "incrementa maiora") verbunden waren, konnte der altkirchliche "cursus honorum" seine elitäre Wirkung nicht verfehlen.

Die altkatholischen Gemeinden verfügten über einen Klerus, den vergleichbare Religionsgemeinschaften nicht aufweisen konnten. Im Verhältnis zum Frühkatholizismus hatte sich allerdings das Gemeindegefüge grundlegend gewandelt. Nicht zufällig wurden gerade die Presbyterien in ihm zum Sammelbecken derer, denen das letzte Ziel der Stufenleiter versagt blieb. Sie waren aber zugleich die geborene Kontrollinstanz gegenüber bischöflicher Willkür.

4.5. Gottesdienstleben

Das Gottesdienstleben der altkatholischen Gemeinden wurde gleichfalls stärker reglementiert, indem die altkatholischen Kirchenordnungen im Unterschied zu den frühkatholischen Gemeindeordnungen die Details regelten wie die Sitzordnung im Gottesdienst oder das Gottesdiensthaus (syr. Didascalia 12; vgl. Const Apost II 57). Kam im Gegenüber von Klerus auf der sog. Presbyterbank und den Laien, die weithin auf dem Erdboden Platz nahmen, die Ausrichtung auf die "Geistlichen" mit dem Bischof in ihrer Mitte sichtbar zum Ausdruck, in dessen Hand das Steuer des Kirchen"schiffes" lag, so machte das zeitgenössische Bild (a.a.O.; Cypr.) gleichzeitig deutlich, daß nur der Gleichtakt der "Ruderer", d.h. die Glaubenseinmütigkeit der Laien, die glückhafte Überwindung aller Zeitstürme garantiere. Die altkatholischen Gemeindeleiter nahmen daher die Gemeindeglieder in einer bisher nur durch Markion (o. S. 23f.) bekannten Weise in Pflicht.

Der *Taufgottesdienst* macht dies besonders evident. Bei der frühkatholischen Taufe lag die Beanspruchung durch die Gemeinde vornehmlich in der Taufunterweisung (o. S. 11f.). Sie wurde jetzt strenger geregelt (Hippol.,trad nr. 15-19: Überprüfung der persönlichen Lebensverhältnisse bei Zulassung zum dreijährigen Katechumenat; letzte Überprüfung des Lebenswandels als Katechumen bei Zulassung zur Taufe). Zudem wurde der Taufakt selbst zu einem Bekenntnisakt. Bei dreimaligem Untertauchen wurde dem Täufling unter der Frageformel "credis?" jeweils einer der drei Glaubensartikel vorgesprochen, die er mit einem "credo" zu beantworten hatte (a.a.O., nr. 21; vgl. Cyprian, ep 70, 2; Orig., hom in Num 5,1; Dionysios v. Alexandrien bei Euseb, KG VII 9, 2). Daneben hielt sich noch frühkatholisch-magisches Taufverständnis, wenn ein mehrwöchentliches, exorzistisches Ritual (Hippol., trad nr. 20: Waschungen, Bekreuzigungen, Ölsalbungen) durchgeführt wurde. Höhepunkt solcher "Reinigung" bildete unmittelbar vor der Taufhandlung die sog. Teufelsabsage (abrenuntiatio diaboli). Gerade hier akzentuierte sich das altkatholische Taufverständnis als Bekenntnis, indem der Täufling feierlich schwor: "Ich versage mich dir, Satan, und deinem Gesinde und allen deren Werken"; erst dann wurde er mit dem "Öl der Geistaustreibung" gesalbt (a.a.O., nr. 21).

Der altkatholische *Sonntagsgottesdienst* entwickelte seine Eigenart aus der frühkatholischen Zweiteilung in Wort- und Sakramentsgottesdienst. Hingegen mußten die frühkatholischen Agapefeiern (o. S. 12f.) ihre Bedeutung als Formen der Gemeinschaftspflege zwangsläufig verlieren. Der Gemeinschaftsgedanke (communio) fand vermehrt seine sakramentale Vertiefung: die eucharistische Gemeinschaft erhielt kultische Dimension. An ihr hatten Katechumenen und "Büßer" keinen Anteil, von den nur zum Wortgottesdienst zugelassenen Heiden ganz zu schweigen. Indem man diese Personenkreise durch eigenes Fürbittgebet unter Handauflegung feierlichst entließ (Hippol, trad nr. 18f.), förderte man in den "Entlassenen" zugleich den Wunsch, zur "Gemeinschaft" (κοινωνία) zugelassen zu werden. Dafür kamen im Wortgottesdienst redegewandte Prediger (presbyteri; doctores) zu Wort, die in bisher unbekannter Weise den Hörer ansprachen und die Bekenntnis-Entscheidung von ihm herauszufordern verstanden.

Der *Wortgottesdienst* erinnerte weiterhin mit seinen Schriftlesungen aus "Gesetz und den Propheten" (AT) bzw. aus den "Evangelien" und dem "Apostel" (NT) stark an die Synagoge. Die im Wechsel zwischen dem Vorsänger und der Gemeinde (Refrain) im Sprechton gesungenen Psalmen verstärkten solche Erinnerung; sie markierten den Übergang von alttestamentlicher zu neutestamentlicher Lesung (Const Apost II 57, 6). Der altkatholische Akzent bestand vorwiegend in dem Pluralismus der Rollenverteilung: vom Lektor bzw. Psalmensänger (Psaltes) aufwärts bis hin zum Presbyter waren alle klerikalen Dienste an der Gestaltung des Wortgottesdienstes beteiligt.

Der *Eucharistiegottesdienst* hingegen lag ausschließlich in Händen des Bischofs. Die spätere Einschaltung der seit je den Bischöfen zur Hand gehenden Diakone beim Allgemeinen Fürbittgebet und bei dem Aufruf zur gegenseitigen Versöhnung mit Friedenskuß bestätigte nur, was schon das altkatholische Formular mit dem Begrüßungsdialog zwischen Bischof und seiner Gemeinde (sog. salutatio) ausdrücken wollte (Hippol., trad nr. 4; vgl. Cyprian, dom orat 31): fortan gehörte das letzte Wort dem Bischof, dem "Priester" im eigentlichen Sinne. Sein eucharistisches Hochgebet, jetzt in einzelne Rubriken unterteilt (eigentl. Danksagung, d.h. εὐχαριστία; Anamnese mit Einsetzungsbericht; sog. Anaphora mit Opfer-Interpretamenten; sog. Epiklese als Herabflehung des Hl. Geistes, er möge die Abendmahlselemente "wandeln" und die Kommunikanten erfüllen und heiligen), hob ihn auf das hohepriesterliche Podest. Er steht vor dem zeitlosen Altar Gottes und wiederholt im Gedächtnis an den Tod Christi unter dem Zeichen von Brot und Wein das Opfer Christi (θυσία, sacrificium), wenn auch in unblutiger Form (Cyprian, ep 63, 14ff.). In seiner Spiritualität bekundete dieser priesterliche Hoheitsakt noch keine Mysterienfrömmigkeit. Das gemeinsame Sündenbekenntnis und Vaterunser vor der eucharistischen Kommunion (Const Apost II 57) unterstrich außerdem, daß sowohl von den "Opfernden" (offerentes) als auch von dem "Priester" (sacerdos) "reine Hände" gefordert würden.

Als besondere Daten christlicher Heilsgeschichte wurden der Tag der Passion Christi als Fastenzeit am Freitag, am Ostersonnabend aber die Auferstehung Jesu durch eine freudig bewegte, nächtliche Feier (sog. Ostervigilie mit Taufgottesdienst verbunden) festlich hervorgehoben; ein Kirchenjahr kannte der altkatholische Kalender noch nicht. Bei der Berechnung des *Ostertermins* hatte man sich allgemein jetzt für den Sonntag nach dem Frühlingsvollmond entschieden. Osterberechnungen (sog. computi), die unter Zugrundelegung verschiedenster Jahreszyklen (vgl. z.B. den 16jährigen Zyklus für 76 Jahre bei Anatolius von Laodicea: Euseb, KG VII 32, 14-19) gemacht wurden, hoben Ostern als die eigentliche Freudenzeit hervor, in der man stehend betete und die man für Taufen besonders geeignet hielt (Tert., coron 3, 3f.; bapt 19, 1f.). Ihr Abschluß, der "fünfzigste Tag" (Pfingsten - πεντηκοστή [sc. ἡμέρα]), wurde besonders gefeiert.

Eine gottesdienstliche Belebung sollte ferner von der *Märtyrerverehrung* ausgehen. Früher hatte man in Verfolgungszeiten sich darauf beschränkt, in einmaligen Sendschreiben die gesamte Christenheit zu unterrichten und so im Glauben zu stärken (o. S. 17f.), was als literarische Form noch bis Mitte 3. Jh. fortlebte (Martyrium Montani et Lucii). Jetzt gedachten die altkatholischen Gemeinden alljährlich des Todestages ihrer Lokalmärtyrer (Acta Perpetuae et Felicitatis; MartPol 17f., Zweitfassung [nach v. Campenhausen]).

Kristallisationspunkt dieser Entwicklung waren wohl die familiären Totengedächtnismahle (sog. Anniversarien) am Grabe, kaum der Reliquienkult. Der altkatholische Episkopat verkirchlichte diese Totengedächtnisfeiern zu eucharistischen Labsalen ("Refrigerien") nach Art der Agapefeiern älteren Datums und gestaltete sie durch Verlesung von Märtyrerakten auch liturgisch. Die Märtyrerakten konnten sich dabei eines erbaulich-erzählerischen Stils bedienen (Martyrium des Presbyters Pionius von Smyrna, des span. Bischofs Fructuosus). Emotionale Wirkung hingegen ging von dem Formular des Gerichtsprotokolls aus (Acta Scilitanorum; acta proconsularia Cyprians; acta Marcelli). Dies Formular ließ sich auch propagandistisch ausmünzen (Acta Apollonii). Alle genannten Formen der Märtyrerverehrung gehören der 2. Hälfte des 3. Jh.s an. Sie dokumentieren die aus den Verfolgungen unter Decius und Valerian (u. S. 56ff.) dem Altkatholizismus zuströmenden Frömmigkeitsimpulse. Vor allem belebten sie auch in der Zeit des sog. "Großen Friedens" (2. Hälfte 3. Jh.). das altkatholische Bekennertum.

Q.: G. Krüger - G. Ruhbach, Ausgewählte Märtyrerakten, [4]1965 (mit umfassenden Angaben zur Lit.); B. Dehandschutter, Martyrium Polycarpi, Leuven 1979. - *Lit.:* H. v. Campenhausen, Bearbeitungen und Interpolationen des Polykarpmartyriums (1957), in: Aus der Frühzeit des Christentums, 1963, 253-301; L.W. Barnard, In defence of Pseudo-Pionius' account of Saint Polycarp's martyrdom, Kyriakon (FS f. J. Quasten) I, 1970, 192-204; H. Cancik u.a., Aspekte frühchristlicher Heiligenverehrung, Erlangen 1977 (= Oikonomia 6); Th. Baumeister, Die Anfänge der Theologie des Martyriums, Münster 1980 (= MBTh 45); D. Wendebourg, Das Martyrium in der Alten Kirche als ethisches Problem, ZKG 98 (1987) 295-320; Th. Baumeister, Genese und Entfaltung der altkirchlichen Theologie des Martyriums, Bern 1991.

4.6. Frömmigkeit und Lehrzucht

Die altkatholische Frömmigkeit stellte sich weiterhin als komplexes Gebilde dar, an dem die vorchristlichen Fermente um so stärker in Erscheinung traten, je mehr frühkatholische Motivationen an Bedeutung verloren. Mit der Ausweitung zu großkirchlichen Gemeinden war die Entwicklung nicht aufzuhalten. Der Episkopat war um so mehr bemüht, diesen weithin unterirdisch verlaufenden Strom des Aberglaubens in kirchliche Kanäle zu lenken, wofür vor allem der liturgische Ritus sich anbot.

Apotropäische Handlungen liefern gutes Anschauungsmaterial, z.B. das Anspeien, weithin nur als *Anhauchen* (exsufflare) geübt. Die apotropäische (Böses abwehrende) Wirkung wurde eigentlich dem Wasser bzw. der Waschung zugeschrieben; der menschliche Speichel war nur ein aus der unerwarteten Überraschungssituation heraus zu rechtfertigendes Ersatzmittel (vgl. Gal 4, 14). Die altkatholische Taufliturgie "verwirklichte" solche magischen Vorstellungen, indem vor dem eigentlichen Taufakt (o. S. 47) ein Exorzismus des Anhauchens vorgeschaltet war (Hippol., trad nr. 20), der später dann auch mit der abrenuntiatio diaboli (o. S. 47) verbunden und dabei als Anspucken konkret vollzogen werden sollte (vgl. Ambr. myst 2,7).

Im Unterschied zu den frühkatholischen Generationen besaß der Altkatholizismus ein gutes Gespür für den Unterschied zwischen *"Häresie"* und *"Schisma"*. So berichtet Origenes, in seinem Umkreis habe man sich darüber gestritten, ob man die Anhänger des Montanus als "Häretiker" oder "Schismatiker" zu verurteilen habe (in Titum, ed. Lommatzsch V 291; vgl. syr. Didascalia, lat. VI 6), während Cyprian bei seiner Unterscheidung eine für den altkatholischen Episkopat kennzeichnende Ableitung gibt: "Häresien und Schismen entstanden ausschließlich aus dem Grunde, daß man dem Priester Gottes nicht gehorchte" (ep 59, 5). Die monokausale Erklärung hielt gleichzeitig fest, daß man auch gegenüber schismatischen Gruppen, mochten sie in ihrer Orthodoxie selbst von der Großkirche anerkannt werden, das Tuch der Altarmensa zerschneiden mußte. Immerhin war man gegenüber früheren Zeiten weit besser gerüstet, Irrlehren ("Häresien") entgegenzutreten. Man konnte den abschließenden Akt der Exkommunikation begründen, so daß dem Altkatholizismus das *Lehrzuchtverfahren* zugeschrieben werden muß.

Sein mehrphasiger Ablauf ist mit Hilfe des sog. Fragments "contra Noëtum" (ed. R. Butterworth) sehr gut zu verfolgen. Zunächst wird dem Verhörten die Gelegenheit gegeben, ein Lehrbekenntnis zu einem bestimmten Fragenkomplex vorzulegen und seine Auffassungen zu begründen. Darauf folgt die Diskussion mit ihm, die mit einer von den Presbytern vorgelegten Bekenntnisformel endet. Damit ist die kirchenzuchtliche Basis für die Exkommunikation gegeben. Dieselbe erfolgt feierlich und sicherlich ohne den Ausgestoßenen im Gottesdienst. Den Auftakt macht eine Predigt (= contra Noëtum), die zunächst die häretischen Anschauungen widerlegt, um dann die eigene Position der Rechtgläubigkeit als "Wort der Wahrheit" darzulegen.

Vollzieht sich dieses Lehrzuchtverfahren vor einer presbyterial verfaßten Gemeinde, so haben wir aus der 2. Hälfte des 3. Jh.s noch ein zweites Beispiel, wo das Verfahren vor einer episkopalen Gemeinde der Großkirche durchgeführt wird. Es handelt sich um das Lehrzuchtverfahren gegen den Bischof von Antiochien *Paulus v. Samosata*. Es wurde zunächst auf regionaler (seit 264), dann aber auf "ökumenischer" Ebene (268) durchgeführt (Euseb, KG VII 28, 2; 29, 1f.). Die Anklage vertritt ein Presbyter, der als Leiter der antiochenischen Rhetorenschule über juristische Kenntnisse bzw. Technik verfügt. Die Exkommunikation vollziehen natürlich jetzt die Bischöfe selber: nur "Gleiches kann Gleiches erkennen" und auch verurteilen.

50

Der Vorgang wird "der gesamten katholischen Kirche unter dem Himmel" bekannt gegeben, wobei gleichzeitig der Name des neugewählten Bischofs mitgeteilt wird: nur mit ihm als rechtmäßigem Inhaber der Kathedra hat man in Zukunft die amtliche Korrespondenz zu führen (Euseb, KG VII 30, 2-17). Mochte das Lehrzuchtverfahren gegen Paul von Samosata auch nicht für Antiochien den ersehnten Gemeindefrieden heraufführen, so setzte es doch Marken, an die am Vorabend des 1. ökumenischen Konzils von Nizäa (325) eine zweite antiochenische Synode sich halten konnte, eben weil das lokale Schisma so lange fortbestehen sollte (u. S. 73f.).

4.7. Der Monarchianismus als Häresie

Die Häresien im Übergang vom 2. zum 3. Jh. lassen sich weitgehend als konservativer Protest bisher in biblizistischen Kategorien denkender Generationen verstehen. Sie verdachten es ihren jüngeren Zeitgenossen, daß sie allzu schnell die Logoschristologie der Apologeten (Justin, Athenagoras) übernahmen, um so auch auf philosophische Fragen z.B. der Kosmologie oder Anthropologie eine christliche Antwort geben zu können. Konnte die Logoschristologie sich auf den johanneischen Prolog berufen, so die Gegner derselben auf den biblischen Monotheismus, freilich auch auf die zeitgenössische Religionsphilosophie, nach der Plato einen Eingottglauben vertreten habe (Hippol., haer I 19); man sprach von der "Monarchia Platons". Dieses Stichwort machten sich die Gegner der Logoschristologie zu eigen (Tert., adv Prax 3, 2), um dieselbe als "Zweigötterlehre" (Ditheismus) anzuprangern. Neuzeitliche Forschung bezeichnete solche Kritik deshalb als Monarchianismus; er stieß vor allem in der stadtrömischen Gemeinde auf Verständnis.

Der sog. *modalistische Monarchianismus* läßt noch Zusammenhänge mit der christologischen Exegese des AT erkennen. Diese hatte keine Bedenken gehabt, von Epiphanien des präexistenten Logos "in Gestalt" (μορφῇ, εἴδει, modo) eines Engels oder eines Heerführers zu sprechen (Justin, dial 56,1-61,1). Die Modalisten münzten dies naiv zur theologischen Aussage aus: Gott habe unter verschiedenen Formen - sei es als Vater, als Sohn oder als Hl. Geist - sich den Menschen offenbart. Zunächst hatte Ende des 2. Jh.s ein gewisser *Noëtus* (o. S. 50) diese Auffassung im kleinasiatischen Smyrna und dann in Rom vertreten. Anfang des 3. Jh.s stellte der in alexandrinischer Philologie geschulte *Sabellius* sich in Rom ein, um dem modalistischen Monarchianismus eine hermeneutische Unterstützung zu geben. Die christologische Exegese hatte von jeher nach dialogischen Bibelstellen gefahndet, um den präexistenten Logos im Gespräch mit seinem Vater zu belauschen (Gen 1, 26f.). Sabellius verwies hierzu auf die literarische, bes. an Homer geübte, sog. prosopographische Stilkritik, die von einem Autor verlangte, daß er "wie aus der Person" (ὡς ἐκ προσώπου) der von ihm porträtierten Gestalten spreche. Sabellius beharrte dabei auf dem literarisch-fiktiven Charakter solcher Bibelstellen, um der metaphysischen Logoschristologie entgegenzutreten. Er hatte damit keinen Erfolg. Hippolyt meldete dagegen seinen leidenschaftlichen Protest an (haer IX 11f.), während Bischof Kallist beide exkommunizierte; darauf zog sich Sabellius in seine libysche Heimat (Pentapolis) zurück. Anfang des 3. Jh.s war man demnach in Rom den Problemen einer spekulativen Theologie wenig aufgeschlossen.

Der sog. *dynamistische Monarchianismus* (Quelle: Gegenschrift eines Anonymus bei Euseb, KG V 28) hingegen zog christliche Kreise mit Kenntnis der sog. ἐγκύκλιος παιδεία (o. S. 39), grammatischer Philologie und aristotelischer Psychologie an. Als Roms Bischof Viktor I. (o. S. 45) den ersten bekannten Vertreter dieser Richtung ausschloß, war der Schüler des Exkommunizierten, den man zur Unterscheidung von seinem gleichnamigen Lehrer schon damals *Theodot* "den Bankier" nannte, gemeinsam mit anderen in der Lage, bei Konstituierung ihrer Sondergemeinde einem von ihnen umworbenen "Bekenner" (confessor) für die ihm zugedachte Funktion eines Bischofs ein Monatsgehalt zu garantieren. Anführer der stadtrömischen Splittergruppe wurde dann ein *Artemon*, gegen den der Gewährsmann Eusebs polemisiert (KG V 28, 1). Er scheint noch i. J. 268 gelebt zu haben; zumindest wird er im Schreiben der antiochenischen Synode des gleichen Jahres erwähnt.

Diese Synode hatte das schon erwähnte Lehrzuchtverfahren gegen *Paulus v. Samosata* durchzuführen (seit 260 Bischof von Antiochien), der vielleicht deshalb von unseren Quellen (Euseb, KG VII 27, 1-30, 19) dem dynamistischen Monarchianismus zugezählt wird. Auch er gehörte zu den Christen der gehobenen Stände. Selbst wenn die ältere Deutung, wonach Kaiserin Zenobia von Palmyra, um ihr Reich innenpolitisch zu sichern, den Bischof der westsyrischen Metropole mit der Titularwürde eines sog. "ducenarius" ausgezeichnet und ihm ein mit dem Titel verbundenes Jahreseinkommen in Höhe von 200000 Sesterzen gezahlt habe, nicht länger aufrechterhalten werden kann, muß Paulus immerhin über Privatvermögen und Bildung verfügt haben, was neidische Kollegen ihm nicht verziehen. Auch in seinem theologischen Konzept unterschied Paulus sich von den dynamistischen Monarchianern in Rom. Letztere scheinen unter Hinweis auf Lk 1, 35 einen kosmologischen Dynamis-Begriff gebraucht zu haben, um die Erhebung des Menschen Jesus (Christologie des "bloßen Menschen") zum Gottessohn als eine göttliche Verklärung zu deuten. Die Christologie des Paulus v. Samosata hingegen scheint zwischen dem göttlichen Logos und dem Menschen im Inkarnierten geschieden zu haben, wobei der ethisch bedingte Willensentscheid die verbindende Mitte zwischen Gottheit und Menschheit darstellte. Damit hätte Paulus die antiochenische "Trennungschristologie" des 4./5. Jh.s (u. S. 84f.) vorweggenommen, indem er bereits deren Formel von der "Einwohnung" des Logos im Menschen gebrauchte. Im 3. Jh. mußten seine bischöflichen Richter ihn mißverstehen und als "Häretiker" verurteilen. Darin durch Joh 1, 14 bestimmt, war für sie nur eine Inkarnationschristologie des Logos-Sarx-Schemas rechtgläubig (u. S. 85f.).

Aufs Ganze gesehen sind die *dynamistischen* Monarchianer jedoch eine geschlossene Gruppe gleich rationaler Denkweise. Ihr Modell einer "Annahme" des Menschen Jesus durch die göttliche Schöpfungs- bzw. Weltkraft *(Adoptianismus)* bekundete Verständnis für immanente Geschichtlichkeit. Demgegenüber waren die *Modalisten* weit offenbarungsgläubiger: sie waren am Offenbarungswirken Gottes in der Geschichte interessiert. Die alexandrinische Logoschristologie (Hippolyt, Origenes) endlich war um eine Logosmetaphysik bemüht und mußte daher den präexistenten Logos Gottvater unterordnen *(Subordinatianismus)*. Solche Ungeklärtheit der theologischen Formen erklärt, warum der primitive Modalismus die weiteren Jahrhunderte überstand. Die Zukunft gehörte ihm deshalb aber noch nicht; sie gehörte vielmehr der Logoschristologie des Ostens.

Lit.: J. Frickel, Das Dunkel um Hippolyt von Rom, Graz 1988; ders., in: Pléroma (FS f. A. Orbe), Santiago de Compostela 1990, 337/351. - H. de Riedmatten, Les actes du procès de Paul de Samosate, Fribourg 1952; F. Millar, Paul of Samosata, Zenobia and Aurelian, JRS 61 (1971) 1 - 17; H.C. Brennecke, Zum Prozeß gegen Paul von Samosata: Die Frage nach der Verurteilung des "Homousios", ZNW 75 (1984) 270-290.

4.8. Auseinandersetzung mit Schismatikern am Beispiel der Bußstreitigkeiten

Die Auseinandersetzung mit den Schismatikern war für die altkatholischen Gemeinden ein weitaus schmerzvollerer Prozeß als die Exkommunizierung von Häretikern. Nicht die Lehre als Hort der Rechtgläubigkeit und apostolisches Erbe, sondern die Ordnungen der Kirche waren gefährdet. Wie die Beispiele des Passahstreites und des Ketzertaufstreites (o. S. 45f.) lehren, bestand die Gefährdung eigentlich in einer Verunsicherung, weil man den Schismatikern nicht die Rechtgläubigkeit absprechen konnte. Im Gegenteil, man mußte sogar erfahren, daß diese von sich aus im Wissen um ihre Rechtgläubigkeit die Kirchengemeinschaft aufsagten. Solcher Provokation durch die Schismatiker nachzugeben, wäre mit der Selbstaufgabe des altkatholischen Episkopats und seines Führungsanspruches identisch gewesen. Gegen ihn waren in der Tat die Schismen des 3. Jh.s gerichtet.

Die *Bußstreitigkeiten* in Rom Anfang des 3. Jh.s sind hierfür die klassische Dokumentation, mag auch einer der Kontrahenten unsere einzige, von Schmähungen nur so strotzende, Quelle sein (Hippol., haer IX 11ff.). Ausgangspunkt der Streitigkeiten war, daß Roms Bischof *Kallistos* (217 - 222) als erster aus der Entwicklung zur Großkirche auch für die Gemeindezucht die notwendigen Folgerungen zog. Unter Berufung auf Mt 16, 18 gewährte er den Ehebrechern, die man bisher den sog. Todsündern zugerechnet hatte, die Zulassung zum kirchlichen Bußverfahren (S.13f. 58f.). Mit dem Hinweis auf die Parabel vom Unkraut im Weizen (Mt 13, 29f.) sowie auf die mit reinen und unreinen Tiere erfüllte Arche Noahs (Gen 6, 19ff.) benutzte er als erster bleibende dicta probantia (Schriftbeweise) für das großkirchliche Modell eines "corpus permixtum" der Kirche, in der Gerechte und Sünder bis zum Jüngsten Gericht zusammen sind. Demgegenüber erhob *Hippolyt* (o. S. 36f.) den Vorwurf, sich "durch solche Bußpraxis Massenzulauf" gesichert zu haben, und trennte sich mit seiner rigoristischen Minderheit von der stadtrömischen Gemeinde. Erst die gemeinsame Verbannung mit dem Kallist-Nachfolger Pontian in die Bergwerke Sardiniens, wo beide Gemeindeleiter 235 verstarben, beendete dies Lokalschisma. Es sollte kurz darauf wieder aufbrechen, als in der decischen Verfolgung die große Zahl der "Abgefallenen" (lapsi) den altkatholischen Episkopat vor die Frage stellte, ob er auch diesen "Todsündern" das Bußinstitut mit Aussicht auf Wiederaufnahme eröffnen wolle (u. S. 56ff.).

Lit.: H. v. Campenhausen, Kirchliches Amt und geistliche Vollmacht in den ersten drei Jahrhunderten, [2]1963, 234-261; H. Gülzow, Callist von Rom, ZNW 58 (1967) 102 - 121.

4.9. Das Judenchristentum

Am schmerzlichsten war wohl das Auseinanderleben mit dem sog. Judenchristentum. Das christgläubige Judentum war vom Heidenchristentum immer als seinesgleichen empfunden worden, solange man gemeinsam in engerer Nachbarschaft zur Synagoge lebte, deren Judenschaft täglich im Achtzehnbittengebet die Ketzer (Minim) verfluchte und damit - mindestens *auch* - die Christen jedweder Schattierung meinte (Justin, dial 47). Dabei sollte solche Zeit einer, durch die synagogale Verfemung herbeigeführten, gemeinsamen Entwicklung durchaus bedeutsam werden. Sie wurde zur Wiege eines "judenchristlichen Universalismus" (G. Strecker).

Beleg aus der 1. Hälfte des 2.Jh.s sind die sog. *judenchristlichen Evangelien,* z.B. das sog. "Nazoräer-Evangelium", das man als eine für den ostsyrischen Raum bestimmte, targumartige Wiedergabe des kanonischen MtEv bezeichnet hat, oder das sog. "Ebionäer-Evangelium", dessen griech. Abfassung nach Westsyrien weist; auch dieses knüpfte an MtEv an, brachte jedoch stärker heterodoxe Korrekturen an. Weiterer Zeuge des judenchristlichen Universalismus ist der Schriftsteller *Hegesipp*, der ca. 150 - 180 aus seiner östlichen Heimat (Syrien) in den Westen reiste, um seine gemeindlichen Beobachtungen dann in den "Denkwürdigkeiten" festzuhalten (Fragmente bei Euseb, KG IV; 5 Bücher). Für die Jerusalemer Urgemeinde setzte er dabei eine mit Jakobus "dem Gerechten" beginnende Episkopalverfassung voraus, deren Fortbestand er in den von ihm besuchten Gemeinden (Korinth, Rom) feststellte. Als dritter Beleg ganz anderer Art kann das unter dem Namen des Klemens v. Rom überlieferte, Anfang 3. Jh. in Syrien redigierte Schriftenkorpus der sog. *Pseudo-Klementinen* dienen, falls die bisherige Analyse sich bestätigen sollte. Danach wären "Petruspredigten" (Kerygmata Petrou) aus der 1. Hälfte des 2.Jh.s und häretischen Gehalts (Paulus, der Konvertit, als Inkarnation des Bösen) zu ermitteln, die später der Autor eines, um die "Wiedererkennung" und Vereinigung der in alle Welt verstreuten Familienglieder des Klemens von Rom kreisenden, Apostelromans katholischen Gehaltes (sog. "Rekognitionen": Gegner des Petrus ist jetzt Simon Magus, dem gegenüber Petrus erfolgreich sein Gesetzeschristentum verteidigt) in der 1. Hälfte des 3. Jh.s dessen Werk als sog. "Homilien" angegliedert hätte. Vielleicht wurden damals bereits zwei Briefe des Petrus und des Klemens an den Herrenbruder Jakobus diesem zweigeteilten Kompilationswerk vorangestellt, das erst im 4. Jh. zum Abschluß kam. Die hier für Jakobus benutzte Titulatur eines "Bischofs der Bischöfe" stimmt jedenfalls mit dem schon bei Hegesipp vorhandenen Geschichtsbild überein. Sie bestätigt ebenso wie die Pseudoklementinen als solche den gleichfalls für das altkatholische Christentum zu beobachtenden Prozeß der (Re-) Katholisierung (o. S. 10. 33) im Bereich Ostsyriens.

Diese durch die Nähe zur Synagoge bedingte Parallelentwicklung von Heiden- und Judenchristentum sollte die Constitutio Antoniniana Kaiser Caracallas von 212 unterbrechen, die auch dem antiken Judentum die römische Reichsbürgerschaft eröffnete (o. S. 42). Wie damit das Judentum dem allgemeinen Bewußtsein vielfach entschwand (typisch: Dio Cass. XXXVII 17 aus dem Jahre 225), so scheinbar auch dem der altkatholischen Gemeinden. Besonders in Kleinasien setzte eine als Traktatliteratur ("adversus Iudaeos") seit ca. 170 bekannte Judenpolemik ein, die das Judentum als "häretisch" verketzerte (Ps.-Cyprian, adv Iudaeos). Gegenüber solchem altkatholischen "Konfessionalismus" (um nicht zu sagen Separatismus) blieb den gläubigen Judenchristen nur die Konstituierung als eigenständige Gemeinden übrig.

Die *judenchristliche Eigenkirchlichkeit* wird durch die griechische Übersetzung des AT seitens des ebionitischen Christen *Symmachus* (ca. 170) bezeugt. Mit ihr löste man sich nicht nur von dem Offenbarungstext der griechisch-hellenistischen Synagoge, sondern auch von der logoschristologischen Exegese des AT durch die katholische Kirche. Im Unterschied zu ihr leugnete man eine Präexistenz Christi: Jesus von Nazareth, natürlicher Sohn des Joseph und der Maria, sei durch göttliche Epiphanie in der Jordantaufe zum Heiland und künftigen Messias bestimmt worden. Damit wandte man sich gleichzeitig gegen das davidische Messiaskönigtum, von dem die Synagoge sprach. Vom altkatholischen Christentum unterschied man sich ferner in liturgischen Fragen (eucharistische Brotkommunion mit ungesäuerten Mazzen; Wasser anstelle von Wein); im Brauchtum (Beschneidung, rituelle Waschungen, Sabbatheiligung, Tagesgebetsstunden mit Orientierung nach Jerusalem; quartodezimanische Passahfeier) lebte frühkatholische Observanzfrömmigkeit, wenngleich im Ghetto, fort.

In die Randgebiete des Ostjordanlandes, Ostsyriens und Mesopotamiens verwiesen, nahm das Judenchristentum des 3. Jh.s kaum mehr an der gesamtkirchlichen Entwicklung teil. Im Gegenteil, in den östlichen Bereichen hielt sich noch lange ein *gnostisches Judenchristentum*. Diese Residuen eines häretischen Christentums sollten dann in der Retorte orientalischen Synkretismus' eine unerwartete Reaktivierung erfahren.

Dies gilt für die jüdisch-gnostische Sekte der *Elkesaiten*. In den Anfängen unter Trajan scheint Elkesai ("die verborgene Kraft") zunächst unter der syrisch-parthischen Judenschaft für sich geworben zu haben. Diese Ur-Gemeinde nannte sich die "Gebadeten" (Sabäer): rituelle Waschungen als Heilmittel gegen Krankheit und Dämonen rückten sie in die Nähe sonstiger Taufsekten; astrologisch-magische Züge im Taufritual bekundeten parthischen Einfluß. Ende des 2. Jh.s stieß man in die judenchristlichen Gemeinden Syriens vor. Jetzt kam es zu einer spez. judenchristlich-"häretischen" Christologie: Christus als Sohn des "Höchsten Gottes", des "Großen Königs", habe seit Weltbeginn immer erneut sich inkarniert, z.B. als Adam, zuletzt in Jesus von Nazareth. In seinem Heilswerk unterstützte ihn die "Schwester" Ruach (hebr. "Geist", parthische "Begleiterin" oder Parhedros). Auch das Ritual zeigte Eigenwilligkeiten, z.B. Brot und Salz als eucharistische Elemente, Fehlen des Abendmahlsweines. In dieser Gestalt, von der Würde eines Offenbarungsbuches legitimiert, machte ein Alkibiades aus Apameia um 200 den Elkesaitismus in Rom bekannt (Hippol., haer IX 13 - 17). Den Missionseifer der judenchristlich-heterodoxen Sekte bezeugen ferner Origenes, der ihr in Palästina ca. 240 begegnete (Euseb, KG VI 38) und Epiphanius, der sie dort noch Mitte 4. Jh. unter dem Namen der "Sampsäer" (panar, haer 53) antraf. In ihrer Tendenz synkretistischer Assimilierung und missionarischer Stoßkraft künden sich sowohl Manichäismus (u. S. 95f.) wie Islam (u. S. 115f.) an, die beide dem gnostischen Judenchristentum verpflichtet waren.

Q.: B. Rehm - J. Irmscher - Fr. Paschke, Die Pseudoklementinen, (1965) [2]1969 = GCS 42.51 (mit wichtiger Einl.). - *Lit.:* H.-J. Schoeps, Theologie und Geschichte des Judenchristentums, 1949; G. Strecker, Das Judenchristentum in den Pseudoklementinen, (1958) [2]1981 = TU 70 (andere Analyse als B. Rehm, RAC 3 (1957) 197 - 206); ders., Judenchristentum und Gnosis, in: K.-W. Tröger, Altes Testament - Frühjudentum - Gnosis, 1981, 261-282; A.F.J. Klijn/G.J. Reinink, Patristic Evidence for Jewish Christian Sects, Leiden 1973; F. Manns, Essais sur le judéo-christianisme, Jerusalem 1977; ders., Bibliographie du judéo-christianisme, Jerusalem 1979; R.A. Pritz, Nazarene Jewish christianity, Leiden 1988.

5. Bewährung in und nach der Verfolgung

5.1. Die Christenverfolgungen unter Decius und Valerian

Die Christenverfolgungen Mitte 3. Jh. waren zweifelsohne die Bewährungsprobe des Altkatholizismus. Die Bewährung wurde durch den Blutzoll seiner Märtyrer erbracht. Die sog. "Bekenner" (confessores), die noch einmal davongekommen waren, fühlten sich jedoch als besondere Geistträger (vgl. Mk 13, 11; Lk 12, 12) bestätigt und beanspruchten deshalb ein Mitspracherecht in Fragen, die üblicherweise dem Episkopat zustanden. Noch schwieriger war, daß sie sich zum Sprachrohr rigoristischer Kreise machen konnten, die in der Glaubensverleugnung eine unvergebbare Sünde wider den Hl. Geist (Mt 12, 31f.) erblickten und deshalb auf Exkommunikation drängten. Zugleich forderten sie so den altkatholischen Episkopat in seiner großkirchlichen Verantwortlichkeit und seinem Anspruch heraus, alleiniger Inhaber apostolischer Schlüsselgewalt zu sein. Ungeachtet der Verfolgungssituation blieb dieser die Antwort nicht schuldig: er ließ die "Gefallenen" (lapsi) zum Bußinstitut zu. Darin wird man im eigentlichen Sinne die kirchengeschichtliche Bewährung des Altkatholizismus erblicken müssen. Erst in zweiter Linie kommt in Betracht, daß der Gang der Dinge diesen episkopalen Entschluß mit Erfolg krönte.

Die Christenverfolgungen unter Kaiser *Decius* (249-251) sind das nicht unmittelbar beabsichtigte Ergebnis eines kaiserlichen Appells an die politische und religiöse Loyalität der Reichsbürger. Selbst die christlichen Quellen (Euseb, KG VI 39 - 46 mit zeitgenössischen Berichten; Cyprian, epp) lassen erkennen, wie behutsam man vorging, zumal der durch das Hunger- und Pestjahr 249/250 ausgelöste Plan, alle Bürger zu Opferhandlungen vor behördlichen Kommissionen zu befehlen, um die Götter gnädig zu stimmen, nicht konfliktfrei war. Den Zusammenstoß mit den Christen hoffte man dadurch zu verhindern, daß man die Bischöfe der Hauptstädte (Rom, Alexandrien, Antiochien, Jerusalem) verhaftete, um ihren Einfluß auf die Gemeinden zu brechen. Nach dieser nicht überall erfolgreichen Aktion (Flucht Cyprians von Karthago, Dionysios' v. Alexandrien) folgte dann (noch im Herbst 249) das eigentliche Opferedikt. Die bisher entdeckten 43 Opferbescheinigungen (libelli) aus Mittelägypten machen eindeutig klar, daß sich das decianische Opferedikt nicht nur auf die Christen, sondern auf die gesamte Reichsbevölkerung bezog. Es schlug in die

Christengemeinden tiefe Breschen, fand aber auch tapfere Märtyrer (Dionysios bei Euseb, KG VI 41, 15 - 23).

Ausschließlich gegen die jetzt aktenkundig gewordenen Christen wandten sich die Aktionen des Kaisers *Valerian* (253 - 260). Treibende Kraft war wohl der "Finanz-minister" Makrianos (Euseb, KG VII 10, 5); jedenfalls spielte Konfiskation jetzt eine größere Rolle. Ein 1. Edikt suchte den Klerus auszuschalten (Spätsommer 257): Verweigerung eines Treuebekenntnisses zu den "Göttern, die das Reich der Kaiser erhalten" (Euseb, KG VII 11, 2 - 11), wurde mit Verbannung oder Deportation in Bergwerke geahndet. Das 2. Edikt vom Sommer 258 erkannte bei Verweigerung heidnischer Opferhandlungen durch den auf Verdacht verhafteten Klerus sofort auf Todesstrafe. Sie drohte ferner Christen im Senat, in der Ritterschaft und höheren Verwaltung mit Verlust des Beamtentitels auch den des Vermögens an. Enteignung der christlichen Gotteshäuser und Friedhöfe sollten das Gemeindeleben lahmlegen. Im vermehrten Maße entrichteten auch die Bischöfe jetzt ihren Blutzoll, so Sixtus (Xystus) II. von Rom (Aug. 258) und Cyprian von Karthago (Sept. 258). Alle Vor-aussetzungen für eine erfolgreiche Bekämpfung des Christentums waren gegeben, als die Gefangennahme Valerians durch Schapur I. bei Edessa (260) dem einen Riegel vorschob.

Lit.: A. Alföldi, Klio 31 (1938) 323 - 348 (Verfolgungen des 3. Jh.s); vgl. im üb-rigen die Literaturangaben o. S. 43 (bes. J. Molthagen).

5.2. Novatianisches und melitianisches Schisma im Streit um die Buße

In diese Jahre schwerster Anfechtung und Gefährdung des Altkatholizismus fallen seine Bußstreitigkeiten. An die Verfolgungssituation gebunden, sollten sie symptomatische Begleiterscheinungen werden, die auch in der diokletiani-schen Verfolgung wiederkehrten. Über die uns zufällig bekannt gewordenen Lokalschismen hinaus werden wir überhaupt mit noch weiteren jeweils nach Ende einer Verfolgungsperiode zu rechnen haben. Der Übergang von einer kämpfenden zu einer siegreichen Kirche ist durch das Bild einer sich streiten-den Christenheit gekennzeichnet.

Aus der *decisch-valerianischen Christenverfolgung* (250 - 260) ging so in Rom das Schisma des *Novatian* (u. S. 95) hervor. Trotz der mehrheitlichen Bischofswahl sei-nes bischöflichen Gegenspielers *Cornelius* (251 - 253) mußte er sich dadurch bestä-tigt fühlen, daß die rigoristisch gesonnene Anhängerschaft des Hippolyt (o. S. 36f.) ihm zustimmte. Auch in reichskatholischen Zeiten konnte dies Lokalschisma sich er-halten. Das von Novatian proklamierte Ideal einer Kirche der "Reinen" (καθαροί, vgl. "Ketzer") blieb weiterhin eindrucksvolle Alternative zur "Kirche der Vielen" (Origenes). Umgekehrt steht Provinzialismus hinter dem Aufstand des Diakons *Feli-cissimus* von Karthago, der sich an der ungewöhnlich schnellen, klerikalen Laufbahn Cyprians, eines hohen Verwaltungsbeamten, rieb. Es ist kaum Zufall, daß dieses Schisma Karthagos keine bleibenden Spuren hinterließ.

Anders hingegen das Schisma der *Melitianer* in Mittelägypten! Ihr Sprecher war der Bischof *Melitios* von Lykopolis. Während der diokletianischen Verfolgung hatte er in der Diözese des flüchtigen *Petrus* v. Alexandrien Weihen vorgenommen. Als der 306 zurückgekehrte Petrus durch einen Osterfestbrief seine 14 Bußkanones veröffentlichte, die je nach Einzelfall die Bußfristen unterschiedlich bemaßen und auch sonst bischöfliche Milde bekundeten, verschärften sich die Gegensätze. Die Rigoristen sammelten sich um Melitios, dem Petrus die Kirchengemeinschaft aufsagte. Sehr bald machte die melitianische Sonderkirche in Ober- und Mittelägypten die Mehrheit der Städte und vor allem der Klöster aus. Noch Athanasius sollte in den Jahren 328 - 332 ihre Macht zu spüren bekommen. Nicht durch ihn, den das unterägyptische Mönchtum unterstützte (u. S. 75), sondern durch Regierungstruppen wurde sie gebrochen (334/335).

Q.: Novatianus, Opera, ed. G.F. Diercks, 1972 = CChL 4. - *Lit.:* E. Altendorf, Einheit und Heiligkeit der Kirche, 1932; H.J. Vogt, Coetus sanctorum. Der Kirchenbegriff des Novatian und die Geschichte seiner Sonderkirche, 1968 = Theophaneia 20; E. Dassmann, Sündenvergebung durch Taufe, Buße und Märtyrerfürbitte in den Zeugnissen frühchristlicher Frömmigkeit und Kunst, 1973 (= MBTh 36); H. Gülzow, Cyprian und Novatian, 1975; G. Haendler, Von Tertullian bis zu Ambrosius, Berlin 1978 (= KGE I 3); I. Goldhahn-Müller, Die Grenze der Gemeinde. Studien zum Problem der zweiten Buße im Neuen Testament unter Berücksichtigung der Entwicklung im 2. Jh. bis Tertullian, 1989 (= GTA 39).

5.3. Festigung des altkatholischen Buß(stufen)wesens

In ihren positiven Ergebnissen (Zulassung der "Gefallenen", Ausbau der Bußstufen, Abweisung nichtklerikalen Anspruchs auf die Schlüsselgewalt) sollten die Bußstreitigkeiten Mitte des 3. Jh.s den Altkatholizismus in seinem hierarchischen Aufbau konsolidieren. Sie förderten die Entwicklung zur Massenkirche und bereiteten indirekt den "Sieg" der reichskatholischen Kirche vor:

1. Hatte der strenge Heiligkeitsbegriff der Anfänge jeden Sünder aus der Gemeinschaft verstoßen, so machten die frühkatholischen Gemeinden mit der Unterscheidung zwischen vergebbaren und unvergebbaren Sünden eine gewisse Konzession, weil man erstere für tilgbar (sog. "zweite Buße" o. S. 14) erklärte. Trotzdem blieb die schwere Belastung, daß die "Büßer" (paenitentes) zeitlebens vom Abendmahl ausgeschlossen waren; das letzte Wort über den Verlust der "ersten Gnade" überließ man dem Gericht Gottes. Auf die Dauer war aber auch dies Konzept nicht haltbar. Roms Bischof konnte noch am leichtesten eine Korrektur vornehmen: gestützt auf Mt 16, 18f. ließ Kallist (o. S. 53) nicht nur die Unzuchtssünder (sog. "Todsünder") zur Buße zu, sondern nahm sie endlich auch in die Gemeinschaft auf, wobei er ihnen die Hand auflegte und damit seine bischöfliche Zuständigkeit betonte.

Parallel verlief die Entwicklung im Osten. Selbst in Nordafrika mußte man solcher Ausweitung des Bußinstitutes nachkommen (Tert., paen), gestand aber die gemeindliche Vergebungsvollmacht (Tert., pud) lieber den Märtyrern und Konfessoren als den wahren "Geistträgern" zu. Deren "Friedensbriefe" (libelli pacis), d.h. Empfehlungsschreiben zur Wiederaufnahme in die Kirche, teils aus den Gefängnissen für "Gefallene" (lapsi) ausgestellt, waren natürlich begehrt (kritisch Tert., ad mart 1, 6; pud 22, 1 - 14). Als dies in der decischen Verfolgung üblich wurde, darüber hinaus die Konfessoren sich nicht dem Vorschlag Cyprians beugten, welcher darauf abzielte, die gesamte Problematik der "Gefallenen" einer Synode nach der Verfolgung zu überlassen, da ergriff der nordafrikanische Primas die Initiative. Unter Kontaktaufnahme mit Rom kamen die Entscheide zweier Synoden von Karthago

(251/252) zustande, die in Form eines "libellus" veröffentlicht wurden (Cyprian, ep 55, 6). Diese nordafrikanischen Bußkanones verfolgten die gleiche Tendenz wie hernach die des Petrus v. Alexandrien oder die einer reichskatholischen Synode von Ankyra 314 (can 3 - 9). Sie begünstigten die Einführung verschiedener Büßerklassen oder Bußstufen, was dann in der 2. Hälfte des 4. Jh.s (3 "kanonische" Briefe des Basilius) zum Abschluß kam: (1) die "Weinenden" (προσκλαίοντες), die vom Gottesdienst ausgeschlossen wurden, (2) die "Hörenden" (ἀκροώμενοι), die mit den Katechumenen nur am Wortgottesdienst teilnahmen, (3) die "Niederfallenden" (ὑποπίπτοντες), die knieend bei der Entlassung das Fürbittgebet der Gemeinde für sie anhörten, (4) die "Mitstehenden" (συνιστάνοντες), die der Kommunion zuschauen, aber nicht an ihr teilnehmen durften.

2. Mitte des 3. Jh.s eingeführt mit den Christenverfolgungen, mußte das Bußstufenwesen als fortbestehendes Institut im sog. "großen Frieden" seit Kaiser Gallienus (260 - 268) für die Ausbreitung des Christentums Bedeutung gewinnen. Abgesehen von Häretikern war Mitgliederverlust fortan fast unmöglich. War es für den Frühkatholizismus ein Gebot ekklesiologischer Selbstachtung, die Unbußfertigen aus der Gemeinde zu weisen, so war es für den altkatholischen Episkopat Ausdruck seiner Großkirchlichkeit, keines der ihm anvertrauten "Schafe" zu verlieren. Die entsprechenden Anweisungen der "Katholischen Didaskalia der zwölf Apostel des Erlösers" - einer syr. und teilw. lat. überlieferten Kirchenordnung Nordsyriens aus der 1. Hälfte des 3. Jh.s - beweisen es: bis auf die "Sünde wider den Hl. Geist" (Mt 12, 31f par) können alle Sünden, sogar Abfall vom Glauben, Vergebung finden. Altkatholischen Bischöfen war nichts Menschliches fremd. Noch wichtiger war, daß mit dem Stufensystem der Bußklassen das Gemeindeleben mit innerer Dynamik erfüllt wurde. Selbst in die gottesdienstliche Stehordnung kam jetzt Leben, weil den einzelnen Bußklassen ein besonderer Platz im Raum zugewiesen war. Alle strebten sie aber dem Kommunionstisch zu!

Lit.: E. Schwartz, Bußstufen und Katechumenatsklassen, 1911; B. Poschmann, Paenitentia secunda. Die kirchliche Buße im ältesten Christentum..., (1940) [2]1964 (= Theophan. 1); E. Dassmann, Sündenvergebung durch Buße, Taufe und Märtyrerfürbitte in den Zeugnissen frühchristlicher Frömmigkeit und Kunst, Münster 1973; S. Hausammann, Buße als Umkehr und Erneuerung von Mensch und Gesellschaft, Zürich 1974; H. Vorgrimler, Buße und Krankensalbung, 1978 (= HGD 4,3); B. Studer, Gott und unsere Erlösung im Glauben der Alten Kirche, 1985; vgl. auch die Quellensammlung von H. Karpp, Die Buße, Zürich 1969.

5.4. Die Konkurrenz der Mysterienreligionen

Das altkatholische Christentum konnte in jeder Beziehung den Vergleich mit konkurrierenden Religionsgemeinschaften wie dem *Mithraskult* aufnehmen.

Der Hochgott der zoroastrisch-dualistischen Frömmigkeit des Iran, Mithras, fand vor allem unter den Soldaten Anhänger, je mehr das römische Heer sich aus nichtrömischen Legionen rekrutierte, unter den gehobenen Schichten aber erst, seitdem röm. Kaiser sich in seine Mysterien einweihen ließen. Der Stufenabfolge von sieben Weihegraden der Mysten ("Soldat", "Rabe", "Verborgener", "Löwe", "Perser", "Sonnenläufer" und "Vater") eignete eine ähnliche Gruppendynamik wie der altkatholischen Gemeindehierarchie. Durch Bestehen sich steigernder Prüfungen galt es,

59

die Stufen aufwärts bis zum erstrebten Ziel des Gemeindeleiters (pater) zu erklimmen. Wohl waren diese Kultgemeinden durch Initiationssakrament (Blutweihe des Stieropfers [Taurobolium]) und Mysterienmahle aufs engste mit ihren Anhängern verbunden. Es blieb aber ihr religionspolitisches Handicap, daß es sich um reine Männerbünde handelte, denen zudem an keinem übergemeindlichen Zusammenschluß gelegen war.

Das gilt mehr noch von anderen *orientalischen Kultgemeinschaften* (Isis- und Osirismysterien; syrische Baalskulte, z.B. El von Emesa [o. S. 42]; phrygischer Kybelekult der Magna mater und ihres Geliebten Attis). Sie verfügten über eine gut organisierte Priesterschaft. Teilweise schon in vorchristlicher Zeit durch die sakrale Gesetzgebung und Stiftungen gefördert, erfuhren sie gleichfalls im 3. Jh. ihren Höhepunkt. Im Unterschied zu den Christen konnten sie zudem an ihren Festtagen durch Prozessionen in der Öffentlichkeit für sich werben.

Lit.: F. Cumont, Die orientalischen Religionen im römischen Heidentum, Paris (1910) [4]1929; A.J. Festugière, Personal Religion among the Greeks, London 1960, 68ff.; G. Widengren, Die Religionen Irans, 1965; R. Merkelbach, Mithras, 1984; R. Beck, Mithraism since Franz Cumont, in: ANRW II 17,4 (1984) 2002-2115; D. Schön, Orientalische Kulte im römischen Österreich, Wien-Köln-Graz 1988; R. Turcan, Les cultes orientaux dans le monde Romain, Paris 1989; W. Burkert, "Antike Mysterien". Funktionen und Gehalt, 1990; M. Clauss, Mithras. Kult und Mysterien, 1990; M. Giebel, Das Geheimnis der Mysterien. Antike Kulte in Griechenland, Rom und Ägypten, 1990.

5.5. Institutionalisierung der Kirchenzucht

Aufs Ganze gesehen ist das 3. Jh. für die Spätantike das Jahrhundert der religionspolitischen Entscheidung gewesen. In seiner zweiten Hälfte zeigte sich im freien Spiel der religiösen Kräfte, daß die innere Geschlossenheit und die straffe Führung durch den Episkopat den altkatholischen Gemeinden die Überlegenheit sicherte: sie bildeten in sich und unter sich weit stärker gefestigte Gruppen.

Das Bußstufensystem schuf nämlich die Voraussetzungen für die Kirchenzucht als dauernde Einrichtung. Sie beschränkte sich nicht auf Strafzumessungen der Bußfristen bzw. -leistungen, sondern gewann auch als Schutzschirm vor der Verweltlichung gemeindliche Bedeutung.

Die wegen ihrer Milde bekannte nordsyrische Kirchenordnung (sog. *Didaskalia*) verbietet deshalb den Schauspielbesuch, zumal die dargestellten Themen der heidnischen Mythologie entstammten. Auch die harmloseren Volksbelustigungen sind untersagt, da gewöhnlich mit heidnischen Tempelfesten verbunden. Aus gleichen Gründen will die Didaskalia keine Devotionalienkünstler bzw. -händler zulassen; sie verbietet die Lektüre heidnischer Romane, wofür es durch apokryphe *Apostelromane* Ersatz gab. Die Didaskalia verbietet ferner Luxus und weibliche Putzsucht. Es war nicht nur der vom montanistischen Rigorismus getriebene Tertullian, der dieses Thema anschnitt (o. S. 25f.). Für Außenstehende mußten die altkatholischen Gemeinden engherzig und bigott wirken; man könnte auf sie den Begriff des "Puritanismus" anwenden, wenn man sich der historischen Asymmetrie bewußt bliebe. Er hat aber gerade in dem entscheidenden Entwicklungsabschnitt (2. Hälfte 3. Jh.) bewirkt, daß das Christentum zum zweitenmal (o. S. 18ff.) der Gefahr eines Aufgehens in die spätantike Religiosität entging.

5.6. "Konfessionalisierung" des Neuplatonismus

Ist es so altkatholischer Kirchenzucht zu danken, daß die altkatholischen Gemeinden wie eine geschlossene Truppe in den Entscheidungskampf zwischen Christentum und Heidentum zogen, so machten umgekehrt nachdenkliche Geister auf heidnischer Seite auch auf die kommende Auseinandersetzung aufmerksam. Die Einsicht, von den Christen auf geistigem Gebiet als Steigbügelhalter gebraucht worden zu sein, schärfte ihnen den Blick. Manches spricht sogar dafür, daß die "Konfessionalisierung" des Neuplatonismus mit der Verbitterung jener Kreise zu erklären ist, die sich um intellektuelle Christen bemühen.

Ammonios Sakkas (gest. 242), angeblich Begründer des *Neuplatonismus* und Lehrer des Origenes, der plötzlich und sonst unmotiviert zum Heidentum zurückkehrte (Porphyrios bei Euseb, KG VI 19, 7), gehörte vielleicht zu ihnen. Mit dem neuplatonischen Schulhaupt *Plotin* (gest. 270 in Italien) wurden jedenfalls die Gegensätze zwischen Christentum und Platonismus unüberbrückbar. Plotin disputierte höchstens noch mit christlichen Gnostikern (enn II 9 [33]), um sich dann von ihnen zu distanzieren. Abbruch der Kontakte charakterisiert die Situation seines Schülers *Porphyrios* (gest. 304). Dabei hatte er in seiner palästinischen Heimat Beziehungen zu Christen, darunter Origenes, gehabt. In den 15 Büchern seiner "Reden gegen die Christen" verwertete er Anschauungsmaterial, das ihm die stadtrömische Gemeinde geliefert hatte. Seine Hauptargumente bezog er aber aus der Schrift "Alethes Logos" des Heiden *Kelsos* (o. S. 17), der noch auf die Umkehr der Christen hoffte. Das hatte Porphyrios aufgegeben: er blies die Fanfare zum letzten Gefecht der Geister.

In dasselbe Horn stieß der Neuplatoniker Sossianus *Hierokles*, der dann als Statthalter von Bithynien unmittelbar an der Christenverfolgung (303) beteiligt war. Schon der Titel seiner 2 Bücher "Philalethes Logos wider die Christen" verrät die Abhängigkeit von Kelsos, der Inhalt bekundete starke Anleihen bei Porphyrios: der Gesprächs- und damit auch Geduldsfaden war gerissen. Das bezeugt endlich ein apologetisch gehaltenes Werk des Christen *Laktanz*, den Diokletian als Professor für lateinische Rhetorik von Nordafrika nach Nikomedien berufen hatte (gest. nach 317). Durch einen Platonismus gnostisch-hermetischer Prägung in seiner Heimat darauf vorbereitet, war er in Nikomedien zum Christentum übergetreten. In seinen 7 Büchern "Göttliche Unterweisungen" (Divinae institutiones, mit einer Zusammenfassung = Epitome) empfahl er es als Religionsphilosophie, die dem Einzelnen die religiöse Selbstverwirklichung garantiere, wie auch als Rechtsphilosophie: es werde in der Lage sein, das ciceronianische Staatsideal und den Traum Vergils vom "Goldenen Zeitalter" zu verwirklichen. Zu dem Zeitpunkt war aber die Christenverfolgung schon in vollem Gange, der Christ Laktanz seiner Stellung enthoben. Emotionale Leidenschaften, lang aufgestaute Aggressionen entluden sich in Gewalttaten.

5.7. Entscheidungskampf mit dem spätrömischen Staat

Der "Entscheidungskampf" zwischen Christentum und spätrömischem Staat (303 - 311 [324]), mit Brandstiftungen im Kaiserpalast zu Nikomedien, welche die "Volksempörung" mit Brandschatzung der christlichen Kirche beantworteten, und ersten Jahren des Blutvergießens beginnend, war in Wahrheit eine qualvoll sich hinziehende "Abnutzungsschlacht". Das ging in erster Linie auf Kosten des römischen Reiches, dessen Behörden einen Autoritätsverlust ungeahnten Ausmaßes hinnehmen mußten (vgl. den auf einer Gerichtsverhandlung in Alexandrien als Präfekt Ägyptens von einem Christen geohrfeigten Hierokles: Euseb, mart Palaest 5, 3 längere Rez.). Vor allem zerbrach über den Christenverfolgungen die Reichseinheitlichkeit der Religionspolitik. Im Westen, wo die Christen die Minderheit waren, hatte man die Aktionen bereits mit dem Jahre 305 eingestellt. Im Osten hingegen verstanden dezidierte Christengegner wie der Caesar, dann Augustus Galerius und Maximinus Daja, den Haß der heidnischen Bevölkerung, selbst wo sie in der Minderheit war, gegen das Christentum zu schüren, zumal diese noch so gut wie überall die Provinz- und Stadtverwaltung in Händen hatte. Hier konnte man sogar nach dem Toleranzedikt des Galerius (311) um Fortsetzung der Aktionen gegen die Christen nachsuchen (zweisprachige Inschrift von Arykanda, Lykien: CIL 12132.13625 b; vgl. Euseb, KG IX 7, 3 - 14, ferner IX 4, 1 - 3). Die zahlreichen Martyrien des Ostens zeugen von dem Effekt. Euseb füllte mit ihnen seine kirchengeschichtliche Darstellung (KG VIII.IX) und schuf außerdem mit seiner Schrift "Über die palästinischen Blutzeugen" eine noch heute eindrucksvolle Dokumentation.

Am Anfang der religionspolitischen Konfrontation hatte die Wiedererstarkung des Imperiums durch *Diokletian* (284 - 305) gestanden. Nachdem man die zerrütteten Staatsfinanzen durch eine Verwaltungsneuordnung, den Geldverfall durch einen Preisstopp (sog. Maximaltarif) ins Lot gebracht und die Dezentralisierung der sog. Tetrarchen-("Vierer"-) herrschaft (je ein "Augustus" und ein "Caesar", mit Anwartschaft auf die Nachfolge, für Ostrom und Westrom) sowohl die militärische Schlagkraft als auch die innenpolitische Konsolidierung gefördert hatte, war auch an die religionspolitische Flurbereinigung mit den Christen zu denken. Der aus Illyrien stammende, Roms Göttern treu ergebene Diokletian dachte dabei kaum an einen solaren Reichskult als monotheistische Aufgipfelung aller anderen Kulte, wie er noch Kaiser Aurelian (270 - 275) vorgeschwebt hatte. Sein traditionsbewußter Romanismus neigte eher dazu, den Kurs einer liberalen Religionspolitik des Übersehens zu verfolgen. Dem diente wohl auch die Säuberung des Heeres von allen, den Göttern Roms nicht ergebenen Soldaten und Offizieren, die noch vor der eigentlichen Christenverfolgung erfolgte (Euseb, KG VIII 4, 2f.): im militärischen Bereich hätte die Politik des Übersehens die Befehlsgewalt geschwächt. D. gab sichtlich dem Drängen seiner Ratgeber nach, als er in mehreren Edikten 303 gegen christliche Laien und Kleriker vorging, wobei erstere zunächst nur privat- und vermögensrechtlich belangt wurden, von den anderen jedoch eine heidnische Opferhandlung gefordert wurde. Mit der Ansetzung eines allgemeinen "Opfertages" (dies turificationis) für die Bevölkerung Frühjahr 304 war Galerius vorgeprescht. Erst Febr./März 305 gab dem D. mit seiner Unterschrift die gesetzliche und reichseinheitliche Billigung.

Hatte das Tetrarchensystem sich bei der Abdankung Diokletians 305 im Prinzip bewährt, so schuf der baldige Tod des westlichen Augustus Konstantius Chlorus eine neue Situation: die bei der tetrarchischen Neuregelung übergangenen Söhne der bisherigen Augusti ließen sich von ihren Truppen zu dieser Würde ausrufen (306). Es gab kein reichseinheitliches Vorgehen gegen die Christen mehr. Im Westen wurden die Christen und hier vor allem die Gemeinde der römischen Hauptstadt zum umworbenen Objekt politischer Rivalität zwischen den besagten Augustussöhnen *Konstantin* und *Maxentius* (Euseb, KG VIII, 14, 1). Daß es keine einheitliche Politik gegenüber den Christen mehr gab, daran änderte sich auch nichts, als der bereits vom Tode gezeichnete Ostkaiser Galerius als tetrarchischer Dienstältester ein Toleranzedikt für das Gesamtreich unterzeichnete (April 311: lat. Original bei Lact., mort pers 34; griech. Übers. bei Euseb, KG VIII 17, 3 - 10). Im Gegenteil, da Maxentius diesen Erlaß, der das Christentum zur "erlaubten Religion" (religio licita) machte, nicht unterzeichnet hatte, konnte er seinerseits nichts Besseres tun, als bei dem heidnisch-konservativen Römertum Rückhalt zu suchen. Fortan wurde jeder politische Gegner Konstantins in die Rolle eines Schutzpatrons des Heidentums abgedrängt.

Umgekehrt war Konstantin nach seinem *Sieg über Maxentius* vor den Toren Roms (312) durch die politische Konstellation auf den Kontakt mit den christlichen Gemeinden angewiesen. Das Reskript an den Vicarius Africae Anullinus (312/313), das - zum Schadensersatz - Geldsummen den christlichen Gemeinden zuwies und Konstantin dann in den donatistischen Streit verwickelte (u. S. 68ff.), wollte die Kornkammer Nordafrika für Konstantin sichern. Politisch motiviert war auch das Treffen mit *Licinius* in Mailand Febr. 313. Es diente nicht nur der Abgrenzung der gegenseitigen Interessen, sondern wollte mit einem gemeinsamen Kommuniqué (Text nur indirekt zu erschließen; von einem "Toleranzedikt" ist nicht zu sprechen), das die Religionsfreiheit proklamierte, an die (im Prinzip) liberale Religionspolitik des spätrömischen Staates anknüpfen und diese reichseinheitlich verpflichtend machen. Daher band diese Proklamation Licinius auch, als er im April des gleichen Jahres 313 den Ostkaiser Maximinus Daja bei Adrianopel (heute: Edirne, Türkei) besiegte und die Ostregentschaft kaum ohne Zustimmung Konstantins an sich riß. Sein erstes Reskript vom 13. Juni 313 (als Erlaß an den Statthalter von Bithynien bei Lact., mort pers 48; an den von Palästina bei Euseb, KG X 5, 2 - 14) bezog sich ausdrücklich auf Mailand, wenn es *auch* für den Osten die Religionsfreiheit proklamierte.

In tragischer Verkennung der religionspolitischen Verhältnisse sollte Licinius auch weiterhin der Mailänder Abmachung einer liberalen Religionspolitik treu bleiben, obwohl er schon 314 durch Konstantin seiner Gebiete auf dem Balkan und in Griechenland beraubt worden war. Jener hingegen baute in der Folgezeit seine Beziehungen zum Christentum im Westen und in Nordafrika aus. Das konnte ihm in den mehrheitlich vom Christentum beherrschten Regionen des Ostreichs steigend nur Sympathien einbringen. Das Spiel wiederholte sich: der Konstantin- Gegner wurde zum Anwalt des bedrängten Heidentums und zum Gegner des Christentums. Als Konstantin den eigenen Schwager September 324 bei Chrysopolis (heute: Skutari) besiegte, da trug neben der christlichen Konstantinpropaganda (Euseb) auch Konstantins Religionspolitik der uneingeschränkten Religionsfreiheit ihre Früchte: Licinius ging als "Gotthasser" in die Geschichte ein (Euseb, KG X 8 - 9).

Die traditionelle Geschichtsschreibung hat die Schlacht an der milvischen Brücke 312 zu dem entscheidenden Ereignis gemacht, was zur modernen

Formel von der "konstantinischen Wende" führte. Damit wurde dem politischen Geschehen eine geschichtstheologische, mit einer Traumvision begründete Interpretation und Überhöhung zuteil. Am Vorabend der Entscheidungsschlacht sei Konstantin das Kreuzeszeichen erschienen, das eine himmlische Stimme gedeutet habe: "In diesem Zeichen sollst du siegen" (Lact., pers mort 44; Euseb, VC I 28ff. verlegt die Vision in die Zeit des Heeresaufbruches aus Gallien).

Mit der Schlacht vor den Toren Roms begann zweifelsohne eine politische Entwicklung, die ein christliches Jahrtausend heraufführen sollte. Der moderne Historiker wird allerdings seinen Beginn lieber mit der Alleinherrschaft Konstantins (324) ansetzen und bescheidener zunächst für die Spätantike von einer *"konstantinischen Epoche"* sprechen wollen.

Q.: J. Moreau, Lactance. De la mort des persécuteurs, SC 39 I.II (Text, Übers., Komm.), Paris 1954/55; I.A. Heikel, Eusebius Werke, I, GCS 7, 1902; E. Galletier, Panégyriques Latins, II, Paris 1952; K. Ziwsa, S. Optati Milevitani libri VII..., CSEL 26, 1893. - *Lit.:* J. Burckhardt, Die Zeit Constantins des Großen, Ges. Ausg. 2, 1929; E. Schwartz, Kaiser Constantin und die christliche Kirche, [2]1936; H. Doerries, Das Selbstzeugnis Kaiser Konstantins, 1954; H. Kraft, Kaiser Konstantins religiöse Entwicklung, 1955; ders., Konstantin der Große, WdF 131, 1974; H. Chadwick, Conversion in Constantine the Great, SCH (L) 15 (1978) 1ff.; T.D. Barnes, Constantine and Eusebius, Cambridge 1981; ders., The New Empire of Diocletian and Constantine, Cambridge 1982; A.Demandt, Die Spätantike, München 1989; V. Keil (Hg.), Quellensammlung zur Religionspolitik Konstantins d.Gr., Darmstadt 1989.

IV. Die reichskatholische Kirche in ihrer Verantwortlichkeit

1. Einführendes

Die "konstantinische Wende" hat denn auch - unmittelbar zumindest - weder eine römische Reichskirche noch ein Staatskirchentum begründet. Sie schuf nur die religionspolitischen Voraussetzungen für eine Entwicklung, in der spätrömisches Kaisertum und reichskatholisches Christentum sich verbanden. Erst in Byzanz sollte so etwas wie eine "Reichskirche" entstehen (u. S. 114f.). Kennzeichnend für das theodosianische "Staatskirchentum" ist es hingegen, daß es vom eigenständigen Christentum bestimmt wurde. Dieses erhielt dabei nicht einseitig Privilegien und staatliche Förderung, sondern vermittelte seinerseits dem durch die Völkerwanderung stark bedrängten Reich inneres Gefüge und geschichtstheologische Fundierung.

1.1. Christianisierung der römischen Staatsideologie

Seit augusteischer Zeit gab es eine römische Staatsideologie, mit der die Unterwerfung der mediterranen Völker durch Rom und die Sicherung der sog. "pax Augusta" vor den "Barbaren" an den Grenzen des Reiches dichterisch verklärt (Vergil; Horaz, carmen saeculare) oder röm.-stoisch im trockenen Philosophenstil (Cornutus) begründet wurden. Je stärker ihre Sprache im Gegensatz zur politischen Wirklichkeit stand, um so lauter wurde sie. Letztlich verhinderte nur das exemplarische Geschichtsdenken der Römer, daß die Beschwörung der "pax Romana" und des "genius populi Romani" (Münzprägung) heilsgeschichtlichen Charakter annahm. Das blieb den panegyrischen Schriften des Euseb vorbehalten (vgl. bes. Euseb, KG X 4, 2-72). In ihnen entfaltet ein christlicher Platoniker eine Metaphysik kosmischer und politischer Heilslehre, deren triadisches Schema (Lob zu Ehren Gottes, des "Tyrannentöters" Christus, des siegreichen Erzengels Michael) dem konstantinischen Herrschaftssystem in seiner monarchischen Zuspitzung religiöse Weihe verlieh. Erst solche Christianisierung spätrömischer Staatsideologie hat es zu einer "Reichs"-Idee kommen lassen. In diesem Sinne kann Augustin von einer "Erneuerung des römischen Reiches" (regeneratio imperii Romani) durch die Begegnung mit dem Christentum sprechen und hierfür Vergil zitieren (de civ V 12).

1.2. Kircheneinheit und Reichsspaltung

Innerlich vom spätrömischen Staat frei, wurde die reichskatholische Kirche auch nicht von dem Verlust der Reichseinheit nach *Theodosius* d.Gr. 395 berührt. Wohl wurde die diokletianische Reichsgliederung mit der Beseitigung der Brücken-Präfektur Illyrien* entsprechend geändert. Das hat aber nicht die Germanisierung des Westreiches und die Entfremdung vom Ostreich der Rhomäer herbeigeführt. Reichsklammern blieben im übrigen bestehen, z.B. die jährliche Nominierung der beiden Jahreskonsuln oder die reichseinheitliche Datierung der Gesetze bzw. Urkunden.

Auch sonst erwies sich das Rechtswesen als Klammer. Hatte schon Konstantin d.Gr. 321 mit dem sog. Kassiergesetz (cod Theod I 4, 1) die Reichseinheitlichkeit der Rechtsprechung zu sichern versucht, so unternahmen 100 Jahre später Theodosius II. und Valentinian III. mit ihrem sog. Zitiergesetz (cod Theod I 4, 3) vom Jahre 426 den gleichen Versuch (Erweiterung der Zitierautoritäten, Erstellung einer "Konkordanz widersprechender Bestimmungen" [concordantia discordantium]). Die Sammlung der religionspolitischen Kaiseredikte in Buch XVI des *Codex Theodosianus* (438) lehrt, daß gerade auf diesem Gebiet wegen der kaiserlichen Funktion als Pontifex maximus die Reichseinheitlichkeit verhältnismäßig lange gewahrt wurde. Erst im *Codex Justinianus* (529-534) und mit den "Novellen" Justinians (535-565) erfolgte die Religionsgesetzgebung durch Kaisergesetz ("constitutiones"). Das entsprach den gewandelten Verhältnissen in Byzanz.

---

* S. unten Karte I.

Q.: Th. Mommsen - P.M. Meyer, Theodosiani libri XVI, ²1954; edd. P. Krüger - Theod. Mommsen u.a., Corpus iuris civilis I-III, ¹⁰1954. ¹²1959. ⁷1959; P.R. Coleman-Norton, Roman State and Christian Church, I-III, London 1966 (engl. Übers. der Gesetze). - *Lit.:* G. Dulckeit, Röm. Rechtsgeschichte, ²1957; F. Wieacker, Recht u. Gesellschaft in der Spätantike, 1964 (= Urban-Bücher 74).

Im Prozeß der Entfremdung der beiden Reichshälften sollte sich ferner das seit den Soldatenkaisern zu beobachtende Bestreben, *Kaiserdynastien* zu begründen, als retardierendes Element erweisen. Erfolgreich wandte es zunächst Konstantin d.Gr. am Ende seiner Alleinherrschaft (324-337) an, indem er *Konstantin II.* (337-340) zum Augustus des Westens, trotz seiner 14 Jahre aber *Konstans* (337-350) zum Augustus der Mitte bestimmte und *Konstantius II.* (337-350) den Osten anvertraute. Daß letzterer durch Sieg über den Usurpator *Magnentius* (dieser hatte 350 Konstans beseitigt, der seinerseits schon seinen Bruder Konstantinus II. ausgeschaltet hatte) nochmals für die Jahre 350-361 wie sein Vater die Alleinherrschaft ausüben konnte, widersprach nicht dem dynastischen Prinzip. Dieses konnte jedoch für die reichskatholische Christenheit gefährlich werden, als in Kaiser *Julian Apostata* (361-363) ein Familienglied seiner antichristlichen Einstellung auch gesetzgeberisch Ausdruck verlieh. Eben war mit dem "Abtrünnigen" die Tradition des konstantinischen "Flaviertums" abgebrochen. Da beschwor die kürende Truppe selber das dynastische Prinzip. Sie legte dem Soldatenkaiser ihrer Wahl *Flavius Valentinianus I.* (364-375), dessen Name die Kontinuität betont, dessen Regierungssitz Mailand aber den Wandel sichtbar macht, bei der Wahl auf, er habe seinen Bruder *Valens* (364-378) zum Augustus des Ostens zu ernennen. Es war nur konsequent, wenn Valentinian seinen Sohn *Gratian* mit einer Tochter Konstantins' II. verheiratete, um so seinem Nachfolger als Augustus des Westens (375-383) auch blutsmäßig die dynastische Erbschaft der "Flavier" zu sichern.

Umgekehrt sollte *Theodosius I.* (379-395), den Gratian nach dem Tod des Valens im Kampf gegen die Westgoten bei Adrianopel (= Edirne: 378) zum Augustus des Ostens ernannt hatte, eine neue Dynastie begründen: ähnlich wie Konstantin d.Gr. überantwortete er seinen Söhnen als Augusti einmal den Westen (*Honorius* 395-423) und zum anderen den Osten (*Arkadius* 395-408). Die familiäre Verflechtung zwischen weström. Herrschaft wurde dabei noch intensiviert, indem des Honorius Schwester *Galla Placidia* dafür sorgte, daß nach ihres Bruders Tod ihr Neffe *Valentinianus III.* (425-455) mit einer oström. Kaisertochter zunächst verlobt (sie war damals 2 Jahre!), dann verheiratet wurde. Zweifelsohne ist das dynastische Prinzip der Stärkung der Reichsgewalt nicht dienlich gewesen, es förderte vielmehr das Meiertum von germanischen bzw. fremdstämmigen Heeresmeistern. Dem reichskatholischen Episkopat sicherte es jedoch seinen Einfluß auf die Dynastie, zumal deren Repräsentanten weithin jugendlichen Alters waren bzw. von Kaiserwitwen vertreten wurden. Solcher Einfluß wirkte sich gesamtkirchlich nur positiv aus. Seitdem Mitte des 5. Jh.s die Reichseinheit, symbolisiert und verbürgt durch *eine* Herrscherdynastie, definitiv zu zerbrechen begann, zerbrach auch der

Reichskatholizismus. Ökumenische (= Reichs-) Konzilien bestanden nur der Form nach fort, sie wurden Organe des byzantinischen Kirchentums. Immerhin erfüllte das reichskatholische Kirchentum dank seinem Eigengewicht die ihm von Konstantin zugedachte Aufgabe als religiöses Einheitsband seiner Reichsgründung noch zu einem Zeitpunkt, als das konstantinische Reich längst der Vergangenheit angehörte.

1.3. Die Religionspolitik Konstantins und ihre Motive

In den ersten Jahrzehnten nach der konstantinischen "Machtergreifung" (324) konnte es so scheinen, als stünde die reichskatholische Kirche unter dem Diktat des erfolgreichen Eroberers.

Intensive Forschung nach dem 2. Weltkrieg hat wohl die politischen Motive klären können, die Konstantin d.Gr. bei seiner christenfreundlichen Religionspolitik bestimmten. Fragwürdig bleibt weiterhin seine persönliche Einstellung zum Christentum. Das hängt z.T. mit den *Quellen* zusammen. Wo ihre Tendenz einsichtig ist, bieten sie noch die gesichertste Basis: Laktanz (mort pers , ca. 318 geschrieben, o. S. 61); Euseb (neben KG das "Konstantinslob" [laus Constantini] 1-10 von 335, auch Tricennatsrede [= Rede zur 30jährigen Wiederkehr des Herrschaftsantritts Konstantins - 306, im Machtbereich seines Vaters -] genannt; die ihr heute als cap. 11-19 angehängte "Kaiserschrift" aus dem gleichen Jahre; 4 Bücher der "vita Constantini") und Panegyriker (höfische Lobredner bei gegebenen Anlässen). Am schwersten machen die Urteilsbildung sich objektiv gebende Urkunden, Dokumente und Erlasse bis hin zur Münzprägung: Propaganda imperialer Staatsideologie! Briefe Konstantins an christliche Gemeinden lassen sich schwerlich als integre Dokumente religiösen Selbstzeugnisses erweisen. Gerade ihr dezidiertes Bekenntnis zum Christentum weckt Mißtrauen und die Vermutung, daß ein bischöflicher Ratgeber sie diktierte und dem Kaiser zur Unterschrift vorlegte. Dies Mißtrauen bleibt selbst gegenüber der "Rede an die Versammlung der Heiligen" (heute der "vita Constantini" angehängt, d.h. aus dem Eusebnachlaß).

Doch ist es letztlich weniger die Quellenproblematik, die als Schatten über dem Bild vom ersten christlichen Kaiser Konstantin liegt, als die neuzeitliche Kritik (zuerst von pietistischer Seite: Gottfried Arnold, "Unparteiische Kirchen- und Ketzerhistorie...", 1699; vgl. ferner Jakob Burckhardt "Die Zeit Konstantins d.Gr." 1853; "Weltgeschichtliche Betrachtungen" 1905; Eduard Schwartz "Kaiser Konstantin d.Gr. und die christliche Kirche" [2]1936). Fest steht jedoch, daß seit der für keinen Bischof vergebbaren Ermordung der Kaiserin Fausta und seines Sohnes aus erster Ehe, Crispus, im Jahre 326 bis zum Tode 337 ein Jahrzehnt für einen Gesinnungswandel gegeben war, der die sog. Klinikertaufe auf dem Totenbett rechtfertigen konnte; sie war zudem zeitgenössischer Brauch und von der Angst diktiert, man könnte durch abermalige "Todsünde" nach der Taufe der Seligkeit verlustig gehen, und versteht sich wohl auch von daher, daß die zeitgenössische Theologie noch keine Antwort parat hatte, wie man gleichzeitig Kaiser und Christ (im Sinne der vollen Kirchengliedschaft) sein könne!

War Konstantin d.Gr. zunächst nur als *Pontifex maximus* in der Lage gewesen, unter Hinweis auf die traditionelle Religionsfreiheit das Christentum zu begünstigen, so sollte sich dies mit Antritt der Alleinherrschaft (324) ändern. Wohl führte Konstantin weiterhin den Titel eines Pontifex maximus, worin ihm seine Söhne folgten; man anerkannte damit die Pflicht zur gleichberechtigten Behandlung aller Kulte. Das Interesse aber galt dem Christentum; Religions- und Kirchenpolitik deckten sich. Doch blieb alles dem kaiserlichen Entscheid überlassen; die konstantinische Monarchie war gegenüber der reichskatholischen Kirche ungebunden.

Lit.: H. Dörries, Konstantin d.Gr., ²1967; J. Vogt, Constantinus d.Gr., RAC 3 (1957) 306-379 (Lit.); W. Heil, Der konstantinische Patriziat, 1966; Joh. Straub, Regeneratio imperii. Aufss. über Roms Kaisertum und Reich im Spiegel der heidnischen und christ. Publizistik, 1972; H. Kraft (Hg.), Konstantin d.Gr., 1974 (= Wege der Forschung 131); G. Ruhbach (Hg.), Die Kirche angesichts der konst. Wende, 1976; T.D. Barnes, Constantine and Eusebius, Cambridge 1981; ders., The New Empire of Diocletian and Constantine, Cambridge 1982; V. Keil (Hg.), Quellensammlung zur Religionspolitik Konstantins d.Gr., 1989.

2. Die kaiserliche Religions- und Kirchenpolitik unter Konstantin und seinen Söhnen (324-360)

2.1. Der "Donatistenstreit"

Der Donatismus war eine der üblichen Folgeerscheinungen der diokletianischen Verfolgung, indem Proteste gegen Kleriker laut wurden, die versagt hatten. Sehr bald aber meldeten sich in ihm auch ältere Traditionen nordafrikanischen Christentums zu Wort. Sie stellten wie Tertullian und Cyprian stärkere Anforderung persönlicher Heiligkeit sowohl an die Empfänger wie an die Spender der kirchlichen Sakramente. Außerdem mischten sich "nationalistische" Töne in den donatistischen Protest, je mehr das konstantinische Kaisertum den reichskatholischen Episkopat Nordafrikas beschützte. Von dieser nordafrikanischen Reichsfeindlichkeit getragen, beherrschte seit der 2. Hälfte des 4. Jh.s der Donatismus, wenn hier bereits der Ausblick auf den weiteren Verlauf des Streits erlaubt ist, die Mehrheit der Bischofssitze in Numidien und war selbst in der Africa proconsularis und allen bedeutenderen Städten vertreten. Ende des 4. Jh.s befand sich fast in jedem Dorf Nordafrikas neben der katholischen auch eine donatistische Kirche. Ob die sog. "Circumcellionen" (Schimpfwort, nicht völlig geklärt) landwirtschaftliche Saisonarbeiter waren, die sich zur Olivenernte auf den Latifundien Numidiens einfanden, ansonsten aber unstet als Arbeitslose von Ort zu Ort wanderten und darin soziale Unruhe ins Land trugen, ist umstritten. Ihr Eintreten für den Donatismus signalisiert zweifelsohne die Verhärtung der Gegensätze. Es bedurfte erst einer Reorganisierung der reichskatholischen Gemeinden Nordafrikas, zahlreicher Disputationen mit donatistischen Bischöfen und endlich einer großen Glaubensdisputation von Karthago (411) für ganz

Nordafrika, um der Bewegung annähernd Herr zu werden. Neben seinem Freunde Bischof Aurelius von Karthago war Augustin (S. 103ff.) die treibende Kraft. Um so größer war seine Enttäuschung über die "Unbelehrbarkeit" der Donatisten. Seit 411 rechtfertigte er dann auch staatliche Zwangsaktionen gegen sie ("Nötigt sie hereinzukommen" [Cogite intrare]). Das Ende des Donatismus wurde aber weder durch diese noch durch die Vandalen (435) herbeigeführt.

Der Donatistenstreit durchläuft in seiner mehr als hundertjährigen Geschichte *verschiedene Phasen:*

1. Die ersten 25 Jahre (312-337) werden von der Religionspolitik Konstantins bestimmt. Dieser wurde in den Streit hineingezogen, weil die nordafrikanischen Behörden ja wissen mußten, welcher der streitenden Parteien sie (im Sinne der Abreden zwischen Konstantin und Licinius vom Winter 312/3, fälschlicherweise *"Mailänder Edikt"* genannt) das in der Verfolgung beschlagnahmte Kirchengut und überhaupt Wiedergutmachung für die während der Verfolgung erlittenen Schäden leisten sollten. In Karthago war nämlich im gleichen Jahr 312 unter dramatischen Umständen eine donatistische Sondergemeinde entstanden, die nicht gewillt war, es hinzunehmen, daß sie von der kaiserlichen Geldspende ausgeschlossen wurde. Sie war auch nicht zufrieden, als eine nach Rom von Konstantin einberufene Bischofskonferenz Italiens ihr die Rechtmäßigkeit absprach (313). Selbst dem Spruch der abendländischen Bischofssynode, die sich auf Anweisung und Kosten Konstantins in dem südgallischen Arles einfand (314), beugte sich die nordafrikanische Opposition nicht, der seit 316 ihr in Karthago residierender Sprecher und Bischof *Donatus* d.Gr. den Namen gab. Er wurde zum Rufer im Streit, als im November des gleichen Jahres der allmählich ungeduldig gewordene Konstantin durch Edikt die donatistischen Bischöfe verbannte und ihre Gotteshäuser beschlagnahmen ließ. 5 Jahre Donatistenverfolgung folgten, an deren Ende nur ein Toleranzedikt stehen konnte (321). Diese Zeit verlieh den Donatisten das stolze Bewußtsein, als *"unbefleckte Märtyrerkirche"* der "Kirche der Traditoren" (Anspielung auf katholische Kleriker, die in der Verfolgung den Behörden liturgische Bücher und Bibeln "ausgeliefert" hatten) überlegen zu sein. Fortan übte Konstantin Toleranz, so daß im Vorjahr seines Todes eine Donatistensynode in Karthago 270 Bischöfe vereinen konnte (336).

2. Das nächste (knappe) Vierteljahrhundert antidonatistischer Religionspolitik (337-360) war eine Zeit der inneren Konsolidierung unter dem Donatistenprimas *Donatus* von Karthago (316-355), einem kirchenpolitisch klugen Führer, der bei Kaiser Konstans, wenn auch erfolglos, um Anerkennung als rechtmäßiger Bischof der nordafrikanischen Metropole vorstellig wurde (346). Numidische Unruhen (Circumcellionen, staatliche Polizeiaktionen?; 347: Blutgemetzel von Bagai/Numidien) wurden den Donatisten angelastet und setzten zunächst der Ausbreitung ein Ende; Donatus und andere Donatistenbischöfe wurden des Landes verwiesen. Die darauf eintretende Friedhofsruhe verschärfte nur die Gegensätze zwischen Donatisten und Katholiken.

Ausblick auf den Fortgang und das "Ende" des Streits:

3. Als 361/62 Kaiser Julian neben anderen Exilsbischöfen auch die Donatisten zurückkehren ließ, brachen bei deren Rückkehr in Numidien und Mauretanien wieder Unruhen (Bäckerstreik!) aus. Radikalisierung und Politisierung kennzeichnen über-

haupt die gesamte 3. Phase (361-398), ohne die Ausbreitung zu beeinträchtigen; das gilt auch für schismatische Gemeinschaften unter den Donatisten, die aus dem Bemühen resultierten, die Gegensätze zu den Katholiken abzubauen. Vertieft wurden diese Gegensätze hingegen durch die Unterstützung des Aufstandes des Maurenhäuptlings Firmus (372-375) seitens der Donatisten, die dann später auch dessen Bruder Gildo unterstützten, welcher zunächst gegen den eigenen Bruder auf die Karte der Römer gesetzt und es zum "comes Africae" gebracht hatte (385-398). Reichster Großgrundbesitzer Nordafrikas, trieb er im Pokerspiel mit Westrom und Byzanz bzw. den sich abwechselnden Usurpatoren Politik auf eigene Faust. Zum Verhängnis wurde ihm, daß er dabei 397 den Getreideexport nach Rom stoppte. Eine vom röm. Reichsfeldherrn Stilicho, einem Vandalen(!), entsandte Strafexpedition machte seinem eigenmächtigen Reich ein Ende (398). Es beleuchtet die starke Position der Donatisten, daß sie trotz ihrer konspirativen Politik nicht vom Sturz des Gildo betroffen waren. Immerhin hatten sie ihren Höhepunkt unter dem auch als Theologen beachtenswerten Donatistenprimas *Parmenianus* (ca. 363-392: Verfasser einer Geschichte der "Kirche der Märtyrer") damals schon überschritten.

4. Die letzten 35 Jahre (400-435) bestimmen der katholische Primas, *Aurelius* von Karthago, und sein Freund Augustin (u. S. 103ff.) mit ihrer Mission unter den Donatisten, bei der das theologische Streitgespräch den Vorrang hatte, und der Reorganisierung des nordafrikanischen Kirchenwesens (Gesetzeswerk von Hippo Regius 393, als "Codex canonum Africae ecclesiae" in Karthago 397 abgeschlossen; halbjährliche Generalkonzilien, Koordinierung antidonatistischer Maßnahmen). Größte Bedeutung gewann ferner die literarische Fehde, wobei sowohl Augustin (u. S. 104) als auch seine donatistischen Gegner ihren Kirchenbegriff profilierten. Nur die Heiligkeit der Spender garantiere die Heilswirkung der Sakramente. Übertretende Katholiken müßten daher wiedergetauft werden, was dann das, noch für das Täufertum der Reformationszeit folgenschwere, reichsgesetzliche *Verbot der Wiedertaufe* auslöste (cod Theod XVI 6, 1 v.J. 379; vgl. Aug. ep 105,9). Es blieb letztlich wirkungslos. Eine unbeabsichtigte Wirkung hatte die Anordnung der Vermögenskonfiszierung bei Donatisten (cod Theod XVI 2, 34 v.J. 399): reiche Donatisten suchten sehr bald den Schutzmantel der katholischen Kirche, zumal diese keine Bedingungen bei Wiederaufnahme stellte. Überhaupt durchkreuzten die willkürlichen Erlasse aus Ravenna die von Aurelius und Augustin eingeleiteten Wiedergewinnungsversuche. Eben hatte man die Donatisten zu einem gemeinsamen Religionsgespräch in Karthago (411) bewegen können, da erließ man an der fernen Kaiserresidenz einen scharfen Erlaß gegen jedwedes Ketzertum (cod Theod XVI 5, 51) und entsandte zu dessen Durchführung den comes Marcellinus nach Afrika. Man mußte ihn zum Schiedsrichter machen, was die Gesprächssituation für die 286 Katholiken und 284 Donatisten bedeutend erschwerte; letztere vor allem mußten befürchten, als Häretiker verurteilt zu werden. Die theologische Klärung blieb aus. Resigniert überließ Augustin den staatlichen Instanzen das letzte Wort, deren gewaltsames Einschreiten er dann sogar mit Lk 14, 23 ("cogite intrare") rechtfertigte. Blutige Ereignisse der Folgezeit übersah er. Eine gewisse Beruhigung trat nach seinem Tode ein, als in seiner Bischofstadt der Vandalenkönig Geiserich sich mit Ravenna dahin verständigte, daß diesem die Proconsularis mit reichskatholischer Mehrheit, ihm aber Numidien, donatistisches Traditionsland, zufallen sollten. Germanischer "Arianismus" verfolgte die Donatisten nicht, gestand ihnen aber auch kein Mitspracherecht zu.

Q.: H. von Soden, Urkunden zur Entstehungsgeschichte des Donatismus, [2]1950 (= KlT 122); J.L. Maier, Le Dossier du Donatisme, 2 Bde., 1987.1989 (TU

134.135). - *Lit.:* P. Monceaux, Histoire littéraire de l'Afrique chrétienne, 7 Bde.,
(1901/1923) Nachdr. 1963; W.H.C. Frend, The Donatist Church. A Movement of
Protest in Roman North Africa, Oxford (1953) [2]1971; E.L. Grasmück, Coërcitio.
Staat und Kirche im Donatistenstreit, 1964; E. Tengström, Donatisten und Katholi-
ken, Göteborg 1964; R. Crespin, Ministère et sainteté, Paris 1965; A. Schindler,
Augustins Ekklesiologie in den Spannungsfeldern seiner Zeit und heutiger Ökumene,
FZPhTh 34 (1987) 295-309.

2.2. Kaiserliche Religionspolitik und heidnische Opposition

Glücklichere Hand bewies die konstantinische Monarchie bei ihren religionspolitischen Maßnahmen. Für den Kaiser als Pontifex maximus war heid-
nisches Brauchtum weit leichter abzuschaffen, z.B. die wenig ästhetische Ein-
geweideschau (Verbot: 319; dagegen protestierte nur der heruntergekommene
Berufsstand der "haruspices", was 321 ein weiteres Edikt nötig machte). Auf
die religiösen Mehrheitsverhältnisse zugunsten der Christen verließ sich
Konstantin, als er nach 324 im Orient Tempel des hellenisierten Astartekultes
mit ihrer Tempelprostitution schloß bzw. zerstörte (Euseb, VC III 55.58).
Erst Konstantins Söhne erließen Edikte gegen heidnische Opfer (341, wiederholt 356). Bezeichnend ist die Begründung eines Verbots der Zerstörung von
Tempeln im Umkreis von Rom (Verwendung als Steinbruch?): sie gewährten
"dem römischen Volk einen Feiertag althergebrachter Lustbarkeiten" (cod
Theod XVI 10, 3). Um so mehr war man um die Streichung der Opferzere-
monien aus der Festliturgie solcher "Feiertage" (dies feriati) besorgt (Festkalender des sog. Chronographen von 354). Die traditionellen Geldzuwen-
dungen (Dotationen), die Priesterernennungen, die auch von den christlichen
Kaisern in ihrer Eigenschaft als Pontifices maximi zu vollziehen waren, fielen
da nicht ins Gewicht, zumal der Kaiser durch ein Mitglied der senatorischen
Beamtenaristokratie sich vertreten ließ. Hingegen entfaltete diese nach dem
Tode Konstantins eine starke religiöse Aktivität als *heidnische Opposition.* Sie
profitierte von den traditionellen Laufbahnbestimmungen (cursus honorum),
wonach mindestens einer der Jahreskonsuln im nachfolgenden Jahr praefectus
urbi, d.h. oberste Verwaltungsspitze Roms, werden mußte. In dieser Position
ließ sich für die Erhaltung altrömischer Traditionen viel tun, und das um so
mehr, als die konstantinische Religionspolitik liberaler Tradition im ganzen
auch von den Konstantinssöhnen befolgt wurde; erst mit Gratian (375 - 383)
sollte sich das ändern.

Repräsentant *heidnischen Widerstandes* ist *Orfitus*, von 353 - 356 und 357 - 359
Stadtpräfekt von Rom, Oberpriester des Vestatempels, Priester des "unbesiegten
Sonnengottes", "Angehöriger des Fünfzehnmännerkollegiums für die Veranstaltung
der Opfer", der noch 357 einen Apollotempel in Rom (nach Restaurierung?) weihte
(CIL VI 45). Im gleichen Jahr weilte Konstantius II. anläßlich des zwanzigjährigen
Jubiläums seines Kaisertums in Rom. Bei den Vicennalienfeiern wurde er vom Senat
in der Kurie nicht mit einem Weihrauchopfer auf dem Altar der dea Roma empfan-
gen - auf seine Anweisung war die Viktoria vorher entfernt worden.

Vertreter der zweiten Generation in einem jetzt offiziell christlichen Reich war *Symmachus*, 384/385 Stadtpräfekt von Rom, 391 Jahreskonsul. Mit einem Freundeskreis Gleichgesinnter förderte er die Verbreitung klassisch heidnischer Literatur (Vergil, Livius etc.). Er kämpfte im Streit zwischen dem röm. Senat und Kaiser Valentinian III. (383 - 392), sprich: Ambrosius (u. S. 77f.), vor dem kaiserlichen Konsistorium in Mailand um die Wiederaufstellung der Viktoria in der Kurie (Ambrosius, ep 18; Symm.Symm, relatio; vgl. Prud., Symm). Daß er dabei unterlag, nimmt nicht wunder. Eine neue Kaiserdynastie hatte der kompromißbereiten, konstantinischen Religionspolitik den Abschied gegeben.

Lit.: J. Straub, Heidnische Geschichtsapologetik in der christl. Spätantike, 1963; T. Hölscher, Victoria Romana (archäologische Untersuchung), 1967; R. Klein, Symmachus. Eine tragische Gestalt des ausgehenden Heidentums (1971) [2]1986; ders., Der Streit um den Victoriaaltar, 1972 (Texte, Übers.); A. Dihle, Zum Streit um den Altar der Viktoria, in: Romanitas et Christianitas (FS f. J.H. Waszink), Amsterdam 1973, 81/97; J. Wytzes, Der letzte Kampf des Heidentums in Rom, Leiden 1976; Colloque genevois sur Symmaque..., hg. v. F. Paschoud, Paris 1986.

2.3. Kaiserliche Kirchenpolitik: der "arianische Streit"

Dieser Wandel zur dezidierten Kirchenpolitik, der gleichzeitig mit dem "arianischen Streit" in Zusammenhang steht, wird durch zwei wichtige Gesetze markiert: eine Konstitution des westlichen Kaisers Gratian, Herbst 379 (cod Theod XVI 5, 5) und das Edikt Theodosius' I. für Ostrom "Cunctos populos" vom Frühjahr 380 (cod Theod XVI 1,2). Letzteres sprach den "Wunsch" aus, "alle Völker, über die unsere Milde regiert", möchten in dcm Glauben an die Trinität leben, wie ihn der "Pontifex Damasus wie auch Bischof Petrus v. Alexandrien, ein Mann von apostolischer Heiligkeit", verträten. Fortan und erst recht, nachdem Gratian den Titel des "Pontifex maximus" niedergelegt hatte (382), blieb das heidnische Tempelwesen mittellos, das seiner Privilegien beraubte Priestertum schutzlos. Nachdem Theodosius I. gestattet hatte, nach eigenem Ermessen die Tempel zu schließen (386), war Tempelstürmern schwer entgegenzutreten; manchmal wurden sie auch kirchlicherseits begünstigt (389: Brandschatzung des Serapeion v. Alexandrien). Als ein Edikt von 389 eine, für beide Reichshälften gültige, Liste staatlich geschützter Feiertage veröffentlichte, von der die heidnischen Tempelfeste abgesetzt worden waren (cod Theod II 8, 19), war dem heidnischen Priestertum praktisch die Existenzgrundlage entzogen.

Im engeren Sinne konnte die konstantinische Kirchenpolitik erste Erfahrungen im "arianischen Streit" (318 - 360) sammeln. Sie sollten durchgehend negativer Art sein. Die Lösung des trinitätstheologischen Problemkreises gelang erst, nachdem die *theologische* Diskussion zur Klärung der Begriffe geführt hatte.

Die *Vorgeschichte* des arianischen Streites (318 - 325) liegt weitgehend im dunkeln. Von dem unter Diokletian zum Märtyrer gewordenen Theologen *Lukian* in Antiochien ausgebildet (?), hatte *Arius* (Libyer von Geburt?) sich ab

303 in der ägyptischen Metropole Alexandrien aufgehalten, wo es ihm schließlich gelang, Presbyter an einer der Hauptkirchen der Stadt zu werden. Eben hatte er sein Ziel erreicht, da denunzierten ihn Melitianer beim Bischof Alexander v. Alexandrien als heterodox. Er habe die gottgleiche Stellung des präexistenten Logos geleugnet und von ihm behauptet: "*Es gab eine Zeit, da er nicht (vorhanden) war*" (ἦν ποτε ὅτε οὐκ ἦν). Im Gegensatz zum Vater habe der Sohn einen geschichtlichen Anfang, metaphysisch formuliert: er sei "aus dem Nichtseienden". Wie alle geschichtlichen Lebewesen verdanke er seine Existenz dem göttlichen Schöpfungswillen: er sei das erste "Geschöpf" Gottes. Bestrebt, mit den Melitianern zum Ausgleich zu kommen(?), gab Alexander der Anklage statt und exkommunizierte auf einer ägypt. Gesamtsynode zu Alexandrien Arius, der zusätzlich des Sprengels verwiesen wurde (318). So wurde der Streit nach Palästina und Syrien getragen, wo alte Studiengenossen des Arius saßen(?), vor allem jedoch die in subordinatianischer Logoslehre geschulten Origenesschüler (Euseb v. Caesarea/Pa.). Sie nahmen sich des Exkommunizierten an, den auch seine Pfarrgemeinde nicht fallen ließ und der es verstand, auf Reisen die "Parteigenossen" gegen Alexander aufzuwiegeln. Es hagelte Protestschreiben einzelner Bischöfe oder ganzer Synoden (Urkk. 5 - 12 Opitz), deren Alexander sich nur durch eine Enzyklika erwehren konnte (Urkk.14 - 16). Kirchlicher Hader erfüllte also den von Konstantin gerade eroberten Orient. Mit persönlichem Handschreiben ausgestattet, entsandte daher der Kaiser seinen kirchlichen Ratgeber Hosius v. Cordoba in die von Schismen gespaltenen Gemeinden Antiochiens und Alexandriens. Die erste Friedensmission mißlang. Nur in Antiochien kam unter Hosius (Ossius) Anfang 325 eine Synode zustande. Ihr bleibender Ertrag waren Kanones (als "nizänisch" überliefert), die vor allem sich mit den Bußfristen befassen. Hingegen legte die Synode neuen Samen der Zwietracht, indem sie eine ausführliche, förmliche Darlegung des eigenen Glaubensstandpunktes formulierte und über alle anders (d.h. wie Arius) Denkenden ein (bis zum Zusammentritt des bevorstehenden Reichskonzils) befristetes Anathem ("Verfluchung" mit dem "Erfolg" des Ausschlusses aus der Kirchengemeinschaft) verhängte; darunter fiel auch Euseb v. Caesarea/Pal. (Urk. 18).

2.4. Nizäa und die Folgen

So lag von vornherein ein Schatten auf jener Bischofsversammlung im Landstädtchen *Nizäa* bei Nikomedien, die Konstantin gleichzeitig zur Demonstration politischen Friedens machen wollte, begründet im "Einklang" (concordia) zwischen Staat und Kirche. Deshalb waren auf dieser von Mai bis Juli 325 tagenden Versammlung auch 5 abendländische Bischöfe zugegen. Sie rechtfertigen trotz des Überwiegens der Orientalen noch heute die übliche Bezeichnung "*erstes ökumenisches Konzil*". Die politischen Erwartungen, die der Kaiser mit demselben verband, erfüllten sich alle. Schon das Konzil von Arles war ihm willfährig gewesen, indem es die Kriegsdienstverweigerung kirchlich nicht sanktionierte (can 3) und die Übernahme staatlicher bzw. kommunaler Ämter durch Christen erleichterte (can 7f.). In Nizäa wurde die Verflechtung zwischen Reich und Kirche dadurch gefördert, daß man in Angleichung an die staatlichen Eparchien (Provinzen) die Metropolitanverfassung einführte (can 5). Der Hinweis auf die Sonderstellung von Alexandrien und Antiochien (can 6 ohne Auswirkung auf das gleichfalls genannte Rom) bahnte die Patriarchatsverfassung an. Hinzu kam die reichseinheitliche Regelung des Ostertermins (o. S. 13. 45): alljährlich sollte Alexandriens Bischof der ökumenischen Christenheit ihren höchsten Feiertag ansagen (sog. Osterfestbriefe); auch dies konnte Konstantin für sich buchen (Euseb, VC III, 18). Nur die Lösung der dogmatischen Streitfrage wollte nicht gelingen. Was half die Verdammung des Arius und seiner Anhänger, nachdem der Kaiser die Wiederaufnahme des Euseb durchgesetzt hatte? Als man die eigene Position kennzeichnen wollte, geriet man in Schwierigkeiten. Der als Diakon teilnehmende Athanasius konnte so formulieren: Wir wären nicht erlöst, wenn nicht mit Christus die volle Gottheit in die Menschheit eingegangen wäre und diese so "vergöttlicht" hätte. Dafür schlug man (Hosius?) die Formel vor: der Sohn ist wesenseins (= substanzgleich) mit dem Vater (ὁμοούσιος τῷ πατρί). Sie kam denn auch in das abschließende Lehrbekenntnis (sog. Nicaenum; vgl. J.N.D. Kelly, [3]1971, 205 - 259), legte damit aber die Saat zu neuem Hader. Im Osten war diese Identitätsformel von jeher suspekt, da sie in gnostischen und überhaupt vorwiegend in häretischen Kreisen (Anhänger des Sabellius [o. S. 51]; Paulus v. Samosata [? o. S. 44]) gebraucht worden war. Selbst Athanasius, der dann zum Vorkämpfer der nizänischen Orthodoxie und Befürworter des "Homousios" werden sollte, hat es anfänglich vermieden. Was einen sollte, trennte und begünstigte ungewollt neue Parteibildungen. In dem Willen, diese zu überwinden und eine neue Glaubensformel durchzusetzen, wurde aber die staatliche Religionspolitik selber zur Parteipolitik.

Wie die weitere Entwicklung des arianischen Streites (326 - 360) zeigt, führte das in eine Sackgasse. Eben hatte Konstantin die Exkommunizierten (Arius; Bischof Eusebius v. Nikomedien) verbannt, da begnadigte er sie schon und ließ sie wieder zurückkehren (328). Das war im Jahr der Bischofswahl des Athanasius zum Nachfolger Alexanders v. Alexandrien (328 - 373; u. S. 76f.). Dieser lehnte die Aufnahme des Arius in Alexandrien ab und zog sich den Zorn Konstantins zu. Eusebius v. Nikomedien, als Hofbischof der prädestinierte Gegenspieler zum ägypt. Patriarchen, wußte das für sich zu nutzen. Im Todesjahr Konstantins (337) hatten die Fronten sich verkehrt: die Nizäner waren die Vertriebenen, die Ariusanhänger aber die Begünstigten.

Unter den *Söhnen Konstantins* sollte sich das insofern ändern, als Konstans nach Übernahme der westlichen Alleinherrschaft (340 - 350) nizänische Kirchenpolitik trieb, gleichzeitig die Rehabilitierung des Athanasius verfolgte und darin Bischof Julius I. v. Rom (337 - 352) unterstützte, der den Fall des verbannten Kollegen vor den Wagen der röm. Primatspolitik gespannt hatte. Da er über ein größeres Machtpotential als sein Bruder Konstantius II. (337 - 361) verfügte, mußte letzterer dem Plan zustimmen, auf einer Reichssynode in Serdica (Sofia) den arianischen Streit beizulegen. Auch Eusebius v. Nikomedien, der seine orientalischen Bischöfe zur

Kirchweihsynode in Antiochien versammelt hatte (341), sah sich zu Verhandlungen genötigt. Wie man allerdings selber dachte, erhellt die sog. zweite Formel ("Bekenntnis Lukians d. Märtyrers") besagter Synode (Hahn § 154): sie sprach im Sinne des origenistischen Subordinatianismus ganz offen von den drei göttlichen "Hypostasen" und dachte darin kryptoarianisch. Das Reichskonzil von Serdica (342/3) brachte daher die erstrebte Einigung nicht, wurde vielmehr Ursache eines Schismas zwischen Ost und West. Die Orientalen verließen den Raum, als Athanasius ihn betrat, während die Okzidentalen sich hinter Athanasius stellten: getrennte Rumpfsynoden exkommunizierten sich gegenseitig. Die Okzidentalen sanktionierten zudem alles, was Julius v. Rom für Athanasius getan hatte. Für die Zukunft aber solle bedacht werden: wenn der Bischof v. Rom als Appellationsinstanz angegangen werden sollte, dann habe er das Verfahren an die benachbarte Bischofssynode des Beklagten zurückzuverweisen; er könne jedoch auf dessen Bitten hin durch einen stadtröm. Presbyter die dortigen Verhandlungen weiter verfolgen (sog. can 7 lat.). Später sollte diese Debatte beim rechtlichen Ausbau des römischen Primatsanspruches eine große Rolle spielen.

Hatte dieser erste, noch im Geiste konstantinischer Religionspolitik unternommene Versuch einer Beilegung des arianischen Streites mit einem Fiasko geendet, so sollte es dem zweiten, jetzt nach den Methoden kaiserlicher Kirchenpolitik betriebenen Unterfangen nicht anders ergehen. Gemeint ist die *homöische Einheitspolitik des Konstantius II.* (351 - 361). Wie sein Vater, zuletzt, seit 350 wieder das Gesamtreich beherrschend, wollte er wie jener gleichfalls durch eine Reichssynode den ökumenischen Kirchenfrieden herbeiführen. Im Unterschied zu ihm hatte er sich aber theologisch stärker festgelegt, wobei er sich in seinem Hoflager zu Sirmium (westl. von Belgrad) von regionalen Bischöfen beraten ließ. Sie arbeiteten für ihn in den Jahren 351-359 Unionsbekenntnisse aus. Diesen 4 sog. *"sirmischen Formeln"* ist eigentümlich, daß sie das nizänische "wesenseins" (homo-usios) mit der Begründung ablehnen, es stehe nicht in den hl. Schriften, die arianisierende Formel, der Sohn sei dem Vater "ähnlich" (ὅμοιος), hingegen sei "den Schriften gemäß". Nachdem der Kaiser die widerstrebenden Bischöfe aus ihren Gemeinden verbannt hatte (z.B. Hilarius v. Poitiers, u. S. 102; Athanasius kam seiner 3. Exilierung durch Flucht zu den Mönchen in der Wüste zuvor), hoffte er, die Ernte seiner Kirchenpolitik einbringen zu können. Nach Vorbesprechungen in Sirmium (Mai 359: 4. sirmische Formel) berief er zum Herbst des gleichen Jahres die Okzidentalen nach *Rimini* (Oberitalien), die Orientalen hingegen nach *Seleukeia* (Isaurien). Doch die Kirchenpolitik des "Teilens, um zu herrschen" schlug fehl. An beiden weit voneinander getrennten Orten verweigerte der Episkopat der homöischen Vorlage die Unterschrift. Als die Deputierten der beiden Synoden mit eigenständig formulierten Bekenntnissen vor dem Kaiser in seiner Residenz Nike (nahe dem heutigen Edirne) erschienen, durften sie nicht eher in ihre Heimat zurückkehren, bevor nicht das ihnen abermals vorgelegte homöische Glaubensbekenntnis unterschrieben war. Dieses aufgezwungene "Nicenum" (360) zeigt den ganzen Abstand zur Religionspolitik Konstantins und seines "Nicaenum". Die Zwangsunion war denn auch sofort hinfällig, als im nachfolgenden Jahr Konstantius II. starb.

Nur für die *Westgoten* hatte diese kurze Episode nachkonstantinischer Kirchenpolitik weittragende Folgen. In jenen Zeiten wurden sie mit dem Christentum bekannt. Es war der Ariusanhänger Eusebius v. Nikomedien, der als Bischof v. Konstantinopel 341 den christlichen Goten *Wulfila* zu ihrem Missionsbischof weihte. In den nachfolgenden Jahren erfolgte dann die Bekehrung des damals in der Dacia (Rumänien) angesiedelten Volksstammes. Der Erfolg war so durchschlagend, daß Theodosius d.Gr. bei seinem Friedensschluß mit den Westgoten (382), in dem er ihnen Mösien und Thrakien überließ, gleichzeitig auch den arianisch-homöischen Bekenntnisstand zugestand, obwohl er zwei Jahre zuvor für seine Reichsbürger anders entschieden hatte (o. S. 72). Durch dieses Zugeständnis sollte allerdings der Trennungsgraben zwischen den "arianischen" Germanen und der katholischen Bevölkerung des Mittelmeerraumes noch weiter vertieft werden.

Q.: H.G. Opitz, Urkunden zur Geschichte des arianischen Streites, 1934/5 (= Athanasius, Werke III/1); A. Hahn, Bibliothek der Symbole u. Glaubensregeln in der Alten Kirche, 1897, Nachdr. 1962. - *Lit.:* M. Simonetti, Studi sull' Arianesimo, Rom 1965; F. Ricken, Das Homousios von Nikaia als Krisis des altchristlichen Platonismus, (jetzt) in: H. Schlier u.a., Zur Frühgeschichte der Christologie, 1970; E. Boularand, L' hérésie d'Arius et la "foi" de Nicée, Paris 1972; M. Simonetti, La crisi ariana nel IV seculo, Stud.Aug. 2, Rom 1975; R. Lorenz, Arius Judaizans?, 1979; R.C. Gregg / D.E. Groh, Early Arianism, London 1981; R.C. Gregg (ed.), Arianism, Philadelphia 1985; R. Williams, Arius, London 1987; R.P.C. Hanson, The Search for the Christian Doctrine of God, Edinburgh 1988; A.M. Ritter, Arius Redivivus? Ein Jahrzwölft Arianismusforschung, ThR 55 (1990) 153-187. - Zu Serdika (Sardica) s. W. Schneemelcher, Sardika 342, 1952 (= Sonderh. EvTh); H. Hess, The Canons of the Council of Sardica, A.D. 343, Oxford 1958; L.W Barnard, The Council of Serdica, 343 A.D., Sofia 1983; M. Tetz, ... Glaubensfragen auf der Synode von Serdika (342), ZNW 76 (1985) 243-269; S.G. Hall, The Creed of Sardica, StPatr 19 (1989) 173-184.

3. Reichskatholische Kirchenpolitik und Theologie (361-381)

Ausgerechnet Kaiser Julian Apostata (361-363) sollte mit seinem heidnisch motivierten Restitutionsedikt beim Regierungsantritt neun Jahrzehnte einer reichskatholischen Kirchenpolitik (361-451) einleiten, in der frei von allem staatlichen Einfluß im theologischen Ringen die Gegensätze ausgetragen werden konnten, um nach dem Prinzip des Ausgleichs auf höherer Ebene sich zusammenzufinden. Wenn der Kompromiß eine so große Rolle spielte, dann darum, weil zwischen den Patriarchaten Konstantinopel und Alexandrien einerseits, dem ungleichen "Dritten in diesem Bunde", Rom, andererseits gleichzeitig um Machtpositionen gekämpft wurde. Auf diese Weise bestimmte auch taktisches Denken die theologiegeschichtliche Entwicklung. Vergegenwärtigt man sich jedoch einige Repräsentanten der reichskatholischen Bischofsgenerationen, so wird man ihnen nicht absprechen können, daß sie ihren "Willen zur Macht" ausschließlich in den Dienst der Kirche stellten.

3.1. Athanasius und Ambrosius

Athanasius (295-373), Bischof Alexandriens seit 328, ist ein solcher Repräsentant, der sich kaiserlicher Einmischung in die Kirche widersetzte. Seine fünfmalige Exilierung beweist, daß er dafür auch persönliche Unbill hinzunehmen bereit war. Bis in sein hohes Alter in die Kirchenpolitik verstrickt, stellte er auch seine literarischen Fähigkeiten in ihren Dienst. Ausschließlich theologisch motiviert sind das Jugendwerk, die beiden zusammengehörenden Traktate "Gegen die Heiden" (Contra gentes) und "Über die Fleischwerdung" (De incarnatione Verbi). Sein dogmatisches Hauptwerk "Gegen die Arianer" (Contra Arianos) polemisiert gegen diejenigen, mit denen er schon als Diakon seines Bischofs Alexander in Nizäa Streitgespräche führte (Sokrates, KG I 8). Auf sie ist er auch in seinen privaten und enzyklischen Briefen, in seinen Petitionen und historischen "Dokumentationen" fixiert. Nur in seinen asketischen Traktaten, mit denen er für das Virginitätsideal, und in seinem "Leben des heiligen Antonius" (Vita Antonii), mit dem er in der ganzen Welt (2 lat. Übers.) für den Mönchsgedanken warb, ist er (nahezu) frei von der Polemik; es war trotzdem nicht ungewollt, daß die kopt. Fassung dem bischöflichen Autor und seinen Amtsnachfolgern die bisher in der Kirchenpolitik verweigerte Gefolgschaft des ägyptischen Mönchtums einbrachte. Im übrigen konnte nur ein Athanasius darauf kommen, das durch Nizäa 325 (Urk 23, 12 Opitz) neu notwendiggewordene Instrument des sog. "Festbriefes" kirchenpolitisch auszumünzen, um der ökumenischen Christenheit seine jeweilige Ansicht zu anstehenden Fragen mitzuteilen (367: 39. Osterfestbrief, kanonsgeschichtlich wichtig; s.u. Schwerpunkt VI). Die Pseudo-Athanasiana, die der heutigen Forschung viele Probleme aufgeben, bezeugen gleichzeitig das hohe Ansehen des alexandrinischen Bischofs in späteren Zeiten; er kann darin nur mit Augustin verglichen werden. Diesen Ruf verdankte er in erster Linie seinem beharrlichen Eintreten für das Homousios von Nizäa. Darüber hinaus verstand er es, sich am Ende zum Sprecher der Mehrheit zu machen, wenn er in der Trinitätslehre und in der Christologie das *soteriologische Motiv* unterstrich: die menschliche Erlösung ist für ihn in Frage gestellt, wenn Christus nicht mit Gottvater wesenseins ist (or c Ar I 16) und wenn nicht der inkarnierte Logos die menschliche Natur vergotten würde (ebd. I 39).

Ambrosius (333/334-397), Bischof von Mailand seit 374, trug weniger zur ökumenischen Bereinigung des arianischen Streites bei. Aus röm. Beamtenadel stammend, in seiner Karriere sehr bald Provinzstatthalter (Consularis) Oberitaliens geworden, vermittelte er gerade im Streit der Homöer ("Arianer") und Katholiken um die Neubesetzung des Mailänder Bischofsthrones, als unerwartet die Wahl auf ihn fiel. Sehr bald zeigte sich, daß er an dieser Stelle seine bisherige Ausbildung zu nutzen verstand. Er hatte in seiner Jugend nicht nur Griechisch gelernt, sondern sich auch in der Philosophie (Plotin, Porphyrius) umgesehen. Indem er die Lektüre griech. Theologen fortsetzte (Basilius, Philo, Origenes), verfügte er über ein umfangreiches literarisches Wissen, das er bedenkenlos in seine Predigten und Werke einfließen ließ ("Hexaëmeron" = Auslegung des "Sechstagewerkes" [Gen. 1/2]; Lukaskommentar unter Verarbeitung eigener Traktate). Ciceros "Pflichtenlehre" (de officiis) prägte bis in die Stoffanordnung hinein seine Schrift "Über die

Pflichten der (Kirchen-) Diener" (de officiis ministrorum), eine Priesterethik. Hingegen entfaltete er selbständig die trinitätstheologische Problematik in dogmatischen Schriften (de fide, de spiritu), wobei er in dem Traktat über "Das Geheimnis der Menschwerdung des Herrn" (de incarnationis dominicae sacramento) auf die christologischen Konsequenzen des Glaubensbekenntnisses von Konstantinopel 381 (u. S. 79f.) hinwies. Durch seine zahlreichen Traktate zur freiwilligen Jungfräulichkeit (Virginitätsideal) machte er sich einen Namen, während Abhandlungen zur Taufe, Firmung und Eucharistie (de mysteriis; de sacramentis) sein liturgisches Interesse bekunden. Dabei war Ambrosius, wie Briefe und Reden bezeugen, alles andere als ein bloßer Literat. Auch als Bischof blieb er weiterhin eine Figur der politischen Öffentlichkeit. Als solche stützte er durch diplomatische Vorstöße bei den Usurpatoren Maximus (383-388) und Eugenius (392-394) den wankenden Thron Westroms. Umgekehrt wehrte er staatskirchlichen Übergriffen des oström. Kaisers und späteren Alleinherrschers Theodosius I. (379-395), sei es, daß er demonstrativ den Kaiser aus dem Altarraum hinter die Schranken zu den Laien verwies (Soz., KG VII 25, 9), sei es, daß er von ihm die öffentliche Kirchenbuße wegen eines Blutvergießens in Thessalonich verlangte (ep 51; de obitu Theod 28-34). Dabei hat dieser die Konfrontation nicht scheuende Kirchenpolitiker (s. zu Symmachus o. S. 72; zu Callinicum s. Schwerpunkt XIII), dessen starke Persönlichkeit und Predigtgabe auf Augustin in dessen Bekehrungsjahr (386) tiefen Eindruck machten, feinfühlige Hymnen wie das Abendlied "O Gott, du Schöpfer aller Ding" (Deus creator omnium: Aug., conf IX 12,5) und andere mehr hinterlassen.

Lit.: E. Schwartz, Zur Gesch. des Athanasius, Ges. Schriften III, 1959, 176-187; vgl. W. Schneemelcher, ZNW 43 (1950/1951) 242-256; D. Ritschl, Athanasius. Versuch einer Interpretation, 1964; E.P. Meijering, Orthodoxy and Platonism in Athanasius-Synthesis or Antithesis?, Leiden (1968) ²1974; Ch. Kannengießer (Hg.), Politique et théologie chez Athanase d'Alexandrie, Paris 1975, 231-294 (Beiträge von G.C. Stead, J.B. Walker, D. Staniloae, H. Saake); ders., Athanase d'Alexandrie, Paris 1983; G. Larentzakis, Einheit der Menschheit, Einheit der Kirche bei Athanasius, Graz 1978. - H. v. Campenhausen, Ambrosius v. Mailand als Kirchenpolitiker, 1929; E. Dassmann, Die Frömmigkeit des Kirchenvaters Ambrosius v. Mailand, 1965; V. Hahn, Das wahre Gesetz, 1969; P.G. Walsh, Hymnen, TRE 15 (1986) 757-762; M. Zelzer, Ambrosius von Mailand und das Erbe der klassischen Tradition, WSt 100 (1987) S. 201-226.

3.2. Der Abschluß des trinitätstheologischen Streits (362-381)

Dieser Abschluß demonstriert reichskatholische Kirchenpolitik. Theologisches Engagement und kirchenpolitische Taktik verbinden sich zu jener Synthese von Bekenntnisdrang und Machtwillen, ohne die fortan selbständige Entscheidungen der reichskatholischen Kirche kaum zustande gekommen wären. Den ersten Anstoß gab der gerade aus seinem vorletzten Exil zurückgekehrte Athanasius. In einem Synodalschreiben, mit dem er zu dem immer noch fortbestehenden Lokalschisma in Antiochien Stellung nahm (362: *tomus ad Antiochenos*), entfaltete er ein Befriedungsprogramm (Zulassung des Hypostasisbegriffs als trinitarischen Personenbegriffs unter Wahrung der nizänischen Homousie zwischen Vater und Sohn und unter Ausweitung auf den Hl. Geist). Was zunächst auf die antiochenischen Verhältnisse abgestellt war, wirkte sich dann unbeabsichtigt auf die künftige Entwicklung günstig aus.

Nach dem Tode Konstantius' II. (361) war eine *Mittelpartei* um den Ausgleich auf dem "rechten Flügel" (unter Einschluß verständigungswilliger Homöer) bemüht. Führer dieser in der Forschung seit Harnack sog. "Jungnizäner" war ein gewisser *Meletius*, einer der Bischöfe des abermals gespaltenen Antiochien (360-381). Er hoffte, die Theologen origenistischer Prägung mit dem Nicaenum durch eine Kompromißformel auszusöhnen, zumal sie die Rede von "drei Hypostasen" zuließ. Da Athanasius in seinem Synodalschreiben an die Antiochener (s.o.) seine bisherigen Antipathien gegen den trinitarischen Hypostasisbegriff zurückgestellt hatte, bahnte sich bereits 362 der künftige Ausgleich an. Er wurde nur dadurch hinausgezögert, daß Bischof *Damasus* v. Rom (366-384) sich der Anerkennung der Hypostasenlehre versagte. Damit hemmte er auch die Friedensaktion des *Basilius* von Caesarea/Capp. (u. S. 82), der sich für Meletius und dessen Gruppe einsetzte: Damasus stellte sich auf die Seite des antiochenischen Gegenbischofs Paulinus; das ihm zugunsten von Meletius zugestellte Unterlagenmaterial sandte er Basilius nach Caesarea zurück. Wichtig wurde hingegen sein Begleitschreiben (Denz -Schönm147), weil es ganz im Sinne des verstorbenen Athanasius auf der Homousie des Geistes insistierte (ca. 377). Solche Forderung sollte insbesondere die *Homöusianer* als kirchenpolitische Gruppe spalten. Manche von ihnen, die von der Polemik als "Geistbekämpfer" (*Pneumatomachen*) abgestempelt wurden, kamen ihr nicht nach. Die Mehrzahl von ihnen aber folgte dem theologischen Urteil des Basilius, der die Lehre von der Gottheit des Hl. Geistes in Schrift und Tradition verankert sah ("Über den Hl. Geist" [de spiritu sancto]; vgl. des Athanasius "Serapionbriefe" [epp ad Serapionem]) und auch sonst auf strenge Unterscheidung zwischen der "einen Wesenheit" (οὐσία, substantia) und den "drei Manifestationen" des Göttlichen (τρεῖς ὑποστάσεις, tres personae) drang. Diese Interpretationsformel sollte nach dem Tode des Basilius eine "ökumenische" Synode des Jahres 382 (und wohl auch schon die des Jahres 381) in Konstantinopel aufgreifen.

Sie war das Ergebnis kirchenpolitischer Aktivität des *Ambrosius*, der neben Damasus die Belange des Westens vertreten zu müssen glaubte. Ihn ließ nicht ruhen, daß eine Synode von "150 Vätern" zwischen Mai und Juli 381 in Konstantinopel für die drei maßgeblichen Bischöfsstühle (die späteren Patriarchate) des Ostens Personalentscheidungen bestätigt hatte, mit denen man im Westen nicht einverstanden war. Die von ihm sowohl bei Theodosius I. in Konstantinopel als auch bei Gratian in Mailand betriebene Einberufung eines Reichskonzils hatte keinen Erfolg. Herbst 382 tagten daher getrennt nebeneinander zwei "ökumenische" Synoden, die eine in Rom (Denz-Schönm 152-

180), die andere in Konstantinopel. Letztere übersandte durch drei Delegierte ein Synodalschreiben (Theodoret, KG V 9,1-18), das die Einladung zu einer gemeinsamen Tagung höflich ablehnte, aber gleichzeitig in seinen dogmatischen Ausführungen die trinitarische Formel von der "einen Usia" und den "drei Hypostasen" brachte, die in röm. Ohren (una substantia - tres personae) als Unionsangebot klang. In der Tat sollte mit ihr der trinitätstheologische Streit auf ökumenischer Ebene beigelegt werden. Freilich war diese Einigung bereits von jenem Bekenntnis vorweggenommen worden, das auf einer Synode des Vorjahres in Konstantinopel eine Rolle gespielt hatte (Theodoret, KG V 9, 13). Es ist das sog. *Nicaeno-Constantinopolitanum* (Hahn § 144; ACO II 1,2,128).

Eine fast hundertjährige *Forschungsgeschichte* beurteilte zunächst NC als eine zufällige Verbindung von C mit dem Konzil von 381 (Hort- Harnack). Später plädierte man dafür, 381 habe man ein eigenständiges Bekenntnis (C) formuliert, das man mit dem N(icaenum) als gleichrangig betrachtete (Ed. Schwartz). Wahrscheinlich ist aber C eine für die Verhandlungen mit den "Pneumatomachen" auf dem Konzil von 381 entworfene Kompromißformel, die N pneumatologisch erweiterte, aber nicht von der Gottheit des Geistes und seiner Homousia aus taktischen Gründen sprach (Ritter-Kelly).

Warum sollten die Orientalen diesen Bekenntnisentwurf, dem sich die "Pneumatomachen" versagt hatten, nicht in den Westen schicken? Auf der Grundlage von N basierend, konnte C 382 ökumenische Gemeinschaft stiften. Mit seinem Passus über die Fleischwerdung des Sohnes "vom heiligen Geist und der Jungfrau Maria" wandte es sich gegen *Apollinaris* v. Laodicea (u. S. 84), was in Rom nur Befriedigung auslösen konnte, weil man ihn dort schon unter Damasus (ep 2, fragm. 2; ep 7) verurteilt hatte. Daß man mit dem Satz von dem Ende der "Königsherrschaft des Sohnes" in dem "II. Artikel" indirekt den früheren Schützling Roms und Fluchtgenossen des Athanasius, *Markell* v. Ankyra (gest. um 374), verurteilte, hat man in Rom schon 382 nicht mehr bedacht.

Q.: H.G. Opitz, Urkunden zur Geschichte des arianischen Streites, 1934/5 (= Athanasius, Werke III/1); ders. (Hg.), Athanasius, Über die Entscheidungen des Konzils von Nicäa. Sonderdruck für Seminarübungen, 1935; E. Klostermann u. G.Chr. Hansen (Hgg.), Euseb, Gegen Marcell. Über die kirchliche Theologie. Die Fragmente Marcells, [2]1972 (= GCS 14) - *Lit.:* G. Kretschmar, Studien zur frühchristl. Trinitätstheologie, 1956; vgl. C. Andresen, ZNW 52 (1961) 1-39; A.M. Ritter, Das Konzil v. Konstantinopel u. sein Symbol, 1965; ders., Art. Konstantinopel (Ökumenische Synoden), I, TRE 19 (1989) 518-524 (m.weit.Lit.!); M. Tetz, Zur Theologie des Markell v. Ankyra, I-III, ZKG 75 (1964) - 83 (1972); ders., Markellianer und Athanasios von Alexandrien, ZNW 64 (1973) 75-121; J.N.D. Kelly, Altchristliche Glaubensbekenntnisse, [3]1971, 294-339.

3.3. Die Wirksamkeit theologischer "Schulen"

Trotz des kirchenpolitischen Machtringens bahnte sich im trinitätstheologischen Streit an, was dann im christologischen Streit zu voller Auswirkung kommen sollte, daß nämlich theologische Schulen miteinander ihre Klingen kreuzten. Schon Arius appellierte scheinbar an die Solidarität von Schulgenossen, wenn er Eusebius v. Nikomedien als "Syllukianisten" ansprach. Das bezog sich auf *Lukian*, der in Antiochien einen Schulbetrieb aufgebaut und dort zugleich als Presbyter gewirkt hatte (260-312; gest. als Märtyrer). Das Phänomen theologischer Schulbildungen ist der morgenländischen Theologie eigentümlich. Das hängt mit ihrer engen Verflechtung mit der Popularphilosophie und den unterschiedlichen Traditionen der geistesgeschichtlichen Landschaft zusammen, in der man sich jeweils bewegte.

Die *antiochenische Schule* (philologische Textarbeit an der Bibel; Erhellung des historischen Kontextes) atmet den Geist aristotelischer Wissenschaftlichkeit, der Westsyriens Metropole prägte. Ihr Begründer als *Exegeten*schule war der Klostervorsteher *Diodor* (gest. ca. 394). Aus ihr ging *Johannes Chrysostomus* (ca. 344/345-407) hervor, nachdem er zuvor bei einem heidnischen Philosophen und dem Rhetor Libanius in die Schule gegangen war. Er repräsentiert zugleich den weitgespannten Kulturhorizont Antiochiens, der ihn nicht nur zu dem berühmtesten Kanzelredner seiner Zeit werden ließ, sondern auch auf den Patriarchenstuhl von Konstantinopel emportrug, auf dem er sich weniger glücklich empfand als auf der Kanzel in Antiochien.

Auch *Theodor v. Mopsuestia* (352-428) war erst Schüler des Heiden Libanius gewesen, bevor er seine theologische Ausbildung bei Diodor erfuhr und dort für sein Leben Freund des Chrysostomus wurde. Er kommentierte später alle Schriften des AT und NT; damit wurde er das eigentliche Haupt der antiochenischen Exegetenschule. Seine Christologie, die auf den inkarnierten Christus das Logos-Mensch-Schema anwandte, wurde sogar für die ökumenische "Lösung" des christologischen Streites wegweisend. Die postume Verketzerung durch Kaiser Justinian (u. S. 109) schuldete er vornehmlich seinem Schüler Nestorius (zu ihm und seiner Exkommunikation u. S. 87f.).

Die *alexandrinische Schule* hingegen hatte sich in dem weitgestreuten Spektrum ihrer lokalen Kulturtradition für platonische Spiritualität entschieden, sei es in der Textinterpretation oder in der Anwendung ontologischer Lösungen auf die Probleme christlicher Theologie. Ihr Kopf war *Origenes* (o. S. 38ff.), der nach seiner Vertreibung aus Alexandrien in dem palästinischen Caesarea eine kirchliche Hochschule aufbauen konnte, deren Studienprogramm von den "enzyklischen" Fächern (ἐγκύκλιος παιδεία) der Spätantike bis hin zur dogmatischen Exegese der hl. Schriften reichte. Aus diesem Schulbetrieb ging *Euseb v. Caesarea* (ca. 263-339) hervor, zunächst Bibliothekar der Schule, dann ab 313 Bischof der Stadt. Historische Schriften, gelehrte Bibelkommentare und biblische Nachschlagewerke bezeugen seine umfassende Bildung; das zweigeteilte Werk seiner "Dogmatik" (15 Bücher "Vorhalle des Evangeliums" [Praeparatio evangelica] und 20 Bücher "Erweis [der Wahrheit] des Evangeliums" [Demonstratio evangelica]; populäre Zusammenfassung in der "Gotteserscheinung" [Theophania]) wurde für spätere Generationen in der

Verbindung von apologetischer "Eristik" (auf Verbindlichkeit bedachter Disputierkunst) und (mit Behauptungen arbeitender) biblizistischer "Thetik" vorbildlich. In Alexandrien selber wurde es seit Dionysios v. Alexandrien (o. S. 57) fast Tradition, daß der Leiter der Katechetenschule zur Bischofskathedra aufrückte. Hier etablierte sich eine Theologie, die primär mit platonischen Philosophumena das Nicaenum zu verteidigen suchte. Selbst eine so gelehrte Gestalt wie *Didymus der Blinde* (313-398; neuer Papyrusfund seiner Vorlesungen zu den hl. Schriften!) ist davon nicht freizusprechen. Wird doch auch bei ihm die metaphysische Verankerung der alexandrinischen Schriftauslegung in einer dreistufigen Ontologie bzw. dreiteiligen Anthropologie augenscheinlich, indem sie zwischen einem *mehrfachen Schriftsinn* unterschied: zwischen dem somatisch-leiblichen (buchstäblichen), dem psychisch-seelischen (moralischen) und pneumatisch-geistigen (allegorisch-mystischen).

3.4. Die drei Kappadokier

Die drei Kappadokier hielten sich aus allen Schulgegensätzen heraus, soweit davon zu ihrer Zeit bereits zu reden war; nur gegen die theologische Verdächtigung des Origenes wandten sie sich mit einer dogmatisch gesäuberten "Blütenlese" aus dessen Schriften (sog. Philokalia). Jeder für sich eine geprägte Persönlichkeit, werden sie in der Kirchengeschichtsschreibung doch als "die drei Kappadokier" zusammen genannt.

Der Rhetorensohn *Basilius d. Große* (ca. 330-379) und der Bischofssohn *Gregor v. Nazianz* (ca. 329-ca. 390) standen sich am nächsten. Es unterliegt keinem Zweifel, daß in dieser, die Studienzeit von Athen überdauernden, Lebensfreundschaft Basilius geistig der Überlegene war, der außerdem als Primas der kappadokischen Kirche oft für den Freund die kirchenpolitischen Entscheidungen traf. Mit seinen drei Büchern "Gegen Eunomius" entzog er dem Führer der sog. Jungarianer, die sich in Ablehnung des Nicaenums auf die Formel von der "Ungleichheit" (ἀνομοιότης) versteift hatten (und darum "Anhomöer" hießen), die Berufung auf die Orthodoxie, während die Schrift "Vom heiligen Geist" die Gottheit und "Homousie" des heiligen Geistes begründete. Gregor blieb der getreue Wegbegleiter, der sowohl das theologische Programm wie auch die kirchenpolitischen Aktionen in seinen Reden wirkungsvoll vertrat (wichtig die als Bischof v. Konstantinopel 380 gehaltenen Reden 27-31, die sog. 5 "Theologischen Reden"). Die Nachwelt hob ihn unter dem Ehrentitel des "Theologen" wohl etwas zu hoch empor. Den dritten im Bunde, *Gregor v. Nyssa* (ca. 335-394), verbanden als jüngeren Bruder mit Basilius leibliche, mit dem Nazianzener hingegen freundschaftliche Bande. Mit letzterem teilte er außerdem die innere Abneigung gegenüber dem Bischofsamt, zollte ihm aber ebenfalls den von seinem eigenen Bruder abgeforderten Tribut. Der kappadokische Provinzbischof, eben der Nyssener, ließ mit seiner philosophischen Bildung und seiner tiefgründigen theologischen Reflexion die beiden anderen weit hinter sich zurück. Basilius, darin der origenistischen Schultradition folgend, hatte sich darauf beschränkt, die plotinische Begrifflichkeit zur Ausschmückung seiner Geistlehre zu benutzen. Der jüngere Bruder aber wagte das geistige Abenteuer mit dem Neuplatonismus bis hin zur Adaptierung des Gedankens der *"Unendlichkeit" Gottes* als Ausdruck göttlicher Vollkommenheit. Erst in Gregor v. Nyssa vollzog sich nach W. Jaeger, dem Ersteditor seiner Werke, jene Synthese zwischen Antike und Christentum, die ältere Forschergenerationen (A. v. Harnack) bereits dem 2. Jh. n.Chr. zugewiesen hatten. Solche Synthese findet weniger in dogmatischen Schriften als in exegetischen Abhandlungen und Homilien ("Die Erschaffung des Menschen"; "Das Sechstagewerk") ihren Niederschlag. Seinerseits zu einem weltflüchtigen Christentum neigend, fand Gregor v. Nyssa auch Zugang zur Frömmigkeitswelt des messalianischen Mönchtums (u. S.98f.). Der Weite des geistigen Horizontes entsprach die Innigkeit des Gemütes: ihr wurde Moses Lebensgang und insbesondere sein Aufstieg zum Gottesberg (Ex 19 u.ö.) zur Anweisung mystischer Vereinigung der Seele mit Gott im Stufenaufstieg nach neuplatonischem Vorbild ("Das Leben des Mose" [De vita Moysis]).

Lit.: L. Abramowski, Zur Theologie Theodors von Mopsuestia, ZKG 72 (1961) 263-293; R.A. Greer, Theodore of Mopsuestia, London 1961; ders., The Analogy of Grace in Theodore of Mopsuestia's Christology, JThS 34 (1983) 82-98; L. Fatica, I commentari a "Giovanni" di Teodoro di Mopsuestia e di Cirillo di Alessandria, Rom 1988 (= SEAug 29). - E. v. Ivanka, Plato christianus. Übernahme u. Umgestaltung des Platonismus durch die Väter, Einsiedeln 1964; G.C. Stead, Philosophie und Theologie I. Die Zeit der Alten Kirche, 1990 (m.weit.Lit.). - W.A. Bienert, "Allegoria" u. "Anagoge" bei Didymos v. Alexandrien, 1972. - L. Vischer, Basilius der Große, Basel 1953; J. Gribomont, Histoire du texte des Ascétiques de s. Basile, Louvain 1953; ders., Saint Basile, in: Théologie de la vie monastique, Paris 1961, 99-113; H. Doerries, De Spiritu Sancto. Der Beitrag des Basilius zum Abschluß des trinitarischen Dogmas, 1956 (= AAG 3.39); P.J. Fedwick, The Church and the Charisma of Leadership in Basil of Caesarea, Toronto 1979; ders. (Hg.), Basil of Caesarea - Christian, Humanist, Ascetic, 2 Teile, Toronto 1981; K. Koschorke, Spuren der Alten Liebe. Studien zum Kirchenbegriff des Basilius von Caesarea, Habil.-Schr., Bern 1990. - J. Bernardi, La Prédication des Pères Cappadociens, Paris 1968, 93-260; H. Althaus, Die Heilslehre des hl. Gregor v. Nazianz, 1972; D.F. Winslow, The dynamics of salvation. A study in Gregory of Nazianzus, Cambridge/Mass. 1979 (= PMS 7); 2. Symposium Nazianzenum (Louvain-la-Neuve, 25. - 28. août 1981), éd. p. J.Mossay, Paderborn 1983. - W. Jaeger, Das frühe Christentum und die griech. Bildung, 1963; E. Mühlenberg, Die Unendlichkeit Gottes bei Gregor v. Nyssa, 1966; R. Staats, Gregor von Nyssa und die Messalianer, 1968 (= PTS 8); M.-B. v. Stritzky, Zum Problem der Erkenntnis bei Gregor von Nyssa, 1973; R.M. Hübner, Die Einheit des Leibes Christi bei Gregor von Nyssa, Leiden 1974; E.M. Esper, Allegorie und Analogie bei Gregor von Nyssa, 1979; M. Canévet, Grégoire de Nysse et l'hermeneutique Biblique, Paris 1983; M. Altenburger, Bibliographie zu Gregor von Nyssa, Leiden 1988.

4. Der christologische Streit (1. Hälfte 5. Jh.): Positionen und Probleme

4.1. Apollinaris

Die Dogmengeschichtsschreibung läßt traditionellerweise den christologischen Streit mit jener Christologie beginnen, die der nizänisch gesonnene Bischof Apollinaris v. Laodicea, Syrien (ca. 310-390), entwickelt hatte. Wohl hatten seine Zeitgenossen durch ihr Anathema dieselbe verworfen (Synoden v. Alexandrien [362], v. Rom [377 u. 383] und v. Konstantinopel [381]); eine überzeugte Schülerschaft vertrieb aber weiterhin das Schrifttum des Lehrers unter dem Deckmantel theologischer Autoritäten. So sollte ein Rufer im christologischen Streit wie Cyrill v. Alexandrien mit dem Satz von der *"einen* fleischgewordenen Natur des (inkarnierten) Logos" (μία φύσις τοῦ θεοῦ λόγου σεσαρκωμένη), den er unter dem Namen des Athanasius kennengelernt hatte, eine Formulierung des häretischen Apollinaris zitieren, ohne es zu wissen. Noch heute erschwert etwas der Überlieferungsbestand die Urteilsfindung, welche Motive Apollinaris bestimmten, als er für den inkarnierten Gottessohn eine Anthropologie postulierte, in der an die Stelle der menschlichen Vernunft (νοῦς) der göttliche Logos getreten sei.

Harnack hatte aus dem Befund, daß die apollinaristische Inkarnationsformel unter dem Namen des Athanasius gehen und von dem Alexandriner Cyrill anerkannt werden konnte, die Folgerung gezogen, auch Apollinaris werde von der alexandrinisch-soteriologischen Motivation beherrscht, wenn er die Einheit der Person im Inkarnierten betone (o. S. 77). Demgegenüber betrachteten andere Forscher den Gegensatz zur antiochenischen Theologie als das treibende Motiv bei A.: deren dichotomische Anthropologie habe sich geradezu dem christologischen Logos-Sarx-Schema johanneisch-alexandrinischer Herkunft angeboten, das allerdings auch von Arius vertreten worden war. In dem Bestreben, sich von diesem Schatten der Vergangenheit zu lösen, sei Apollinaris aufgrund von Mt 26, 38 und Joh 12, 27 zu einer trichotomischen Anthropologie vorgestoßen (A. Adam). Neuerliche Analyse wiederum hat die Dreiteilung: "Vernunft" (νοῦς), Seele und Leib für Apollinaris als vorgegeben, weil durch platonische Tradition vermittelt, bezeichnet. Treibendes Motiv sei das Bestreben gewesen, die gültige Gotteserkenntnis durch Inkarnation des Gottesgeistes garantiert zu wissen. Nicht der Logos als Erlösungsprinzip, sondern der Nus als Erkenntnismittler präge die Christologie des Apollinaris (Mühlenberg). Im Augenblick neigt man jedoch wieder mehr der Ansicht Harnacks zu, läßt also die Christologie des Apollinaris von der athanasianischen Erlösungslehre ihren Ausgang nehmen und sieht die Gotteserkenntnis als Frucht der Inkarnation bei ihm eher am Rande stehen (Hübner; Beyschlag).

4.2. Antiochenische Christologie

Apollinaris und das Nachwirken seiner Christologie haben zweifelsohne den christologischen Streit noch nicht in Gang gesetzt. Das Spannungsfeld hierzu schufen wohl erst die Schulgegensätze. Die antiochenische Christologie pflegt man als "Trennungschristologie" zu charakterisieren. Den apollinaristischen Grundsatz: "Zwei vollkommene Wesen können nicht eins werden" (δύο τέλεια ἕν γενέσθαι οὐ δύναται), konnte sie sich auf ihre Weise zu eigen machen. Infolgedessen nahm man in Antiochien selbst an einem, durch den johanneischen Prolog gedeckten, Begriff wie dem der "Fleischwerdung" (ἐνσάρκωσις, incarnatio; vgl. Joh 1, 14) oder an der Bezeichnung Marias als "Gottesgebärerin" (θεοτόκος; dazu u. S. 88) Anstoß. Als den eigenen Auffassungen gemäßer empfand man den Begriff der "Einwohnung" (ἐνοίκησις), der aufgrund von Röm 8, 9.11 und 1 Kor 3, 16 bisher pneumatologisch verstanden und besonders auch für die Propheten und Heiligen angewandt worden war; die Korintherbriefstelle legitimierte sogar das Bild, der präexistente Christus habe in Jesus wie in einem Tempel gewohnt (ναός = οἶκος). Doch auch bei diesem Bild betonte man den Unterschied zwischen dem "Einwohner" und der "Wohnung".

Um so dringlicher stellte sich die Frage nach der Beziehung zwischen göttlicher und menschlicher Natur in dem Inkarnierten. Auch hier blieb die Antwort den theologischen Prinzipien der Schule treu. Man lehnte "physikalische", eine Inkarnationsmetaphysik begünstigende Begriffe, sei es der "Mischung" (μῖξις: Apollinaris) oder "Vermischung" (σύγχυσις: Alexandriner), sei es der "Vermengung" (κρᾶσις: Kappadokier) ab. Stattdessen schlug man Begriffe vor, die kommunikative Vorstellungen der "Verknüpfung" (συνάφεια) förderten. Man wollte auf diese Weise das Verhältnis der beiden "Naturen" mehr unter personalen Kategorien beschreiben, um auf diese Weise die Geschichtlichkeit des Gottessohnes, die Einmaligkeit des Erlösungswerkes wie dessen Verständnis als Gehorsamstat zu angemessenem Ausdruck zu bringen. Deshalb sprach man pointiert von einer "beziehungsweisen (relativen, nicht-essentiellen) Einung" (ἕνωσις σχετική) der beiden Naturen in Jesus Christus, die sich als Konformität des göttlichen und menschlichen Willens in der geschichtlichen Existenz ergeben und als Einheit des Handelns erwiesen haben. Solche Antwort ließ selbst für den später exkommunizierten Theodor (o. S. 81) die christologische Formel von der "*einen* Person (πρόσωπον) in den zwei Naturen" zu.

4.3. Alexandrinische Christologie

Die alexandrinische Christologie wurde treffend als "Einheitschristologie" gekennzeichnet. Von einer "monophysitischen" Christologie sollte man ähnlich wie im Fall des nestorianischen "Dyophysitismus" wenn überhaupt, dann erst nach dem 4. ökum. Konzil (451) sprechen. Der bedeutsamste Sprecher alexandrinischer Christologie, *Cyrill v. Alexandrien* (gest. 444), ist dessen Zeuge. Auf der einen Seite fühlte er sich dem theologischen Erbe eines Atha-nasius verpflichtet, wenn er die Christologie soteriologisch motivierte; nur so konnte er die ihm unter der Autorität des Athanasius überlieferte Inkarnationsformel von der "einen fleischgewordenen Natur des Logos" (μία φύσις τοῦ θεοῦ λόγου σεσαρκωμένη) aufnehmen. Deshalb dachte Cyrill aber noch nicht "monophysitisch". Seine Inkarnationschristologie basierte auf einer Zweinaturenlehre. Im Gegensatz zu den Antiochenern plädierte er aber für eine "physische" Terminologie und sprach lieber von einer "naturhaften Einung" (ἕνωσις φυσική bzw. κατὰ φύσιν), da dies dem soteriologischen Ziel am nächsten kam. Der inkarnierte Christus ist nicht ein Mensch wie Petrus und Paulus, sondern "der neue Mensch" (Eph 2, 15), Prototyp der erlösten Menschheit in der himmlischen "neuen Welt".

Allerdings konnte Cyrill nicht an dem Problem der zwei Naturen vorübergehen. Als brauche er antiochenische Formulierungen, betonte er den Fortbestand dieser beiden Naturen "ohne Mischung" (ἀσυγχύτως) und "ohne Wandel" (ἀτρέπτως). Ihre "Einung" erklärte er aber nicht mit einer voluntaristisch konzipierten Anthropologie wie die Antiochener, sondern er griff auf jenen, in der spätantiken Naturlehre ("Physik") gebräuchlichen, Hypostasisbegriff zurück, mit dem diese das individuelle Naturwesen kategorisierte. Man begegnet deshalb auch der Formulierung von der "hypostatischen Union" (ἕνωσις καθ' ὑπόστασιν) in der Christologie Cyrills. Sie beantwortet die Frage nach der Einheit der beiden Naturen beim inkarnierten Christus mit dem Hinweis darauf, daß die individualisierende, das "Subjekt" (ὑπόστασις) bildende Kraft nur dem göttlichen Logos bzw. Nus zugeschrieben werden könne. Leib und Seele im Inkarnierten übten solche Subjektbildung nicht aus. Das Pendant zur sog. "hypostatischen Union" Cyrills wäre also die Lehre von der "Anhypostasie", d.h. der "Unpersönlichkeit" der menschlichen Natur im Inkarnierten. Allermeist aber soll mit der besagten Formulierung wohl nichts anderes als die volle Realität der Einheit von Gottheit und Menschheit im Inkarnierten ausgesagt werden und ist "hypostatische Einung" nahezu gleichbedeutend mit "physischer" oder "seinsmäßiger Union" (ἕνωσις κατὰ φύσιν bzw. κατ' οὐσίαν).

Lit.: H. Lietzmann, Apollinaris von Laodicea und seine Schule, 1904; E. Weigl, Die Christologie vom Tode des Athanasius bis zum Ausbruch des nestorianischen Streites, 1925; W. Elert, Der Ausgang der altkirchlichen Christologie, hg. v. W. Maurer - E. Bergsträßer, 1957; A. Grillmeier, Jesus der Christus im Glauben der Kirche, I, 1979; E. Mühlenberg, Apollinaris v. Laodicea, 1969, und dazu die Rez. v. R. Hübner in: Kleronomia 4, Thessalonich 1972, 131-161; ders., Die Schrift des Apollinarius von Laodicea gegen Photin... und Basilius von Caesarea, 1989; R.A. Greer, The Captain of our Salvation, 1973 (z.patr. Hebräerbriefauslegung); F. Hebart, Zur Struktur der altkirchlichen Christologie. Studien zur Vorgeschichte des Chalkedonense, theol. Diss. Heidelberg 1973; F. Winkelmann, Die östlichen Kirchen in der Epoche der christologischen Auseinandersetzungen, 1980; K. Beyschlag, Grundriß der Dogmengeschichte, II/1. Das christologische Dogma, 1991.

5. Reichskatholische Patriarchatspolitik

So scharf sich antiochenische und alexandrinische Christologie auch voneinander abheben mochten, aus diesen Schulgegensätzen wurden nur Argumente der Polemik oder Apologetik gewonnen. Aktuellen Anlaß zu kirchenpolitischen Streitigkeiten, in deren Verlauf Synoden zusammentraten und Patriarchen sich gegenseitig exkommunizierten, boten sie nicht. Der Zündstoff lag primär in dem Ringen um die ökumenische Machtposition zwischen den drei Hauptsitzen Rom, Alexandrien und Konstantinopel. Begonnen hatte es schon mit dem von dem 1. ökumen. Konzil 325 akzeptierten Kanon 6. Er verleugnete seine Herkunft von der antiochenischen Frühjahrssynode des gleichen Jahres nicht, wenn er die als "alte Sitte" deklarierten und für Alexandrien unter Hinweis auf Rom proklamierten Metropolitanrechte auch Antiochien zubilligte. Diese Bestimmung war später hinreichender Anlaß für eine in der östlichen Metropole tagende Synode (Konstantinopel 381), für diese gleiche Rechte zu beanspruchen: deren can. 3 bestimmte denn auch, daß der Bischof von Konstantinopel als Repräsentant von Neu-Rom gleiche Ehrenrechte haben solle wie Rom. Schon daß Alexandrien nicht erwähnt worden war, mußte am Nil Mißtrauen wecken. Beanspruchte die Hauptstadt des oström. Reiches eine ähnliche Hegemonialstellung für den Orient, wie man sie traditionsgemäß für Westrom dem Bischof von Rom zubilligte? Kirchenpolitische Eifersucht und Mißgunst sollten im 5. Jh. die Beziehungen zwischen den drei Hauptsitzen stören und auch die christologische Diskussion verfremden. Übertragen kann man von einem "Dreiecksverhältnis" sprechen, dessen wechselnde Konstellationen für die ökumenischen Konzilsentscheidungen ausschlaggebend wurden. Dabei ergibt sich folgende Beobachtung: solange Rom in Fortführung älterer Beziehungen zu Alexandrien dieses in seinen Angriffen auf das byzantinische Patriarchat deckte (1. Streitphase), kam es zu keiner ökumenischen Befriedung. Erst als man in Rom wider alte Tradition mit Byzanz gemeinsame Sache machte (2. Streitphase), kam mit dem 4. ökumen. Konzil von Chalkedon ein gemeinsam von West und Ost getragenes Dogma zur Christologie zustande, das allerdings auch das letzte seiner Art sein sollte.

5.1. Nestorianischer Streit

Der nestorianische Streit (428/29-433) wurde durch sonst unbekannte antiochenische Heißsporne ausgelöst, die der antiochenische Presbytermönch *Nestorius* bei seiner Ernennung zum Bischof von Konstantinopel (428) aus der syrischen Metropole mitgebracht hatte. Als den Antiochenern in Konstantinopel massiert die Anschauung von der "Gottesmutterschaft" Mariens (θεοτόκος) entgegentrat, die sie als Bruch mit den "Traditionen der Väter" empfanden, und einige aus der Umgebung des Nestorius nur noch das "Menschengebärerin" für Maria gelten lassen wollten, schlug dieser vor, die Herrenmutter als "Christusgebärerin" zu bezeichnen. Das war kein fauler Kompromiß zwischen den beiden strittigen Formeln; es entsprach vielmehr genau dem antiochenischen Christusbild, nach dem "Christus" als "gemeinsamer Name der beiden Naturen" (so Nestorius in ep 2 an Cyrill = Cyrill, ep 5) das Subjekt aller christologischen Aussagen sein mußte. Es ließ sich aber in Konstantinopel nur schwer vermitteln, zumal im Kreise derer, denen Maria, die "Ewigjungfräuliche" (ἀειπαρθένος), wohl auch als Ur- und Vorbild asketischer Lebensführung teuer und wichtig geworden war.

Vor allem das ägyptische Mönchtum feierte Maria als Begründerin des "neuen Menschen" und der neuen Menschheit (Athanasius, "Lebensbeschreibung des Antonius"). Ägyptische Mönche, die sich im Weichbild von Konstantinopel niedergelassen hatten, hinterbrachten denn auch *Cyrill* v. Alexandrien die "Lästerung" des Nestorius, der allem Anschein nach seine Kritik am θεοτόκος gelegentlich in unüberlegt scharfer Form vortrug (vgl. die "Gesta Ephesina": ACO I 1,2,38). Nach Manier eines Athanasius benutzte dieser die erste sich ihm bietende Gelegenheit, die Abfassung des traditionellen Osterfestbriefes vom Jahre 429, um - noch ohne Namensnennung - vor der neuen "Häresie" zu warnen. Er sah darin einen "ökumenischen Skandal" (ep 2, 3 = 1. Br. an Nestorius). Umgehend war er deshalb bemüht, in Rom um ein theologisches Urteil vorstellig zu werden. Eine römische Synode von 430 drohte Nestorius die Exkommunikation an; eine Synode von Alexandrien machte sich diese Androhung zu eigen, indem sie von Nestorius ultimativ den Widerruf seiner Lehren und die Zustimmung zu 12 von Cyrill aufgestellten Verwerfungssätzen (den sog. 12 "Anathematismen": ACO I 1,1,40-42) verlangte. Cyrill behielt auch weiterhin das Heft in der Hand, als der oströmische Kaiser Theodosius II. angesichts des Streites für Pfingsten 431 ein Reichskonzil in das einigermaßen zentral gelegene, anscheinend neutrale Ephesus, die Hauptstadt der römischen Provinz Asia, einberief. Bevor nämlich Nestorius und die Antiochener samt den gleichfalls geladenen Delegierten Roms eintrafen, hatte Cyrill bereits von sich aus das Konzil eröffnet und Nestorius samt der antiochenischen "Trennungschristologie" verdammt. Die Antiochener und Nestorius konnten vier Tage später - ebenfalls noch ohne die römischen Delegierten - nur eine Gegensynode eröffnen und ihrerseits Cyrill sowie die alexandrinische "Einheitschristologie" mit dem Bann belegen. Dem übertölpelten Kaiser blieb nichts anderes übrig, als beide Urteile zu bestätigen und beide Streithähne, Nestorius wie Cyrill, des Amtes zu entheben. Auf sein beharrliches Drängen hin kam es indes zwei Jahre später, nach entsprechenden Vorverhandlungen, zu einer *christologischen Unionsformel* (433), die de facto ein Bekenntnis zur "Zweinaturenlehre" ist und damit das Bekenntnis der Antiochener von 431 aufnahm (daher die übliche Bezeichnung als "ephesinisches Symbol"). Die Antiochener, oder doch jedenfalls ihre kompromißbereite Mehrheit, opferten dafür 433 den weiterhin in der Haft schmachtenden (und dort, im oberägyptischen Exil, ca. 20 Jahre später sterbenden) Nestorius den höheren Zielen, während Cyrill sich längst bereits der Freiheit erfreute; eine Minderheit blieb standhaft - und mußte das mit der unfreiwilligen Emigration aus dem römischen Reichsverband büßen: Die "syrisch-nestorianische" Kirche war im Entstehen. Auch Cyrill blieb allerdings der Kompromiß nicht erspart. Weil neben der Unterscheidung zwischen Göttlichem und Menschlichem in Christus die Einheit stark betont (und des zum Zeichen auch das θεοτόκος aufgenommen) war, darum konnte er zur Union von 433 Ja sagen und ist von ihr nie wieder abgerückt.

5.2. Eutychianischer Streit

Im eutychianischen Streit (448/9-451) gab wiederum ein Archimandrit ("Klostervorsteher") jenes ägyptischen Klosters in Konstantinopel den Anlaß zum Streit, das dem alexandrinischen Patriarchen aus der Hauptstadt Nachrichten übermittelte, seinem Kollegen am Bosporus deshalb und auch als theologischer Unruheherd ein Dorn im Auge sein mußte. Dem Konstantinopolitaner - es war der (unionstreue) Antiochener *Flavian* - konnte es nur willkommen sein, daß auf einer sog. "endemischen" Synode des Jahres 448, die aus den zufällig "in der Gemeinde" (ἐν τῷ δήμῳ) Konstantinopels anwesenden Bischöfen (daher der Name) zusammengetreten war, aus uns nicht mehr im einzelnen ergründbaren Motiven gegen besagten Abt *Eutyches* Anklage auf Häresie erhoben wurde. Der Beklagte tat noch ein Übriges und behauptete ungeschützt, der Inkarnierte habe keine mit den Menschen "wesenseine" Leiblichkeit besessen, und nur *vor* der Menschwerdung sei zwischen einer göttlichen und einer menschlichen Natur zu unterscheiden, nach ihrer Einung hingegen habe die göttliche Natur des Erlösers die menschliche in sich aufgesogen. Das klang allerdings nach eindeutigem Monophysitismus, noch eindeutiger, als ihn der bereits 381 verdammte Apollinaris vertreten hatte. So konnte denn die "Endemusa" unter Flavian nur über Eutyches das Anathema aussprechen. Der aber, im Bewußtsein, ein neuer Athanasius oder doch wenigstens ein Märtyrer der alexandrinisch-kyrillischen Sache zu sein, setzte fest auf die Unterstützung durch den neuen Patriarchen am Nil - es war das seit 444 *Dioskur* -, die er auch prompt erhielt. Außerdem startete er, gegen den Spruch der Konstantinopeler "Endemusa", eine förmliche "ökumenische Protestaktion" (K. Beyschlag), indem er sich brieflich unter anderem an den Bischof von Rom, *Leo I.*, den Großen (440-461), wandte, um vor dem Wiedererstarken des Nestorianismus zu warnen.

An Leo appellierte allerdings auch Flavian und suchte bei ihm Rückendeckung zu finden. Leo ergriff bereitwillig die Gelegenheit eines schiedsrichterlichen Gutachtens und legte in seinem "Lehrbrief an Flavian" (epistula dogmatica ad Flavianum: ACO II 2,1,24-33) ein klassisches Dokument der abendländischen Zweinaturenlehre und "Demutschristologie" (K. Beyschlag) vor. Es basierte auf der traditionellen Kurzformel des Westens vom "Gottmenschen" (deus homo), wenn Leo von dem "wahren Gott" und dem "wahren Menschen" sprach, deren Einheit in der Identität der *Person* liege. Westlich traditionell war auch der Hinweis auf die fortbestehenden Eigenarten der beiden Naturen sowie die Erklärung ihrer gegenseitigen Beziehungen unter dem Begriff des "angenommenen Menschen" (homo susceptus). Danach werden die menschlichen Eigenschaften von jeweils ihnen entsprechenden göttlichen "angenommen". Neuartig war eigentlich im "Lehrbrief" Leos nur die Beschreibung der Zweinaturenlehre als "Gemeinschaft" des Handelns, wobei jede "Natur" das tue, was ihres Amtes sei.

Eben wegen dieses energischen Insistierens auf der bleibenden Unterschiedenheit des Göttlichen und des Menschlichen in Christus, des charakteristischsten, jedenfalls aber wirkungsgeschichtlich bedeutsamsten Zuges an der Theologie des "Tomus Leonis", konnten sich im Osten am ehesten die (kompromißbereiten) Antiochener von Leo verstanden fühlen. Extreme Kyrillanhänger wie Dioskur dagegen mußten den "Tomus" als offene Kampfansage betrachten. Und Dioskur handelte dementsprechend! Dank guter Beziehungen zum Konstantinopeler Hof erhielt er den Vorsitz auf einem Konzil, das abermals in Ephesus, auf Betreiben Leos, in gleicher Sache tagte (449). Rücksichtslos nutzte Dioskur die Gunst der Stunde. Die Delegierten des Westens kamen mit ihrem "Tomus" gar nicht erst zu Wort. Eutyches wurde rehabilitiert, Flavian hingegen exkommuniziert und abgesetzt; das gleiche Schicksal traf auch andere führende Antiochener. Leo hat diese Versammlung, die Dioskur durch ägyptische Mönche majorisierte (um es ganz vorsichtig auszudrücken!), mit dem klassischen Schmähwort *"Räubersynode"* (latrocinium) disqualifiziert. Sie war für Dioskur tatsächlich nur ein Pyrrhussieg. Auch sein Gegenspieler im Westen verstand sich auf Gunstwerbung am byzantinischen Hof und gewann die Kaiserschwester Pulcheria für sich. Sobald diese nach dem Tode ihres kaiserlichen Bruders Theodosius' II. und ihrer "Josefsehe" mit dem ehemaligen Militär Markian (Kaiser von 450-455) selbst Kaiserin geworden war, konnte Leo bei ihr die Einberufung eines Reichskonzils durchsetzen, das im Herbst 451 in *Chalcedon* nahe bei Konstantinopel tagte.

Als 4. ökumenisches Konzil ist diese wohl glanzvollste Veranstaltung der alten Christenheit (die überlieferte Zahl von 600-630 Teilnehmern, zweimal soviel wie, der Legende nach, das nizänische Konzil zählte, ist legendär) in die Kirchengeschichte eingegangen. Ihre nach langem Widerstreben auf Drängen der kaiserlichen Beamten im Verein mit den päpstlichen Legaten schließlich beschlossene christologische Lehrformel (das sog. Chalcedonense) rezitiert zunächst die Bekenntnisse von Nizäa (325) und Konstantinopel (381), die eigentlich, wie in Ephesus (431) beschlossen, ausreichend seien. Doch um der neuaufgekommenen Irrlehren des Nestorius und des Eutyches willen habe es die Synode für richtig befunden, die "Synodalbriefe des seligen Cyrill... an Nestorius und die Orientalen" (= ep 4: ACO I 1,1,25-28; ep 39: ACO I 1,4,123,3=127,5) samt dem Lehrbrief des Erzbischofs Leo von Rom (ACO II 2,1,24-33) als rechtgläubige Erläuterung des nizänischen Glaubens anzunehmen. Danach heißt es:

"Den heiligen Vätern also folgend, lehren wir alle übereinstimmend, als einen und denselben Sohn (ἕνα καὶ τὸν αὐτὸν ... υἱόν) unseren Herrn Jesus Christus zu bekennen. Derselbe ist vollkommen in der Gottheit und derselbe vollkommen in der Menschheit, zugleich wahrhaft Gott und wahrhaft Mensch aus Vernunftseele und Leib, mit dem Vater wesenseins der Gottheit nach und zugleich mit uns wesenseins der Menschheit nach, in jeder Hinsicht uns ähnlich, ausgenommen die Sünde. Vor den Zeiten aus dem Vater geboren der Gottheit nach, ist derselbe am Ende der Tage um unseret- und unseres Heiles willen aus Maria der Jungfrau, der Gottgebärerin, der Menschheit nach [hervorgegangen]. [Wir bekennen ihn als] einen und denselben Christus, Sohn, Eingeborenen, in zwei Naturen unvermischt, unverwandelt, ungetrennt, ungesondert erkannt (ἕνα καὶ τὸν αὐτὸν Χριστὸν υἱὸν κύριον μονογενῆ, ἐν δύο φύσεσιν ἀσυγχύτως ἀτρέπτως ἀδιαιρέτως ἀχωρίστως γνωριζόμενον), wobei keineswegs die Verschiedenheit der Naturen um der Einung willen aufgehoben wird, sondern die Eigentümlichkeit (ἰδιότης) einer jeden Natur erhalten bleibt und sich zu einer Person (πρόσωπον) und einer Hypostase verbindet. [Wir bekennen ihn] nicht als in zwei Personen gespalten und getrennt, sondern als einen und denselben Sohn, Eingeborenen, Gott, Logos, Herrn, Jesus Christus, wie vorzeiten die Propheten über ihn und [dann] er, Jesus Christus, selbst uns unterwiesen haben und wie es das Symbol der Väter uns überliefert hat".

Es folgt zum Schluß eine Verfluchung derer, die es wagen sollten, anders zu lehren (ACO II 1,2,126-130; übers. nach Ritter, Alte Kirche, Nr. 93g).

Die ältere westliche Forschung (bis in das dreibändige katholische Standardwerk "Das Konzil von Chalkedon" hinein, aus Anlaß des Konzilsjubiläums von 1951 erschienen) tendierte dazu, in dieser christologischen Formel einen Triumph für Papst Leo zu sehen. Nur in der Bewertung gingen die Auffassungen teilweise weit auseinander. Während Harnack und die ältere protestantische Dogmengeschichtsschreibung der großen Mehrheit der Bischöfe von 451 Verrat (sozusagen eine "Sünde wider den Hl. Geist des Monophysitismus") vorwarfen, sah man auf der anderen - vornehmlich römisch-katholischen - Seite in derselben Formel das reife Ergebnis und gewissermaßen den Abschluß aller vorangegangenen christologischen Bemühungen; dies vor allem deshalb, weil es der am Ende beherrschende Einfluß Roms (im Verein mit Antiochien) möglich gemacht habe, die Wahrheitsmomente beider christologischer Traditionen, der alexandrinischen wie der antiochenischen, richtig zur Geltung zu bringen. Inzwischen aber sind neuere Quellenanalysen (bes. von de Halleux, Gray und Grillmeier) vorgelegt worden, die es so gut wie gewiß gemacht haben, daß an dem traditionell-westlichen Bild kräftige Korrekturen angebracht werden müssen. Von 27 "Versen" oder Zeilen, in die man das Chalcedonense einteilen kann, enthalten ganze zwei ein sicheres Leo-Zitat. Im übrigen ist das Chalcedonense ganz überwiegend ein kyrillisches Bekenntnis, wie es die östliche (chalkedonensische!) Orthodoxie spätestens seit dem 5. ökum. Konzil von 553 stets aufgefaßt hat; allerdings mit einem leoninischen "Stachel im Fleisch" (der Feststellung nämlich, daß "die Eigentümlichkeit einer jeden Natur gewahrt bleibt und sich zu einer Person... verbindet").

Trifft diese Analyse zu (dagegen neuerdings K. Beyschlag, doch ohne gründliche Auseinandersetzung mit der neueren Forschungsdiskussion und ohne neue Quellenanalysen, bes. der kyrillischen Tradition), so läßt sich weder die ältere "Verrats"-Theorie aufrechterhalten, nach der sich die übergroße Mehrheit der Konzilsväter von Chalkedon eine Formel von Fremden, vom Kaiser und vom Papst, habe aufnötigen lassen, "die ihrem Glauben nicht entsprach" (Harnack), noch der (ebenfalls auf die ältere protestantische Dogmengeschichtsschreibung zurückgehende) Vorwurf begründen, die christologische Formel von Chalkedon sei ein rein äußerlicher Kompromiß und erschöpfe sich in reinen Negationen. Wohl aber hat das Konzil vieles ungeklärt gelassen, nicht zuletzt in terminologischer Hinsicht, und dafür auch bald genug die Rechnung präsentiert bekommen! Allein deshalb kann es schwerlich als der strahlende End- und Höhepunkt der christologischen Entwicklung in der Zeit der Alten Kirche angesehen werden.

5.3. Der Abschluß

Das Konzil von Chalcedon konnte schon deshalb nicht die erhoffte Befriedung der Kirchen bringen, weil es Leo I. und seine Nachfolger in Rom bis in die Neuzeit hinein nicht verwanden, daß unter den gleichzeitig beschlossenen Disziplinardekreten can 28 (ACO II 1,3,89-94) Konstantinopel unter Berufung auf can 6 von Nizäa und can. 3 von Konstantinopel 381 gleichen Rang wie Rom zuerkannte und seinen Rechtsprimat auf die Diözesen Asia und Pontus ausdehnte; man sprach diesem Kanon deshalb die ökumenische Verbindlichkeit ab.

Im Osten dagegen mußten sowohl radikale Antiochener wie Alexandriner an dem Chalcedonense die von ihnen gewünschte Eindeutigkeit vermissen. Mochten die ersteren daran Anstoß nehmen, daß die Dogmatisierung der Zwei-Naturen-Lehre nicht zur Rehabilitierung des Nestorius geführt hatte - er war kurz vor 451 in einem fernen Kloster Oberägyptens gestorben -, so mußten sich die anderen erst recht daran reiben, daß neben Eutyches auch Dioskur vom Kaiser ins Exil geschickt wurde. Auch erinnerte sie die ganze chalcedonische Zwei-Naturen-Christologie noch immer zu sehr an die ("nestorianische") "Aufrichtung eines Götzenbildes mit zwei Gesichtern" (Zacharias Rhetor, KG III 1). Das war wohl auch der Hauptgrund, weshalb weite Kreise des syr. und ägypt. Mönchtums zentrale Frömmigkeitsanliegen nicht ausreichend darin aufgenommen sahen und demzufolge abseits stehen blieben!

Die dogmengeschichtliche Bedeutung des Chalcedonense kann gleichwohl kaum überschätzt werden. Es ist die letzte gesamtkirchlich zustandegekommene Glaubensentscheidung der alten Christenheit. Fortan zerfiel die "konfessionelle" Geschlossenheit der reichskatholischen Kirche und löste sich in eine Mehrzahl von (auch "bekenntnis"verschiedenen) National- oder Landeskirchen auf. Erst in der Distanz sollte das Chalcedonense theol. Fruchtbarkeit entwickeln und eine positive Wirkung ausüben können. Man braucht dafür nicht auf das abendländische Mittelalter oder gar die Reformation Martin Luthers zu verweisen.

5.4. Das Athanasianum als Symptom

Symptomatisch ist nämlich bereits das sog. Athanasianum, ein Symbol vermutlich südgallischer oder spanischer Herkunft und auf das 5. oder 6. Jahrhundert zu datieren (Hahn § 170; BSLK 28-30). In seinem ersten Teil rezipiert es die Ergebnisse der trinitätstheologischen Diskussion, d.h., der Sache nach, das Dogma von 381, in seinem 2. Teil jedoch das von 451. Nach seinen Anfangsworten wie eine päpstliche Enzyklika als "Quicumque vult" ("Wer immer [selig zu werden] wünscht") zitiert, stellte sich dieses Symbol unter die Autorität des Athanasius. Sein Verfasser hatte die kirchenpolitischen Akteure aus dem Gesichtsfeld verloren. Er orientierte sich an einer reichskatholischen Bischofsgestalt, die der Versuchung ihrer geschichtlichen Stunde ein klares "Nein" entgegengesetzt hatte. Das "Athanasianum" sollte seit karolingischen Zeiten als "katholischer Glaube" gelten. Auf diese Weise übermittelte es auch die Negationen der chalkedonensischen Abgrenzung und die bleibende Einsicht, daß gerade mit der historischen Distanz das Credo seinen prinzipiellen Abstand zum Zeitgeist und damit seine volle Aussagekraft gewinnt.

Lit.: A. Grillmeier - H. Bacht, Das Konzil von Chalkedon, I-III, 1951-1954 (verb. Nachdr. 1959 u. 1962); A. Grillmeier, Mit ihm und in ihm. Christologische Forschungen und Perspektiven, 1975; A. de Halleux, La définition christologique à Chalcédoine, RTL 7 (1976) 3-23.155-170; P.T.R. Gray, The Defense of Chalcedon in the East (451-533), Leiden 1979; H. Arens, Die christologische Sprache Leos d.Gr., FThSt 122, 1982; St.O. Horn, Petrou Kathedra: Der Bischof von Rom und die Synode von Ephesus (449) und Chalcedon, 1982; F. Young, From Nicaea to Chalcedon, Oxford 1983; F.R. Gahbauer, Das anthropologische Modell, 1984; G.D. Martzelos, Entstehung und Quellen der Definition von Chalkedon (in Neugriech.), Saloniki 1986; ders., Die Christologie des Basilius von Seleucia und ihre ökumenische Bedeutung (in Neugriech.), Saloniki 1990; K. Beyschlag, a. (o. S.86) a.O.

6. Reichskatholische Kirchlichkeit und Volksfrömmigkeit

Trotz aller auseinanderstrebenden Kräfte kann man noch für das 5. Jh. von einer reichskatholischen Ökumene sprechen. Kräfte der Tradition und der Verinnerlichung bewirkten Beharrung, so daß man sich stets des gemeinsamen Erbes bewußt blieb, auch wenn man im Grunde in verschiedenen Welten lebte. Im übrigen brachte die reichskatholische Kirchlichkeit weithin nur Ansätze der vorkonstantinischen Zeit unter der Gunst der Umstände zur vollen Entfaltung. Neue Formen des institutionellen oder des Frömmigkeitslebens resultierten gleichfalls aus der gewandelten Situation, in der dem Christentum als staatlich allein anerkannter Religion die Aufgabe zuwuchs, den religiösen Bedürfnissen der breiten Massen gerecht zu werden. Vor allem war auf dem Gebiet des sich um die Grunddaten menschlichen Lebens rankenden Brauchtums heidnischen Ursprungs christlicher Ersatz zu schaffen. Hierfür gab es in der christlichen *Nationalkirche Armeniens* ein Vorbild. Mit der Bekehrung des Königs Tiridates (Trdat) ca. 300, dem dann der Adel folgte, hatte Gregor "der Erleuchter" (Illuminator), selber ein armenischer Adliger, bei der Christianisierung des Volkes dadurch starke Breitenwirkung erzielen können, daß er armenisches Brauchtum christlich "umtaufte". Dies ließ sich auf reichskatholische Verhältnisse nicht so ohne weiteres übertragen. Man hatte eben seine eigenen Erfahrungen zu sammeln und eigene Initiative zu entwikkeln. Trotzdem verbleibt dem großräumigen Überblick der Eindruck einer sich entfaltenden Kontinuität. Nicht zuletzt das Mönchtum, das nur flüchtiges Urteil als indirekten Protest frommer Kreise auf reichskatholische Weltverflechtung deuten kann, bietet für die Zusammenhänge mit dem vorkonstantinischen Christentum einen guten Anschauungsunterricht.

6.1. Inner- und zwischengemeindliches Leben

Das innergemeindliche Leben vollzog sich primär - wie schon im Altkatholizismus - auf gottesdienstlicher Ebene, allerdings jetzt in einem weit repräsentativeren Rahmen, wie der reichskatholische *Kirchenbau* beweist. Kaiserliche Spendenfreudigkeit und Architekten in kaiserlichen Diensten schufen die *Basilika* (oblonger ["rechteckiger"] Grundriß, Mittelschiff durch Obergaden und Apsis nach außen kenntlich gemacht, drei- oder fünfschiffig). Ein selbstbewußter Episkopat übernahm diese Bauform, wie z.B. Ambrosius in Mailand (basilica martyrum, heute S. Ambrogio), konnte aber auch andere Formen des Palast- bzw. Sakralbaus wählen, wie z.B. den als inneres und äußeres Oktogon (Achteck) aufgeführten Emporenbau (S. Lorenzo in Mailand). Im übrigen herrschte entsprechend den lokalen Bautraditionen die Vielfalt der Baukörper vor, angefangen von den dalmatinischen Saalbauten über die ägäischen Transeptkirchen (Basiliken mit Querhaus), den palästinischen Memorialbauten (Gedächtniskirchen) mit ihrer Vorliebe für den Zentralraum bis hin zu den sieben- ja neunschiffigen Basiliken Nordafrikas. Nordafrika kannte aber auch den Emporenbau, der in der Ägäis beheimatet war.

Gerade die letztgenannte Bauform zeigt, daß weiterhin die Erfordernisse der *Liturgie* das letzte Wort im Kirchenbau hatten. Das äußert sich sehr eindrucksvoll in der negativen Beobachtung, daß es keine reichskatholische Einheitsliturgie gegeben hat. Das Nebeneinander mehrerer Gottesdienstordnungen, die sich später nach den Apostelgründern oder berühmten Bischöfen der Patriarchatssitze bezeichneten (z.B. Markus für Alexandrien, der Herrenbruder Jakobus für Jerusalem bzw. Palästina, Johannes Chrysostomus für Konstantinopel bzw. Kleinasien), bekundet trotzdem Streben nach Vereinheitlichung. Deshalb führte Ambrosius folgenreiche liturgische Reformen durch (sog. ordo Mediolanensis), schufen Leo d.Gr. und Gelasius von Rom (gest. 496) liturgische Texte.

Daneben fand individuelle Frömmigkeit ihre gottesdienstliche Ausdrucksmöglichkeit in der jetzt auch im Westen aufblühenden *Hymnendichtung* (Hilarius v. Poitiers [u. S. 102], Ambrosius v. Mailand [o. S. 77f.], Prudentius [gest. 405] mit seinen zahlreichen "carmina"). Ihre liturgische Bindung bezeugt noch heute das "Te Deum" (sog. Ambrosianischer Lobgesang: "Herr Gott, dich loben wir"; vgl. EKG 137), das Gebetstexte einer altlateinischen Ostervigil aus der Mitte des 4. Jh. verarbeitet hat.

Die Zweiteiligkeit des *Sonntagsgottesdienstes* (o. S. 47f.) blieb erhalten, der Abstand zwischen Wort- und Sakramentsgottesdienst wurde durch die Entlassungszeremonien für die 4 Büßerklassen noch vergrößert. Zeiterscheinung war das Eindringen der Rhetorik in die Predigt, sei es nach Art römisch-forensischer Tradition (Ambrosius; Ps.-Augustin, de arte rhetorica), sei es als attizisierende Sophistik (Johannes Chrysostomus [o. S. 81]; Gregor v. Nazianz [o. S. 82]). Märtyrerfestgottesdienste, Totengottesdienste, Heiligen- und Kirchweihfeste begünstigten die Übernahme spezieller Stilformen in die Predigt. Zeiterscheinung war auch die Übernahme mysterienhafter Vorstellungen in die Eucharistiefeier bis hin zur Raumgestaltung im Sinne der "Arkandiszi-plin" (Absperrung des Altarraumes durch "cancelli"; Sichtversperrung des Altars als Stätte numinosen Geschehens durch Teppiche, die von dem einem umgestülpten Becher gleichenden Altarüberbau [ciborium] herabhingen) und zur Anwendung exorzistischer Riten (Weihräuchern; vgl. z.B. die Beschrei-bung eines Gottesdienstes durch Cyrill [oder Johannes] von Jerusalem in den "Mystagogischen Katechesen" vom Ende des 4. Jh.s).

Eine Belebung des reichskatholischen Gemeindelebens war außerdem die Entstehung des *Kirchenjahres*. Zu dem altkatholischen, um Passion, Aufer-stehung und Geistausgießung gelagerten Osterkreis (o. S. 48f.) trat jetzt der Weihnachtskreis. In Ägypten beging man das Geburtsfest am 6. Januar (das spätere Epiphanienfest), weil die Alexandriner am gleichen Tage die Geburt des Zeitgottes Aion feierten (Epiphan., panar 51, 22), in Rom hingegen am 25. Dezember, dem Geburtstag des Sonnengottes Sol bzw. Helios (Mithras), dem zudem die altüberlieferten Saturnalia als Festwoche vorgeschaltet waren. Das Streben nach einer Ersatzlösung ist in beiden Fällen offensichtlich. Dies Motiv bestimmte zweifelsohne das reichskatholische Kirchenjahr, das sich zu-sätzlich mit seinen Märtyrer- und Heiligenfesten sowie sonstigen gemeindli-chen Gedenktagen (Kirchweih, Inthronisation des amtierenden Bischofs etc.) als vollgültiger Ersatz des heidnischen Festkalenders betrachten konnte.

Das *zwischengemeindliche Leben* nahm vermehrt rechtliche Formen an. Die Kanones ökumenischer Konzilien, angefangen mit Arles (314) bis zu Chalce-don, und Kanonessammlungen, die aus den zweimal im Jahr tagenden Provin-zial- oder Metropolitansynoden hervorgegangen sind (Corpus Laodicenum mit 60 can. kleinasiatischer Synoden aus der Zeit 341-381; 85 sog. can. aposto-lorum ca. 380, aus Syrien; Codex canonum Africae ecclesiae [o. S. 70]), spiegeln den Prozeß der Verrechtlichung zwischen- und innergemeindlicher Beziehungen wider. Seitdem die nizänische Orthodoxie zur Staatsreligion de-klariert worden war (380), förderte die *Bekämpfung der Häresie* diese Ent-wicklung. Selbst schismatische Gemeinschaften wie die Novatianer (o. S. 57), die mit der nizänischen Orthodoxie die Unbilden der "arianischen" Kirchen-politik des Kaisers Valens erduldet hatten (o. S. 66), unterlagen den Häreti-kergesetzen des Staates. Die markionitischen Gemeinden, die bereits durch Konstantin d.Gr. gesetzlich verboten worden waren, konnten mit den *mani-chäischen Gemeinschaften* verschmelzen, die im Nachgang eines älteren Ediktes unter Diokletian auch im christlich gewordenen Römerreich verboten waren (372; cod Theod XVI 5,3). Konfiszierung des Vermögens oder Ver-bannung war noch nicht das Härteste in einem Strafregister, das unter Justinian sogar die Todesstrafe kannte. Für letztere bediente man sich lieber der Anklage der Magie, seit augusteischen Zeiten ein Kapitalverbrechen, das noch in nachkonstantinischen Zeiten politischen Gegnern untergeschoben wurde. Davon betroffen wurde z.B. *Priscillianus*, seit 380 Bischof in der süd-spanischen Stadt Avila. Der gelehrte Mann war durch sein asketischmystisches Schwärmertum und einen gnostisch-manichäischen Dualismus aufgefallen; er wurde mit 6 Anhängern durch den Usurpator Maximus zum Tode verurteilt und 385 in Trier hingerichtet. Der fälschlich ihm angelastete *Priscillianismus* hat allerdings fortbestanden, wie eine polemische "Instruktion" des portugiesischen Priesters Paulus Orosius (414: Commonitorium de errore Priscillianistarum et Origenistarum) und ein Lehrschreiben Leos I. v. Rom (ep. 15) beweisen; er läßt sich in Portugal bis ins 6. Jh. nachweisen.

Auch *Metropolitan- wie Patriarchatsverfassung* trugen dazu bei, daß die früher auf dem Prinzip bischöflicher Kollegialität basierenden, zwischengemeindlichen Beziehungen verwaltungsrechtlichen Charakter erhielten. Die Metropolitanverfassung bedeutete Angleichung an die Eparchien (Provinzen) der staatlichen Reichsverwaltung, während die Patriarchatsverfassung auf die größere Verwaltungseinheit der staatlichen Diözesen ausgerichtet war. Mit dem sog. can 28 von Chalkedon (451) fielen aber dann reichskatholische Entscheidungen von schicksalhafter Bedeutung. Dem Bischof von Konstantinopel stand fortan die Weihe der Metropoliten der Diözesen Pontus, Asiana und des europäischen Thrakien zu (ACO II 1,3,89-94). Damit waren ihm 3/5 der orientalischen Präfektur (um Verwaltungskategorien der konstantinischen Zeit anzuwenden) zugefallen. Auch wenn daneben die Patriarchate von Alexandrien, Antiochien und Jerusalem bestehen blieben bzw. neu bestätigt wurden, erhielt Konstantinopel als 4. Patriarchat im Osten durch Chalkedon doch einen so starken Machtzuwachs, daß Roms Reaktion (o. S. 92) verständlich wird. Hier fürchtete man vor allem um seinen Einfluß in der Präfektur Illyricum, in deren Hauptstadt Thessalonich schon vor Zeiten Rom einen "Apostolischen Vikar" stationiert hatte; ein Jurisdiktionsstreit von langer Dauer sollte darüber entbrennen.

Für *Roms Beziehungen zu den anderen Kirchen* muß bedacht werden, daß dessen Primatsanspruch (o. S. 46) auch die ökumenischen Beziehungen bestimmte. Es wurde Praxis, daß der Bischof v. Rom nicht persönlich auf ökumenischen Konzilien erschien, sondern sich durch "Beauftragte" (delegati, "Legaten") vertreten ließ. Daraus resultiert ferner die sog. *Rezeptionstheorie*, nach der eine von Rom nicht einberufene Synode in ihren Beschlüssen nur dann gesamtkirchliche Gültigkeit besitzt, wenn sie vom Inhaber der cathedra Petri "angenommen" worden ist. Mit dieser Theorie wurde gleichzeitig unterstrichen, daß Papstrecht Synodalrecht bricht. Das *papale Dekretalenrecht* wurde zuerst durch Siricius I. von Rom (384-399) beansprucht, indem dieser seinen Schreiben an den abendländischen Episkopat die Form kaiserlicher Dekrete bzw. Konstitutionen gab. Dahinter stand die Auffassung, Erbe des "Verwaltungsamtes" des Petrus zu sein (Mirbt-Aland 343). Darauf basierte überhaupt der Anspruch, zumindest für den Westen Jurisdiktionshoheit zu besitzen und bei kirchlichen Rechtsstreitigkeiten höchste Appellationsinstanz zu sein. Leo I. sollte diese Politik noch intensiver verfolgen (Gesch. d. Chr. I/2). Ihre Rechtsbasis war dabei durchaus ungleichartig. Das macht die älteste Papstrechtssammlung des *Dionysius Exiguus* (ca. 500 in Rom entstanden) dadurch augenscheinlich, daß in ihr die "Apostolischen Kanones", d.h. ein Kodex des Synodalrechtes, neben den Papstbriefen, angefangen mit den "decretalia" des Siricius bis hin zu Papst Anastasius II. (gest. 498), Aufnahme gefunden hatten.

Lit.: B. Brenk (Hg.), Spätantike und frühes Christentum (= Propyläen-Kunstge-schichte, Suppl. I), 1977; F.W. Deichmann, Einführung in die Christliche Archäologie, 1983. - Cl. Blume SJ, Unsere liturgischen Lieder. Das Hymnar der altchristl. Kirche, 1932; Th. Klauser, Kleine abendländ. Liturgiegeschichte (1943) [5]1965; ders., Der Festkalender der Alten Kirche im Spannungsfeld jüdischer Traditionen, christlicher Glaubensvorstellungen u. missionar. Anpassungswillens, KGMG I, 377-396; O. Cullmann, Der Ursprung des Weihnachtsfestes, 1960; J. Daniélou, Liturgie und Bibel, 1963; J.A. Jungmann, Liturgie der christlichen Frühzeit bis auf Gregor d. Großen, Fribourg 1967; W. Nagel, Geschichte des christlichen Gottesdienstes, 1970; P.F. Bradshaw, Authority and Freedom in the early Liturgy, in: K. Stevenson (Hg.), Authority and Freedom in Liturgy, Nottingham 1979; W. Rordorf, Liturgie, foi et vie des premiers chrétiens, 1986 (ThH 75). - G. Widengren, Mani u. der Manichäismus, 1961; B. Vollmann, Studien zum Priszillianismus, 1965; H. Chadwick, Priscillian of Avila. The Occult and the Charismatic in the Early Church, Oxford 1976; W.M. Peitz - H. Förster, Dionysius Exiguus-Studien, 1960 (vgl. aber H. Munier, SE 1963, 236-250); P.-P. Joannou, Die Ostkirche und die Cathedra Petri im 4. Jh., 1972; M. Greschat (Hg.), Das Papsttum I. Von den Anfängen bis zu den Päpsten in Avignon, 1985.

6.2. Das Mönchtum

Am stärksten einten jedoch Bande der Frömmigkeit die reichskatholische Christenheit. Hier von einem "übergemeindlichen Leben" zu sprechen rechtfertigt die Beobachtung, daß diese Impulse nicht unmittelbar dem kirchlichen Selbstverständnis oder seinem Katholizitätsanspruch entstammten. Sie hängen eng mit der Märtyrer- und Heiligenverehrung bzw. mit einem asketischen Heiligungsstreben zusammen. Schon in vorkonstantinischen Zeiten hatte sich dieses in seinem Ringen um christliche Vollkommenheit durch das innergemeindliche Leben behindert zu fühlen begonnen.

Die Wurzeln des Mönchtums liegen in der urchristlichen bzw. frühkatholischen Askese. Religionsgeschichtliche Ableitungsversuche (H. Weingarten, R. Reitzenstein, W. Bousset) sind skeptisch zu beurteilen oder, richtiger, durch die grundlegende Arbeit von K. Heussi (1936) als erledigt zu betrachten. Besser begründete Versuche, bestimmte Kirchengebiete (Ägypten oder Syrien) als sog. Ursprungsland der Mönchsidee zu benennen, dürften ein "Körnchen Wahrheit" enthalten, sind also "cum grano salis" aufzunehmen. Fest steht allerdings, daß diese Idee nicht einem, oft als "griechisch" apostrophierten, weil vom Dualismus zwischen Seele und Leib bestimmten Denken entsprungen ist. "Das Mönchtum liegt dem Christentum" vielmehr irgendwie "im Blut" (R. Lorenz, ZKG 77 [1966] 2).

Herkömmlicherweise wird der hl. *Antonius* (251-356!) als der "Vater des

Mönchtums" bezeichnet. Mit der (von der athanasianischen "Lebensbeschreibung des Antonius" überlieferten) Legende, der reiche Antonius sei durch die Lesung der Perikope vom "reichen Jüngling" (Mt 19, 16-26 par.) im Gottesdienst zu seinem Entschluß der Weltflucht gekommen, wurde richtig festgehalten, daß Vollkommenheitsstreben (vgl. Mt 19, 21) der Kern mönchischer Existenz war. Im übrigen ist der (von der Vita Antonii beschriebene) Lebensgang des Antonius typisch. Der Asket flieht in die Wüste, um dort im Kampf mit den Versuchungen und den Dämonen erfolgreich zu sein. Er wird "Eremit" (von ἔρημος = Wüste) oder "Anachoret" (von ἀναχωρεῖν = sich zurückziehen). Er kann aber nicht verhindern, daß sein Ruhm Schüler anzieht, so daß sich um seine "Zelle" (κέλλιον, cella) ein *Anachoretenverband* bildet, den eigentlich nur der Gottesdienst, die seelsorgerliche Beratung durch den "Altvater" (γέρων), sowie ökonomische Notwendigkeit eint. Die Eremitenkolonie war der "Sitz im Leben" für die "Sprüche der Väter" (Apophthegmata Patrum), eine spezifisch mönchische Literaturgattung, deren traditionsgeschichtliche Gesetze sich mit denen der "Herrenworte" (Logia) berührten. Unterägyptische Zentren solcher Anachoreten waren die "nitrische Wüste" *(Nitria)* an der Grenze von Flußebene und Hochplateau (Begründer der Alexandriner *Ammonios)*, und die "sketische Wüste" *(Sketis),* etwas mehr wüsteneinwärts gelegen ("Väter"-Autorität war hier *Makarius* der Ägypter oder d.Gr.; vgl. u. S. 99).

Auch Palästina hatte zwei Zentren unterschiedlicher Geisteshaltung, die ähnlich wie die der ägyptischen Mönche im origenistischen Streit unter Justinian (u. S. 109) sich gegenseitig befehdeten. Begründer der "alten Lavra" war der Abbas (Abt) *Sabas* (bzw. Savas, gest. 352). Er schuf mit ihr, südöstlich von Jerusalem, eine Sonderform (Leitung durch Abt, ohne Preisgabe geistlicher Selbständigkeit der einzelnen Eremiten); etwas weiter südlich entstand die "neue Lavra" (s.u. Schwerpunkt IX).

Auch das *syrische Mönchtum* kennt die Vielfalt der Formen, des religiösen Gefälles und der Mönchszentren. Eines der ältesten Zentren lag östlich von Antiochien, wo die wüstenartige Chalkis für Eremitenkolonien wie geschaffen schien. Übten sie schon im 4. Jh. Anziehungskraft aus (Johannes Chrysostomus; Hieronymus), so erst recht im 5. Jh., als der Säulenheilige *Symeon* (Stylites) von 429 an 30 Jahre lang auf einer Säule betete und fastete. Sein vielbewundertes Beispiel asketischer Lebensweise ließ die "Säulenheiligen" bald wie Pilze aus dem Erdboden schießen; wegen ihrer Bewunderer suchten sie auch die Stadtnähe auf, wie der jüngere Johannes Stylites den Umkreis von Antiochien, wenn sie nicht gar das Weichbild der Städte (z.B. Konstantinopels) wählten. Ein noch eigenwilligerer Typ des Eremitentums begegnet, an den Hügeln des mesopotamischen Nisibis angesiedelt, in den sog. "Eingeschlossenen" (ἐγκλειστοί, inclusi, reclusi): man läßt sich für eine bestimmte Zeit einmauern, um so von aller Welt geschieden zu sein, aber doch seine Askese aller Welt kundzutun.

Aus den Grenzbereichen von Mesopotamien und Nordsyrien kam ferner die

Mönchssekte der "Messalianer" (syr. = "Beter"; griech. = Εὐχῖται). Ihrer Meinung nach hauste in jedem Menschen ein böser Dämon, den weder christliche Taufe noch menschliche Askese, sondern nur anhaltendes Beten vertreibe. Wenn dies gelinge, müsse er sofort in ekstatischem Tanz am Boden zertreten werden (Pantomime des "calcare in diabolum"). Diese Mönchsgruppe sollte dann sehr bald nach Kleinasien vordringen. Nach Verurteilung durch zwei voraufgehende Synoden wurden die "Messalianer" endgültig durch die Cyrillsynode des 3. ökumen. Konzils von Ephesus (431) exkommuniziert. Unter dem Anklagematerial befand sich ein sog. Asketikon, dessen Analyse einen Reformer der Bewegung in Gestalt des *Symeon* v. Mesopotamien sichtbar machte (H. Dörries). Schüler der Kappadokier, hatte er sich bald als geistliches Haupt der Bewegung durchgesetzt, ihre Auswüchse (z.B. Arbeitsverweigerung) zurückgedrängt und gleichzeitig das spiritualistische Programm einer inneren "Reinigung" entworfen. Es war als Kampf wider den Satan gedacht, rang im Gebet um die Geisteserleuchtung und die geistliche Vollkommenheit, die ihrerseits in einer Lichtmystik gipfelte. Seine zahlreichen Reden und Dialoge erhielten sich unter dem Pseudonym des Makarius d.Gr. Spätere Redaktoren entfernten häretisch wirkende Sätze, so daß die "50 geistlichen Homilien des Makarius" bis in die Neuzeit hinein weit verbreitet waren.

Als zweite Hauptform altchristlichen Mönchtums (neben dem Eremiten- oder Anachoretentum) gilt das *Klosterwesen,* nach seinem "gemeinsamen Leben" (κοινὸς βίος) unter einem Dach auch "Cönobitentum" genannt. Sein Begründer war *Pachomius* (292-346). Sein erstes Kloster (gegründet ca. 320), das ein "Pferch" (μάνδρα) von der Außenwelt abschirmte, stand im oberägyptischen Dorf Tabennisi am großen Nilbogen (s. Karte zu Schwerpunkt IX). Sehr bald entwickelte sich daraus ein Verband von 11 Klöstern, zu dem auch Frauenklöster gehörten. Der Erfolg ging einmal auf die straffe Klosterregel des Pachomius (unbedingter Gehorsam gegenüber dem Archimandriten, Preisgabe eigenen Vermögens, Gelübde lebenslänglichen Verbleibens, straffe Tagesregelung von der Kleidung über die Haus- und Feldarbeit bis zu den geistlichen Übungen), zum anderen aber auch auf die politischen Verhältnisse und den Zerfall der Reichsgewalt zurück: vor den Überfällen der Wüstenstämme fühlten die Fellachen sich in dem "monasterium" noch am sichersten. Der Verband der Pachomiusklöster (zentrale Leitung durch einen Generalabt mit jährlichem Generalkonvent und Rechnungslegung für alle Klöster, eigene Nilflotte für Getreide- und Produktentransport, Handelskontore am Flußlauf bis nach Alexandrien) blieb daher auch nicht allein. Nicht weit von ihm begründete Abt *Schenute* (gest. 466) das "Weiße Kloster von Atripe"; es war gleichzeitig eine Stätte koptischer Sprachkultur (u. S. 110f.). Die "Thebais" wurde zur Domäne von Klostergründungen, deren Ruinen noch heute stehen.

Sie fanden auch in Westarmenien (Bereich der politischen Diözese Pontus) Nachahmung. Hier setzte sich der Metropolit *Eustathius* v. Sebaste dafür ein, die Mönchsbewegung dem kirchlichen Leben dienlich zu machen. Mönchisches Vollkommenheitsstreben habe sich im Dienst am Nächsten zu bewähren. Die Klöster müßten deshalb im Stadtbereich liegen, damit ihre Insassen durch Seelsorge und sonstige Aufgaben (z.B. Kinderunterweisung) nützlich werden könnten.

Mit ihm in dem Streben einig, die stadtnahen Klöster zum geistigen Zentrum der katholischen Kirchengemeinden zu machen, wurde *Basilius* v. Caesarea/Capp. (o. S. 82) zur Schlüsselfigur in der Einbindung der asketischen Kräfte in die kirchliche Ordnung. Durch seine drei nacheinander redigierten Mönchsregeln (Ἠθικά oder Moralia, Anweisungen für ein intensives Christenleben nach der "Regel" der Heiligen Schrift, das "kleine" und das "große Asketikon" mit "längeren" und "kürzeren" Regeln) hat er als der eigentliche Systematiker des "gemeinschaftlichen Lebens" zu gelten, von dessen Überlegenheit gegenüber dem Eremitentum wie dessen sozialer Verpflichtung er zutiefst überzeugt war.

Lit.: K. Heussi, Der Ursprung des Mönchtums, 1936 (1980); H. Dörries, Wort und Stunde I, 1966; ders., Die Theologie des Makarios/Symeon, 1978 (AAWG.PH 3.103); P. Nagel, Die Motivierung der Askese in der Alten Kirche und der Ursprung des Mönchtums, 1966; B. Lohse, Askese und Mönchtum in der Antike und in der alten Kirche, 1969; B. Miller, Weisung der Väter, [3]1986 (Sophia 6); P.J. Fedwick (Hg.), Basil of Caesarea I-II, Toronto 1981; M. Tetz, Athanasius und die Vita Antonii, ZNW 73 (1982), 1-30; K.S. Frank, Grundzüge der Geschichte des christlichen Mönchtums, [4]1983; S. Rubenson, The Letters of St.Antony, Lund 1990 (BHEL 24); H. Holze, Erfahrung und Theologie im frühen Mönchtum, 1991 (FKDG 48).

6.3. Wallfahrt und Reliquienkult

Starke Impulse löste das reichskatholische Mönchtum auch in zwei Frömmigkeitsbereichen aus, die bereits Tradition hatten. Der eine war das *Wallfahrtswesen*. Dieses hatte mit Reisen an die Stätten des Wirkens Jesu in der 2. Hälfte des 2. Jh.s angefangen (ältester Zeuge: Meliton v. Sardes nach Euseb, KG IV 26, 14). Was nur sporadische Einzelerscheinung geblieben war, sollte dann in begüterten Kreisen zur frommen Mode werden, als Konstantin nach Niederlegung des zentral gelegenen Aphroditetempels von Jerusalem glaubte, die Grabeshöhle freigelegt zu haben, und eine fünfschiffige Prunkbasilika samt einem Rundbau mit Säulenumgang (Tholos) über dem Grab Jesu selber errichten ließ (Euseb, VC III 25-32; Baubeschreibung a.a.O. 33-40); weitere Gedenkbauten (Geburtskirche in Bethlehem; Himmelfahrtskirche auf dem Ölberg; Brotvermehrungskirche am See Genezareth; Abrahamskirche im Hain Mamre) gesellten sich hinzu. Angeführt von der Kaisermutter Helena (Wallfahrtsbericht bei Euseb, VC III 41-43) strömten fromme Pilger ins Hl. Land, um gleichzeitig die Mönchsväter an den entferntesten Orten, sei es der Thebais oder Mesopotamiens, aufzusuchen (Itinerar des Pilgers aus Bordeaux 333; Bericht der südfranzösischen Nonne Egeria oder Aetheria 4./5. Jh.). Bei alttestamentlichen Gedenkstätten (Mesopotamien, Palästina, Sinai) knüpfte man an Traditionen des antiken Judentums an. Die Pilger wanderten aber auch in die mareotische Wüste westlich von Alexandrien zum Menasheiligtum, um dort Genesung zu finden und zusätzlich das heilkräftige Wasser in Ampullen mit dem Bild des Heiligen zwischen zwei Kamelen nach Hause zu tragen. An solchen Orten ließ sich eine Fremdenindustrie nieder, so auch in Qalᶜat Simᶜan, dem Heiligtum des Symeon Stylites in der Kynegia Chora (Chalkis), wo Herbergen, Hospitäler, daneben natürlich auch Ampullen, Amulette, Souvenirs, vor allem Bilder des hl. Symeon (nach K. Holl Anfang des Bilderkultes: u. S. 120ff.) auf den Pilger warteten.

Das Wallfahrtswesen begünstigte den *Reliquienkult* (Reliquien vom hl. Kreuz, das der sog. Staurophylax ["Kreuzeswächter"] in einem kostbaren Schrein auf dem Golgathahügel der Grabeskirche zu behüten hatte; Reliquien des Erz-[=Erst-]märtyrers Stephanus, dessen Gebeine 415 in der Nähe Jerusalems auf wunderbare Weise wiedergefunden wurden). Wallfahrtsfrömmigkeit bereicherte damit zugleich den Bestand der Heimatkirchen. Hier hatten Märtyrerkult und vor allem der schnell sich durchsetzende Brauch, unter den Altären oder gar *in* ihnen Märtyrer- und Heiligengebeine "beizusetzen", im Zeitalter des blühenden Kirchenbaus steigenden Bedarf geweckt. Durch visionäre "Auffindungen" (inventiones; berühmtes Beispiel: Auffindung der Gebeine der Märtyrer Protasius und Gervasius durch Ambrosius in Mailand; vgl. Augustin, conf IX 7,16) und "Überführungen" (translationes) der Märtyrerreliquien suchte man ihn zu befriedigen.

Lit.: A. Grabar, Martyrium. Recherches sur le cult des reliques et l'art chrétien antique, (Paris 1946) Neudr. London 1972; B. Kötting, Peregrinatio religiosa, (1950) ²1980; vgl. ders., TThZ 67 (1958) 321-324; A. Frolow, La relique de la vraie croix, Paris 1961; E. Dinkler-v.Schubert, Art. Kreuz I, RBK, 1991, 1-219 (m.weit.Lit.).

7. Reichskatholische Theologie am Beispiel des Abendlandes (Hilarius, Hieronymus, Augustin)

Starke Bande der Frömmigkeit einten so auch weiterhin die Christenheit, wobei man daran zu erinnern hat, daß der Austausch von Reliquien nicht nur von Ost nach West, sondern auch in umgekehrter Richtung sich vollzog. Nachdenklich stimmen muß nur, daß solche reichskatholische Ökumenizität auf dem Gebiet der Heiligen-, Märtyrer- und Reliquienverehrung noch zu einem Zeitpunkt möglich war, als die sprachliche Verständigung zwischen den einzelnen Kirchen schwierig, die theologische Diskussion zwischen ihnen so gut wie abgebrochen war. Es gab bereits in den Zeiten der reichskatholischen Kirche nur wenige Männer, die auch das Prädikat eines reichskatholischen Theologen verdienen, weil sie die Sprachbarriere überwinden konnten.

7.1. Hilarius

Zu solchen ökumenischen Mittlern gehörte der gelehrte und des Griechischen kundige Bischof Hilarius von Poitiers (ca. 315-367), hartnäckiger Gegner der homöischen Kirchenpolitik Konstantius' II., der deshalb nach Kleinasien verbannt wurde (356-359), dort aber so aktiv für das Nicaenum eingetreten sein soll, daß die "Arianer" den Rücktransport des "Störenfriedes des Ostens" (Sulpicius Severus II 45,4) veranlaßten. Durch sein Hauptwerk "Über die Dreieinigkeit" (de trinitate libr. XII) mit später beigefügter Dokumentation und Kommentierung der Glaubensformeln seit Nizäa 325, ferner durch einen Traktat, mit dem er noch im Osten kirchenpolitisch aktiv wurde und sich an dem Liebeswerben um die "Homöusianer" (o. S. 79) beteiligte ("Über die Synoden oder Über den Glauben der Orientalen" [de synodis seu de fide Orientalium]), vermittelte er dem Abendland wichtige Informationen und weckte das bis dahin fehlende Verständnis für die trinitätstheologische Frage. Er selber aber war nur der Mittler, der nach Rückkehr (360) in seine Heimat die pronizänische Kirchenpolitik fortsetzte. Eigenständig in seinen exegetischen Arbeiten (Psalmen, Hiob, Mt), war er auch in seiner Hymnendichtung heimatgebunden: die altgallikanische Liturgie kannte den ursprünglich griech., dann zweisprachig vorgetragenen Wechsel- bzw. Chorgesang.

7.2. Hieronymus

Hieronymus (ca. 347-419/20) wäre nach Lebens- und Werdegang der prädestinierte Repräsentant reichskatholischer Christlichkeit. Nach bewegten Studentenjahren in Rom bricht er jäh seine Beamtenkarriere in Trier ab und löst seine Verlobung auf, weil er sich aufgrund der Lektüre der vita Antonii zu mönchischer Anachorese entschlossen hat (Aug.conf VIII 6,16 nach Courcelle). Eine erste Wallfahrt führt ihn in die Chalkis (374-378). Nach theologischen Studien in Konstantinopel bei Gregor v. Nazianz und Gregor v. Nyssa (379-381) folgt ein zweiter Romaufenthalt, in dessen Verlauf er als Mitarbeiter des Bischofs Damasus mit der lat. Bibelübersetzung beauftragt wird (382-385). Eine zweite Wallfahrt, mit der auch ein Besuch des Didymus (o. S. 82) in Alexandrien und der Mönchsväter in der Nitria verbunden ist, führt ihn ins Hl. Land als Begleiter der frommen Pilgerin Paula. Seit 386 bis zu seinem Lebensende (also 34 Jahre!) hält er sich in Bethlehem auf, als Leiter einer monastischen, von Paula gestifteten Komplexanlage (Männerklöster, 3 Frauenklöster, Pilgerherberge, Klosterschule), durch Besucher aus aller Welt über alles in der Welt informiert (120 Briefe, die durchaus für die Veröffentlichung gedacht waren). Am überzeugendsten wirkt Hieronymus, wenn er für freiwillige Ehelosigkeit (Virginität) oder vom Mönchsideal her für Heiligenverehrung und Reliquienkult eintritt. In den Streit um die Rechtgläubigkeit des Origenes, der zwischen Epiphanius von Salamis/Cypern und Bischof Johannes v. Jerusalem ca. 396 entbrannt war und in den auch Hieronymus eingriff, fällt jedoch schwerer Schatten auf sein Charakterbild. Mit der Verurteilung des Origenes stellte er sich gleichzeitig gegen dessen Übersetzer ins Lateinische. Das war sein Studienfreund *Rufinus* (ca. 345-410), mit ihm durch die gleichen asketisch-mönchischen Ideale verbunden und nach ihm gleichfalls als Mönch ins Hl. Land gekommen. Letztlich war es wohl verletzte Übersetzereitelkeit (Hieronymus hatte zahlreiche Homilien des Origenes übersetzt), wenn er wegen dieses Streites den Freund von sich stieß. Ungeachtet der verdienstvollen, von seiner Zeit allerdings noch wenig beachteten Text- und Übersetzungsarbeiten an der Bibel blieb Hieronymus Literat. Der Schüler des berühmten Grammatikers Donatus besaß die von der lat. Rhetorik geforderten Literaturkenntnisse. Des Griechischen mächtig, kannte er das sog. "Kleine Organon" des Aristoteles (ep 50,1) und zitierte griech. Klassiker in breiter Marge wie kein anderer lat. Kirchenvater. Seinem Kritiker Rufin mußte er allerdings eingestehen, sie nur durch lat. Übersetzer, d.h. Cicero, zu kennen. In jungen Jahren von dem Alptraum geplagt, im jüngsten Gericht könnte ihm entgegengehalten werden: "Du bist Cicero-, kein Christusanhänger" (Ciceronianus es, non Christianus: ep 22,30), interpretierte er später in der Klosterschule von Bethlehem die Klassiker. Er blieb eben der "Wanderer zwischen zwei Welten".

7.3. Augustin

Lebensgang und Entwicklung des Aurelius Augustinus (354-430) wirken im Vergleich zu Hieronymus wie ein Kontrastbild. Nach unbeschwerten Studienjahren in Karthago wurde die Karriere nicht abgebrochen, das Ziel ehrgeiziger Pläne (als Rhetor in der Hauptstadt tätig zu sein) vielmehr mit allen Mitteln verfolgt. Manichäische Zugehörigkeit und gewisse Zirkel in Rom vermittelten dem kath. Katechumenen den Zutritt zu dem einflußreichen Heiden Symmachus (o. S. 72), der ihm das begehrte Amt eines Stadtrhetors in der weströmischen Kaiserresidenz Mailand vermittelte. War auch der Empfang durch den dortigen Bischof Ambrosius recht kühl, so folgten gleichwohl unter dem Eindruck von dessen Predigten und anderer Erlebnisse bei Augustin der Entschluß zur Weltentsagung und die Taufe (conversio:conf VII u. VIII) im Jahre 386/87 sowie drei kurze Jahre mönchischer Hausgemeinschaft mit Freunden in der numidischen Heimatstadt Thagaste (388-391). Schon rief man ihn zunächst als Presbyter, dann als Bischof (396) in die numidische Hafenstadt Hippo Regius, deren kath. Gemeinde er bis zum Lebensende diente. Wie ganz anders sollten sich diese 34 Jahre bischöflicher Amtstätigkeit gestalten als die Zeit mönchischer Anachorese des Hieronymus! Das Gebot der Stunde bestimmte nicht nur das literarische Schaffen, sondern erwies sich auch als ein Motor theologischer Neubesinnung und fortschreitender Erkenntnis.

Das gilt vielleicht noch am wenigsten für die erste Zeit der *Auseinandersetzung mit den Manichäern* und damit der eigenen Vergangenheit (391-399:

"Über den freien Willen", "Über die wahre Religion", "Über die Beschaffenheit des Guten" [de libero arbitrio; de vera religione; de natura boni]). Die Einsicht in das Verhältnis von Autorität (kirchlichem Dogma, Glauben) und Vernunft (Erkennen) war ihm schon bei der Bewältigung einer kurzfristigen Periode neuakademischen Skeptizismus gekommen ("Wider die Akademiker", "Über die Ordnung" [contra Academicos; de ordine]): der Autorität gehöre zeitlich und didaktisch oder auch psychologisch die Priorität, dem Intellekt hingegen die ontologische Superiorität.

In der *Auseinandersetzung mit dem Donatismus* (401-403: o. S. 70) erhielt Augustins Kirchenbegriff seine Ausformung. Das Wesen der wahren Kirche ist die Katholizität, weil der Wahrheit die Universalität eignet. Sie kann deshalb den Anspruch der alleinseligmachenden Heilsanstalt erheben, ihn aber nur als Sakramentsgemeinschaft (communio sacramentorum) verwirklichen.

Die *Auseinandersetzung mit Pelagius* (412-418), der im Interesse des asketischen Heiligungsstrebens die Verdienstlichkeit des frommen Werkes hervorhob, brachte eine vertiefte Einsicht in die Erbsündenlehre und in das stete Angewiesensein des Christen auf die göttliche Gnade ("Über den Geist und den Buchstaben", "Über die Gnade Christi und die Sünde" [de spiritu et littera; de gratia Christi et de peccato]).

Die dadurch ausgelöste Kritik eines Bischofs *Julian v.* Eklanum, der mit Pelagius vor Alarich aus Italien geflohen war und wie jener Zuflucht bei den Antiochenern gefunden hatte (419-454) - er konfrontierte Augustin mit dem Problem christlicher Ehen und christlicher Kinderzeugung -, führte in der Antwort (419-421: "Über Eheschließungen und Begierde", "Wider Julian" [de nuptiis et concupiscentia; contra Julianum]) zur Vertiefung der Gnadenlehre in die Prädestinationslehre. Das "Allein durch Gnade" (sola gratia) Augustins ist in der Spätschrift des "Handbüchleins" (ca. 423: enchiridion ad Laurentium) klassisch festgehalten worden: Lehre von der "vorbereitenden Gnade" (gratia praeparans), Inkarnation als Gnadenvermittlung oder -empfehlung (commendatio gratiae); Lehre von den zwei "Bürgerschaften" (civitates), wobei die "Himmelsbürgerschaft" (civitas caelestis) als "feststehende Zahl der Erwählten" (certus numerus electorum) auf die Gnade angewiesen ist; Lehre von der doppelten "Vorherbestimmung", nämlich "zur Bestrafung und zur Begnadung" (praedestinatio ad poenam et ad gratiam).

Solche Antwort beunruhigte wiederum *mönchische Kreise,* die um die Verdienstlichkeit ihres Lebens und die Gewißheit ihrer Erwählung bangten. Und so gingen am Spätabend des Lebens Augustins (426-429) noch die letzten Antworten in das nordafrikanische Hadrumetum ("Über Gnade und freien Willen", "Über Verderben und Gnade" [de gratia et libero arbitrio; de correptione et gratia]) und in südgallische Klöster ("Über die Vorherbestimmung der Heiligen", "Über das Gnadengeschenk des Beharrens" [de praedestinatione sanctorum; de dono perseverantiae]). Daß sie dort nur teilweise befriedigten, zeigt der sog. "semipelagianische Streit" (429-529: s. Geschichte des Christentums I,2).

Dieser dialogische Entwicklungsgang hat insofern ein Kontinuum, als Augustin sich in seinen Antworten immer wieder auf den Apostel *Paulus* zurückgeworfen sah. In fortschreitender Erkenntnis studierte er dessen Römerbrief (Kap. 1-9/11) und wies darin über sich hinaus, indem er paulinische Gnaden- und Rechtfertigungslehre zum Grundthema der mittelalterlichen Theologie, die Kommentierung der Paulusbriefe aber zu einer ihrer Hauptarbeiten machte.

Die großen dogmatischen Entwürfe, die kaum zufällig Augustin Jahrzehnte abforderten (399-419: "Über die Dreifaltigkeit" [de trinitate]; 413-426: "Über die Gottesbürgerschaft" [de civitate dei]), zeigen ein etwas anderes Bild. In ihnen ersteht nochmals das Universum spätantiker Geistigkeit, das östliche und westliche Theologie zu vereinen vermag. Die Lektüre der beiden genannten Hauptwerke beweist am besten, welch bleibende Bedeutung für ihren Verfasser die Beschäftigung mit der Philosophie in seiner Jugend gehabt hatte. Die neuakademische Skepsis (in Gestalt von Ciceros philosophischen Schriften) hatte ihn gelehrt, kritisch nach dem Ziel (Telos, finis) des Philosophierens zu fragen und seine unterschiedlichen Motive bloßzulegen. Die Begegnung mit dem Neuplatonismus (verschiedenster Prägung) in Mailand (386), mit dem er sich auch weiterhin befaßte (Porphyrius), eröffnete ihm den Zugang zu einer sich als positive Theologie verstehenden Transzendentalmetaphysik der sog. Innerlichkeit ("Über die wahre Religion" [de vera religione] 39,72: "Gehe nicht hinaus, in dich kehre zurück und übersteige dich, in dir selbst wohnt die Wahrheit"). Andererseits ermöglichte sie aber eine phänomenologische Wesensschau der Seins- bzw. Kreaturenanalogie (analogia creaturae): Sein, Leben, Erkennen als anthropologisches Ternar ("Dreiergruppe") erweisen sich als "Spuren der Dreieinigkeit" (vestigia trinitatis), die überall in der Schöpfung entgegentreten und darin den trinitarischen Schöpfer bezeugen (sog. psychologische Trinitätslehre). Muß aber die Seinsmetaphysik durch eine Geschichtsmetaphysik ersetzt werden, um die Lehre von den "beiden Bürgerschaften" zu entfalten, dann kommen wieder die bei Cicero gelernten Telosdefinitionen zum Tragen, wenn sie als Gegensatz von "Gottesliebe" und "Selbstliebe" beschrieben werden. Bei der Erklärung ihres Zueinanders werden Erinnerungen an Origenes wach, da Augustin die weltgeschichtlichen Anfänge in die vorgeschichtliche Jenseitigkeit verlegt: die innerweltliche Geschichtlichkeit ist Folge des Sündenfalls des ersten Engels, d.h. des Teufels. Das Ende der geschichtlichen Entwicklung muß daher wieder im Jenseits liegen. Sie erfüllt sich in dem künftigen "Himmelsfrieden" (pax caelestis). Als Sehnsucht nach dem "Naturfrieden" (pax naturalis) macht sie sich schon in der natürlich-physikalischen Welt, nach dem "Frieden der Gemeinschaft" (pax socialis) selbst in den Kriegen der Völker bemerkbar. Wieder leuchtet der platonische Transzendentalismus mit seinem Bezug zwischen Urbild-Abbild, Sein-Werden und seiner ontologischen These von der Nichtexistenz des Bösen auf.

Zweifelsohne ermöglichte es der platonische Idealismus als tragendes Fundament Augustin noch einmal, das geistige Erbe der Antike in die Theologie einzubringen und gleichzeitig die Brücke zur griechischen Theologie zu schlagen. In diesem Sinne kann man von einer augustinischen "Synthese" sprechen. Im Zeitalter der Völkerwanderung und des Zusammenbruchs des römischen Weltreichs repräsentiert Augustin zum letzten Mal im Abendland (und vielleicht überhaupt) reichskatholische Theologie. In einem weitgespannten Denken vereinte er zwei Geisteswelten.

Lit.: C.F.A. Borchardt, Hilary of Poitiers' Role in the Arian Struggle, 1966 (KHSt 12); J. Fontaine (Hg.), Hilaire de Poitiers. Évêque et docteur, Paris 1968; Chr. Kannengießer (Hg.), Hilaire et son temps, Paris 1969; J. Doignon, Hilaire de Poitiers avant l'exil, Paris 1971; H.Chr. Brennecke, Hilarius von Poitiers und die Bischofsopposition gegen Konstantius II, 1984 (PTS 26). - G. Grützmacher, Hieronymus, (1901-1908) Neudr. 1969; H. Hagendahl, Latin Fathers and the Classics, Göteborg 1958; W. Hagemann, Das Wort als Begegnung mit Christus, 1970 (zur Schriftauslegung des Hieronymus); J.N.D. Kelly, Jerome, London 1975; G.J.M. Bartelink, Hieronymus. Liber de optimo genere interpretandi (Epistula 57) - ein Kommentar, 1980 (Mn.Suppl.61); Y.-M. Duval (Hg.), Jérôme entre l'occident et l'orient (Akten des Kolloquiums von Chantilly, Sept. 1986), Paris 1988. - F. v. der Meer, Augustinus der Seelsorger, (1947) [3]1958; W. v. Loewenich, Augustin. Leben und Werk, 1965; P. Brown, Augustinus von Hippo, 1973; C. Andresen, Zum Augustingespräch der Gegenwart I. II, 1962. 1981; K. Flasch, Augustin. Einführung in sein Denken, 1980; Congresso Internacionale su s. Agostino nel XVI Centenario della conversione (Rom, 15.-20.Sept.1986), Atti I-III, Rom 1987; H. Chadwick, Augustin, 1987; E. Dassmann, Augustinus - Heiliger und Kirchenlehrer, 1993.

V. Die byzantinisch-orthodoxe Reichskirche bis zum Ende der Väterzeit

1. Die orthodoxe Kirche im Reich Justinians (527-565)

Sie profitierte zunächst noch davon, daß nach dem Ende Westroms (476 bzw. 480) in das dortige Machtvakuum germanische Völker einströmten. Diese untermauerten aus geschichtlichen und anderen Gründen (bei im einzelnen recht unterschiedlicher Motivation) ihre Politik der Nichtassimilation auch gleichsam konfessionell, indem sie sich zu einem "Arianismus" ungewollter Distanz zum Katholizismus (Westgoten) oder indolenter Ablehnung (Vandalen; Ostgoten) bekannten. Traditionsträger des Reichskatholizismus war eindeutig *Ostrom*. Dieses mußte sich allerdings noch stärker als bisher damit abfinden, daß man für die Fragen, die *nach* dem Glaubensentscheid von Chalcedon die östliche Christenheit bewegten, im Westen wenig Verständnis aufbrachte.

1.1. Das Akakianische Schisma (484-519)

Es ist bezeichnend für die eben angedeuteten Spannungen zwischen Ostrom und Westrom und trägt seinen Namen von dem byzantinischen Patriarchen *Akakios*. Selbst Anhänger einer gemäßigt antiochenischen Theologie und in jedem Falle Verfechter der Rechte des Konstantinopeler Thronos (can 28 von 451!), hatte er sich von seinem Kaiser zu Unionsverhandlungen mit dem alexandrinischen Patriarchat drängen lassen, obwohl man dort - durchaus im antichalkedonensischen Trend der Zeit - sich zu einer jeglicher Zweiheit im Gottmenschen absagenden ("monophysitischen") Christologie bekannte. Einig war man sich deshalb auch nur in der Ablehnung von Chalkedon. So kam als Einigungsformel das sog. *Henotikon* von 482 zustande: es schärft zunächst ein, daß, wer immer sich nicht an das halte, was in Nizäa beschlossen worden sei, als ausgeschlossen gelten solle. Sodann werden Nestorius und Eutyches gleichermaßen verdammt, die ominösen zwölf "Kapitel" oder Anathematismen Cyrills (o. S. 88f.) hingegen angenommen. "Jeden aber, der anders gedacht hat oder denkt, jetzt oder jemals zuvor, sei es zu Chalkedon oder auf welcher Synode auch immer, den" verdammt man! Als Kaiseredikt veröffentlicht, bewirkt das Henotikon allerdings das Gegenteil: Sowohl die strengen Monophysiten Ägyptens (sog. Akephaler, dazu u. S. 110f.) wie die radikalen Anhänger einer strikten Zwei-Naturen-Christologie in Syrien lehnten es ab. Soweit letztere im Perserreich der Sassaniden sich größerer Religionsfreiheit erfreuten als im Reich Justinians, bekannten sie sich auf den Synoden von Gonde-Sapur und Seleukia-Ktesiphon (484 bzw. 486) zum nestorianischen Dyophysitismus und lösten sich als "Kirche des Ostens" mit einem eigenen "Katholikos" von der byzantinischen Reichskirche; als nestorianische Kirche entfaltete sie eine aktive, bis nach Innerasien und China gelangende Mission.

Rom hingegen reagierte auf das Henotikon mit der Exkommunikation des byzantinischen Patriarchen (484: Mirbt-Aland Nr. 460f.). Als man nach 35 Jahren Schisma unter Papst Hormisdas (514-523) die Kontakte mit Ostrom suchte, wurde in dem sog. Libellus Hormisdae (wenn auch verklausuliert) greifbar, was man einst am Henotikon beanstandet hatte: man verlangte die Annahme und Billigung "sämtlicher Briefe des seligen Papstes Leo, die er über die christliche Religion verfaßt hat" (gemeint natürlich in erster Linie der "Tomus Leonis", o. S. 89f.). Zusätzlich verlangte man die Anerkennung des Prinzips, daß "am apostolischen Stuhl die katholische Religion stets unversehrt bewahrt geblieben ist" (Mirbt-Aland Nr. 470). Letzteres war das Hauptinteresse Roms. An einer Neuinterpretation des Chalcedonense war man absolut desinteressiert!

1.2. Die Kirchenpolitik Justinians

Im Zusammenbruch des Imperium Romanum blieb politische Kontinuität "Neu-Rom" vorbehalten. Kaiser Justinian verstand diese Chance zu nutzen.

Bereits im 2. Regierungsjahr begann er mit der Kodifizierung der röm. Rechtsprechung seit Hadrians Zeiten, was das ältere, unter Theodosius II. in Angriff genommene Unternehmen (o. S. 65) weit in den Schatten stellte. Nacheinander erschienen (1) der "Codex Iustinianus", (2) die Digesten bzw. Pandekten, (3) die "institutiones" (eine einführende Darstellung des Rechtsstoffes) und (4) die "Novellen" (Nachtragsgesetze Justinians, die römisches Recht und christliche Gesinnung zu vereinen suchten); das 16. Jh. vereinte all das ungeschichtlich zum "Corpus iuris civilis" (Gothofred). Tatsächlich verstand Justinian seine Gesetzgebung nur als Wahrung römischer Rechtstraditionen. In einer besonderen Verlautbarung brachte er außerdem zum Ausdruck, das römische Recht habe das "geoffenbarte Gottesrecht" zu fördern (Konstitution "deo auctore" von 530). In diesem Sinne verstand er die traditionelle Ideologie der "Reichserneuerung" (renovatio imperii), wobei er gräzisierend von dem Reich der "Rhomäer" sprach. Entscheidend blieb das Schicksalsjahr 532, in dem Justinian mit den Persern einen "ewigen Frieden" herstellen konnte, während gleichzeitig seine resolute Frau *Theodora* angesichts eines hauptstädtischen Krawalls (sog. Nika-Aufstand) die Oberhand behielt. In der Folgezeit unterwarfen ihm seine Feldherren Belisar und Narses Nordafrika (535), Italien (553) und Südspanien (554). Er konnte auch politisch beanspruchen, in den Fußspuren Konstantins d.Gr. zu wandeln. Die Hoffnungen, die dieser mit der Gründung "Neu-Roms" verbunden hatte, schienen sich erfüllt zu haben.

Auch die justinianische Kirchenpolitik trägt konstantinische Züge: sie hatte die "Befriedung" um jeden Preis im Auge. Das kennzeichnet den justinianischen "Neuchalkedonismus", der um die "Monophysiten" mit der Konzession einer monophysitierenden Interpretation des Chalcedonense warb, wie Cyrills v. Alexandrien Autorität (o. S. 85f.) sie zu decken schien. In Alexandrien lebte allerdings jetzt ein gelehrter Vertreter des Monophysitismus, der frühere Bischof *Severus* von Antiochien (gest. 538), noch vor Justinians Herrschaft wegen seiner offenen Polemik gegen Chalcedon amtsenthoben. In der traditionellen Hochburg des "Monophysitismus" entfaltete er mit einer intensiven Korrespondenz (ca. 4000 Briefe in 23 Bänden!) antichalkedonensische Kirchenpolitik. Starken Eindruck machte seine Kritik, im Symbol von 451 sei gesagt, der inkarnierte Christus bestehe aus ein- und derselben Person "in zwei Naturen" (ἐν δύο φύσεσιν): damit habe man den Nestorianismus dogmatisiert. Wie einst durch Cyrill vorgeschlagen, hätte man "aus zwei Naturen" (ἐκ δύο φύσεων) formulieren sollen. Damit sei von vornherein klargestellt, daß der Inkarnierte die eine Natur und Hypostase des fleischgewordenen Logos sei, die zweite Person göttlicher Trinitätsexistenz, die auch bei der Inkarnation das personbildende Prinzip bleibe. Sie habe aber die ganze Leiblichkeit menschlicher Existenz sich zu eigen gemacht, so daß Jesus Christus (Severus sagte - wie Cyrill! - lieber: Immanuel) als Mensch mit uns Menschen, als Logos aber mit Gottvater "wesenseins" sei. Hier artikulierte sich erneut eine alte Erlösungssehnsucht, die auf mönchischer Ebene nach Vergottung, nach neuem, unvergänglichem Sein und mystischer Gottinnigkeit strebte.

So gesehen hatte Justinians Bemühen, auf der Basis der cyrillisch-alexandrinischen Christologie die "monophysitischen" Gegner der Zwei-Naturen-Christologie mit dem Chalcedonense auszusöhnen, gute Erfolgsaussichten, zumal der Kaiser in seiner Religionspolitik die Verurteilung lebender Theologen vermied. Wenn er trotzdem nicht zum erhofften Ziel kirchlicher Befriedung gelangte, dann war daran nicht zuletzt der diktatorische Stil seiner Kirchenpolitik schuld.

1.3. Der 2. origenistische Streit

Der origenistische Streit, der zweite bzw. dritte seiner Art (o. S. 39), bietet dafür die gewünschte Anschauung. Wieder - wie schon zu Beginn des 4. (Methodius v. Olympus; Petrus v. Alexandrien; Eustathius v. Antiochien) und des 5. Jh.s (Theophilus v. Alexandrien; Johannes Chrysostomus und die 4 "langen Brüder") - beanstandete man die Rechtgläubigkeit des Origenes wegen seiner Dogmatik (Präexistenz der Seelen, Allversöhnung [Apokatastasis], Akkommodationschristologie etc.). Diesmal verteidigten ihn die Anachoreten der "neuen Lavra" gegenüber der "alten" (o. S. 98). Der Nachbarzwist erregte bald viele Gemüter, zumal in der damaligen Situation der Origenismus wie ein Gegenpol zum Monophysitismus erschien. Justinian konnte daher in monophysitischen Kreisen Zustimmung erwarten, als er einer Anklage gegen die Origenesanhänger durch den Patriarchen von Jerusalem 542 stattgab. Er ließ aus des Origenes Hauptwerk "de principiis" 24 häretische Lehrsätze zusammenstellen und wies Menas, den Patriarchen von Konstantinopel, an, dieselben auf einer "endemischen" Synode (o. S. 89) des Jahres 543 feierlichst zu anathematisieren (Denz-Schönm 403-411). Dies Vorgehen verstimmte selbst Verfechter seiner Kirchenpolitik.

1.4. Der "Drei-Kapitel"-Streit

Auch im sog. Drei-Kapitelstreit (544-553) folgte Justinian einer an ihn herangetragenen Anregung, die Monophysiten für sich zu gewinnen, indem man verstorbene Autoritäten der antiochenischen Zweinaturenlehre, die Chalcedon trotz früherer Verurteilung als orthodox rehabilitiert hatte, abermals dem Anathema unterwerfe. Zu ihnen müßten gehören: (1) *Theodor* v. Mopsuestia (o. S. 81), (2) der nestorianische Bischof *Ibas* v. Edessa (gest. 457) und (3) der Bischof *Theodoret* v. Cyrus (gest. 466; der bekannte Kirchen- und Mönchtumshistoriker). Es kam abermals zu einem kaiserlichen Edikt (544), das in drei "Kernsätzen" (κεφάλαια; lat. capitula) die Anathematisierung der Genannten und ihrer Lehren verlangte. Nur zögernd kam der oström. Episkopat dem Verlangen nach, zumal er damit die Konzilsväter von Chalkedon offen desavouierte. Den Widerstand des Papstes *Vigilius* (537-555) hatte man vielleicht am wenigsten erwartet. Günstling der Kaiserin Theodora aus Tagen in Konstantinopel, hatte Belisar nach der Eroberung Roms (536) ihn nach

Absetzung des Vorgängers auf die Kathedra Petri gesetzt. Das Edikt gegen die Origenisten hatte Vigilius unterschrieben. Jetzt aber verweigerte er die Unterschrift unter das Dreikapiteledikt. Zwangsweise nach Konstantinopel gebracht, blieb er noch ein Jahr standhaft, bis er die erzwungene Zustimmung gab (548: sog. Iudicatum). Was er befürchtet hatte, trat sofort ein: Gallien, Nordafrika, Oberitalien, Dalmatien und Illyrien sagten sich von ihm los.

Die Tragödie wiederholte sich kurz darauf. Angesichts der steigenden Widerstände unter den orientalischen Bischöfen - selbst Patriarch Menas (gest. 552) versagte sich diesmal - verlangte Justinian in einem 2. Edikt die Verdammung der drei Antiochener (551) und berief zu diesem Zweck ein "ökumenisches" Konzil nach Konstantinopel (553). Dem entzog sich der immer noch internierte Vigilius durch heimliche Flucht. In der Kapelle der hl. Euphemia zu Chalkedon fand er Asyl, was Justinian auch respektierte. Dort verfaßte er ein neues Gutachten, das den Nestorianismus verurteilte, nicht aber die drei Antiochener (553: sog. Constitutum; Denz-Schönm 416-420). Das gleichzeitig tagende Konzil aber willfahrte dem kaiserlichen Willen (a.a.O. 421-438). Erst nachdem Vigilius widerrufen hatte (Dez. 553), durfte er heimreisen (Febr. 554). Rom sollte er jedoch nicht wiedersehen.

1.5. Das 5. ökumenische Konzil

Das 5. ökumenische Konzil von Konstantinopel (Mai-Juni 553) erweist sich in jeder Beziehung als ein Scheinerfolg der Kirchenpolitik Justinians. Es befaßte sich ausschließlich mit der Dreikapitelfrage (ACO IV 1,240-242) und kam den kaiserlichen Erwartungen nach, indem es der noch stärker cyrillischen Interpretation des Chalcedonense zustimmte (hypostatische Union: can. 7.8). Bedenkt man aber, daß dies Konzil sonst nichts Weiteres beschloß, so daß man später den mageren Aktenbefund durch 15 Anathematismen gegen Origenes erweiterte (ACO IV 1,248f.), so muß man nicht nur von einem mageren, sondern sogar auch von einem teuren Ergebnis sprechen. Es kostete Justinian die Kircheneinheit mit dem Westen und trug ihm die erwartete Befriedung des Ostens nicht ein. Im Gegenteil, das Konzil beschleunigte die bereits früher sich abzeichnende Entstehung "monophysitischer" Nationalkirchen.

1.6. Nationalkirchlicher "Monophysitismus"

So hatten sich die syr. "Monophysiten" unter Führung des Bischofs *Jakob Baradai* (daher auch: Jakobiten) von Edessa (541-578) zu einer Sonderkirche mit einem eigenen Patriarchen an der Spitze (später "Katholikos" genannt) seit 544 zusammengeschlossen. In Ägypten, mit Schwerpunkten in Mittel- und Oberägypten, aber konsolidierte sich eine *koptische Kirche*. Sie besaß eine koptische Liturgie, koptische Bibelübersetzungen und auch kopt. Literatur (Abt *Schenute* von Atripe gest. 466), die allerdings weithin theol. Übersetzungsliteratur blieb. Wohl verhinderte Justinian mit Erfolg, daß ein "Monophysit" den Patriarchensitz von Alexandrien einnahm: er hielt Theodosius I. von 536 bis zu seinem Tode 566 in Schutzhaft und entsandte statt dessen einen orth. Vertreter, den die deshalb auch "Akephaler" (Kopf- = Führungs-lose) genannten "Monophysiten" Alexandriens nicht anerkannten. Daß diese untereinander zerstritten waren, besserte die Dinge nicht; auch nicht, daß nach dem Tode Justinians die beiden "monophysitischen" Patriarchate sich gegenseitig das Leben schwer machten. Für die orthodoxe Reichskirche (in Ägypten die "Königstreuen" = Melkiten genannt) waren sie verloren. Noch im Schutz der abziehenden Sassanidentruppen wählte man mit Benjamin I. (622/626?) einen Patriarchen, der wie seine Nachfolger "die Abgeschlossen-heit und Selbstgenügsamkeit der kopt. Kirche verkörperte" (B. Spuler).

Lit.: B. Spuler, Die Westsyrische (monophysitische/Jakobitische) Kirche. Die Koptische Kirche, in: HO I 8,2: Religionsgeschichte des Orients in der Zeit der Weltreligionen, 1961, 170-216.269-308 (Lit.); C.D.G. Müller, Grundzüge des christlich-islamischen Ägypten, 1969; W.H.C. Frend, The Rise of the Monophysite Movement, Cambridge 1972; F. Winkelmann, Die östlichen Kirchen in der Epoche der christologischen Auseinandersetzungen, 1980; P. Kawerau, Ostkirchengeschichte I. Das Christentum in Asien und Afrika bis zum Auftreten der Portugiesen im indi-schen Ozean, 1983 (CSCO 451 = Sub 70); E. Brunner-Traut, Die Kopten, [2]1984; A. Grillmeier, Jesus der Christus im Glauben der Kirche, II/2, 1989, 20-185 (Severus!); A. Gerhards - H. Brakmann (Hg.), Die koptische Kirche. Einführung in das ägyptische Christentum, 1993 (Urban-Tb. 451).

1.7. Kirche, Mönchtum und Theologie im justinianischen Reich

Waren so die kirchenpolitischen Mißerfolge weithin durch das diktatorische Eingreifen Justinians verursacht, so bezeugen sie doch, daß die Kirche im ju-stinianischen Reich weithin noch von dem reichskatholischen Erbe lebte. Dem wird das Schlagwort vom *"Caesaropapismus"* (18. Jh.) nicht gerecht. Es übersieht Justinians "Kaisertum von Gottes Gnaden" und vor allem die staats-rechtliche Verankerung seines Rhomäertums in den spätröm. Rechtstraditio-nen; schon von dort her war ihm das Konzept einer *völlig* integrierten Reichs-kirche verwehrt.

Auf juristischer Ebene bekundete sich kirchliche Selbstbehauptung vor al-lem in der "Kanonessammlung" (συναγωγὴ τῶν κανόνων) des späteren Patriar-chen *Johannes Scholasticus* v. Konstantinopel (565-577), die er noch zu Leb-zeiten Justinians ca. 550 herausbrachte. Sie ordnete die seit Nizäa 325 ange-fallene Synodal- und Konzilsgesetzgebung in übersichtlicher Systematik nach 50 "Titeln". In gleicher Stoffgliederung wurden die staatlichen Kirchengesetze bis hin zu den "novellae" Justinians dargeboten, als sog. Nomokanon aber be-zeichnenderweise im Anhang gebracht.

Orthodoxe Eigenständigkeit bekundeten im justinianischen Reich vor allem *Mönchtum und Theologie.* Wie in ihrer Distanzierung von Welt und Kirche vorjustinianischer Reichskatholizismus fortlebte, so waren allerdings auch die Wandlungen unverkennbar. Hatte z.B. das Mönchtum zunächst einmal die

Wüsteneinsamkeit gesucht, um dann vor allem durch Basilius auf seine kirchliche Verantwortung hingewiesen zu werden (o. S. 100), so scheuten jetzt neue Mönchsgenerationen auch die Versuchungen der Städte nicht. Das war weniger Auswirkung der Basilius-Regeln als Folge eines verstärkten Selbstbewußtseins, das mönchische Traditionen pflegte und seine Lebensformen literarisch nachgeahmt sah.

Die justinianische Epoche war so eine Blütezeit *asketischer Literatur*. Sie wandelte auf traditionellen Pfaden, wenn sie die Gattung der Mönchsvita pflegte wie *Cyrill v. Skythopolis* (gest. ca. 558 als Anachoret der "Neuen Lavra"), der 7 solcher zeitgeschichtlich aufschlußreicher Mönchsbiographien verfaßte (hg. v. E. Schwartz: TU 49, 2). Sie wußte aber auch neue Formen zu entwickeln wie der Mönch *Johannes Moschus* (gest. 619), der mehr als 300 Erbauungs- und Wundergeschichten zu einer "Geistlichen Wiese" (so der Buchtitel) vereinte. Auch die traditionelle Gattung der "Vätersprüche", deren Fülle man mit einer Gliederung nach "Hundertschaften" (Centurien) Herr zu werden suchte, fand vielfache Nachahmung. Ein neues Gliederungsprinzip bildete das Schema der Laster- bzw. Tugendkataloge, dessen sich z.B. der Sinaimönch *Johannes Climacus* (gest. ca. 649) in seiner "Himmelsleiter" bediente.

Dies selbstbewußte, um seinen Einfluß wissende Mönchtum konzentrierte sich bes. in und um Konstantinopel (wichtigste Klöster: das des Syrers Isaak und das nach seinem Stifter, dem Konsul Studios, benannte Studitenkloster in der "Sandfläche" [Psamathia]; es nahm 463 die sog. "Schlaflosen" [Akoimeten] auf, die seit ca. 430 im Kloster Eirenaion am Bosporus in ununterbrochenen Chören - getreu 1 Thess 5,17 - Gott lobten). Um 536 hatten sich bereits 76 Klöster in erster Linie zwischen der konstantinischen und der theodosianischen Stadtmauer angesiedelt. Aus ihren Reihen kam z.B. 535 der Einspruch gegen den Patriarchen Anthimus, der seine Ernennung nur Theodora und ihrer kaiserlichen Gunst zu danken hatte (Mansi VII, 881-996).

Nicht minder bewahren die *Theologen* ihre Unabhängigkeit gegenüber der justinianischen Kirchenpolitik. Das gilt gerade von dem, zu Unrecht gelegentlich als Hoftheologen Justinians bezeichneten, *Leontius v. Byzanz* (gest. ca. 543/544). Anachoret der "Neuen Lavra", war er von seinem Abt Sabas zu jener Synode des Jahres 536 nach Konstantinopel mitgenommen worden, die durch die eben erwähnte Petition der hauptstädtischen Klöster gegen den "Monophysiten" Anthimus veranlaßt worden war. Leontius darf als einer der wenigen strengchalkedonischen Christologen seiner Zeit gelten, dessen Bedeutung freilich, was jedenfalls seine Begriffs- und Formelsprache anlangt (seit einer bahnbrechenden Untersuchung von F. Loofs aus dem Jahr 1887; dazu A. Grillmeier, Jesus der Christus..., II/2, 190-241, mit weit. Lit.), vielfach überschätzt wurde. Richtig ist, daß Leontius vor allem eine Renaissance des spekulativen Origenismus signalisiert. Damit bekundete er zugleich stillen Protest gegenüber staatlicher Unterdrückung zu Justinians Zeiten.

1.8. Ps.-Dionysius Areopagita

Trotz einer langen Forschungsgeschichte und vieler Vorschläge ist bis heute nicht unter allgemeiner Zustimmung jene Persönlichkeit identifiziert worden, die sich unter dem Pseudonym des Dionysius Areopagita (vgl. Apg 17,34) verbirgt. Auch sie bewies Geisteskühnheit und (falls sie die Schließung der Universität Athen durch Justinian i.J. 529 miterlebte) Mut, wenn sie seitenweise Proklos, einen überragenden Inhaber des platonischen Lehrstuhles in Athen (412-485), zitierte, wenngleich unter einem Pseudonym. Auf diese Weise lebte ein dezidierter Heide, der Plato, die Orphik und "chaldäische" Offenbarungsliteratur in einer christlichen Umwelt zu seiner "Bibel" gemacht hatte, im Gedankengut des erstbekehrten Atheners in der byzantinischen und vor allem abendländischen Christenheit des Mittelalters fort (Gesch. d. Chr. I,2).

Das Schriftenkorpus des Pseudo-Dionysius umfaßt neben 10 Briefen 4 Abhandlungen. Der Traktat "Die göttlichen Namen" erläutert an den biblischen Gottesbezeichnungen Wesen und Eigenschaften Gottes. Dann folgt die Beschreibung der "Himmlischen Hierarchie" in ihrem triadischen Aufbau. Ihr entspricht die "Kirchliche Hierarchie" als Abbild ihres himmlischen Urbildes. Die Abbildlichkeit bedeutet allerdings auch Verlust der Ursprünglichkeit in der Vielheit der "zweitrangigen" Ternare (3 Sakramente: Taufe, Eucharistie, Salbung; 3 Ämter: Bischof, Presbyter, Diakone; 3 Stände: Mönch, Laien, "Unvollkommene"; 3 Klassen der "Unvollkommenen": Katechumenen, Kranke, Büßer). In ihnen entfaltet sich der "Eine", d.h. Gott, und durchströmt die Vielfalt des Universums mit seinen göttlichen Kräften, die dasselbe wie Lichtwellen durchfluten. Sie brechen sich vor allem an den "Symbolen", d.h. den kirchlichen Weihen (baptismale Ölweihe, Altarweihe, Beerdigungsriten [Exequien] etc.). Auch in diesen Handlungen spiegeln sich göttliche Mysterien. Vor allem garantieren sie, daß die Vielheit zur "Einung" geführt wird, deren Endziel der "Eine", Gott, selber ist. Im Unterschied zur asketischen Mystik eines Symeon v. Mesopotamien (o. S. 99) erscheint Ps.-Dionysius in seiner "Seinsmystik" weit differenzierter. Er entfaltet sie als Kultmystik und als intellektualistische Lichtmystik. In beiden profitierte er von den kosmischen Theosophien des Neuplatonikers Proklos. Nichts wäre daher verfehlter, als in den pseudo-dionysischen Hierarchien nur ein Spiegelbild des justinianischen Herrschaftssystems zu sehen. Abermals erhob mit christlicher Klangfärbung kosmische Weltfrömmigkeit die Stimme, um das "Heil" ihres Kosmos zu besingen.

Lit.: W. Schubart, Justinian u. Theodora, 1943; A.W. Ziegler, Die byzant. Religionspolitik und der sog. Caesaropapismus, Festschr. Diehls, München 1953, 81-97; S. Helmer, Der Neuchalkedonismus, Diss. Bonn 1962; E. Chrysos, Die Kirchenpolitik Justinians (in Neugr.), Saloniki 1969; P.T.R. Gray, The Defense of Chalcedon in the East (451-553), 1979 (SHCD 20); A. Cameron, Procopius, London 1985; A. Grillmeier, Jesus der Christus..., II/2, 3.T.. - E. Schwartz, Kyrillos v. Skythopolis, 1939. - F. Loofs, Leontius von Byzanz und die gleichnamigen Schriftsteller der griechischen Kirche, 1887 (TU 3, 1-2); St. Otto, Person u. Subsistenz, 1968 (zu Leontius); A. Grillmeier, Jesus der Christus..., II/2, 2.T.; D.B. Evans, Art. Leontius von Byzanz, TRE 21 (1991) 5-10. - B.R. Suchla - G. Heil - A.M. Ritter, Corpus Dionysiacum I.II, 1990f. (PTS 33.36); Marksteine der Dionysforschung: H. Koch, Pseudo-Dionysius Areopagita in seinen Beziehungen zum Neuplatonismus und zum Mysterienwesen, 1900; R. Roques, L'univers dionysien, Paris 1954; W. Völker, Kontemplation und Ekstase bei Ps.Dionysius Areopagita, 1958; J. Vanneste, Le mystère de Dieu, Paris 1959; E. Corsini, Il trattato De Divinis Nominibus... e i commenti neoplatonici al Parmenide, Turin 1962 (PFLUT 13/4); B. Brons, Gott und die Seienden, 1976 (FKDG 26); S. Gersh, From Iamblichus to Eriugena, Leiden 1978 (SPGAP 8); P. Rorem, Biblical and liturgical symbols within the Pseudo-Dionysian synthesis, Toronto-Leiden 1984 (Studies and Texts 71); A. Louth, Denys the Areopagite, London 1989. - H. Chadwick, JThS NS 25 (1974) 41-74 (zu Johannes Moschus).

2. Die orthodoxe Kirche im frühbyzantinischen Reich (7.-9. Jh.)

2.1. Kaiser Herakleios

Nicht das an einem idealisierten "Imperium Romanum" orientierte Rhomäertum Justinians prägte das künftige Byzanz. Entscheidender waren vielmehr jene byzantinischen Kaiser des 7./8. Jh.s, an ihrer Spitze Herakleios (610-641), die sich der Gegenwart und ihrer Herausforderung stellten. Damit verleugneten sie nicht die geschichtlichen Bezüge. Im Gegenteil, selbstbewußt bemühte man sich um ein eigenes Traditionsbild und fand es - nicht minder romantisch - im Hellenentum. Was einst auch begrifflich mit dem Makel des Heidentums behaftet war (Hellenen = "Heiden"), erstrahlte im neuen Licht. Selbst in der Verwaltung wurde die lat. Kanzleisprache abgeschafft und die griech. obligatorisch. An die Stelle des Augustus-Titels trat seit 629 die offizielle Bezeichnung "Basileus". Die seit augusteischen Zeiten im Orient bestehende, kaum überbrückbare Sprachbarriere zwischen Regierenden und Regierten war beseitigt! Noch mehr: "Die Sprache des Volkes und der Kirche wurde auch die Sprache des Staates" (G. Ostrogorsky). Dieser Gräzisierungsprozeß begünstigte die politische Position der orthodoxen Kirche und ermöglichte eigentlich erst die byzantinische Reichskirche in ihrem "Einklang" (συμφωνία) von Königsherrschaft (βασιλεία) und Priestertum: "Das eine ordnet und betreibt die himmlischen Dinge, das andere lenkt mit gerechten Zügeln die irdischen Verhältnisse" (Nikaia II, 787; Mansi XII, 1130). Im Unterschied zur "concordia" röm. Reichsideologie bestimmt diese "Übereinstimmung" sakraler und säkularer Welt griech.-"kosmisches" Ordnungsdenken, dem politische Gestaltung abbildhafte Wiederholung vorgeschichtlicher Überwältigung der Materie und ihres chaotischen Zustandes durch den ordnenden Logos war.

Abkehr von der Vergangenheit signalisierten auch die "*Themen*", die Herakleios als Verwaltungsbezirke für das Reich einführte, nachdem sein Vorgänger Maurikios (582-602) sie bereits erfolgreich an den abgelegenen "Exarchaten" von Ravenna und Karthago erprobt hatte. Damit wurde die konstantinische Trennung von militärischer und ziviler Reichsverwaltung beseitigt: jeder Bauer (Kolone) war zugleich Soldat (Stratiotes), jeder Prokurator einer Provinz Finanzpräsident (Logothetes) und Befehlshaber in einer Person. Notwendig geworden, als die Perser in schnellen Vorstößen bald vor Antiochien (611-613), bald vor Jerusalem (614: Entführung des sog. Helenakreuzes vom Golgathahügel in Jerusalem), ja sogar vor Konstantinopel (615) auftauchten, sollte die Neuordnung die Provinzen auch dann funktionsfähig erhalten, wenn sie von der Hauptstadt abgeschnitten wären. Solcher Dezentralisierung parallel schuf man eine stets einsatzbereite Truppe von Berufssoldaten und Flotte als zentrale Machtinstrumente. Der Erfolg blieb nicht aus. Herakleios drang tief in die Gebiete der Perser ein, nachdem diese nochmals 626 auf dem asiatischen Ufer von Byzanz lagen, während Avaren und Slawen die Hauptstadt auf der europäischen Seite belagerten. Im gleichen Jahr stand Herakleios mit seinem Heer seinerseits vor Seleukia-Ktesiphon: mit dessen Einnahme brach das Sassanidenreich zusammen. Im nächsten Jahr wurde das Helenakreuz seiner heiligen Stätte zurückgegeben (14.9.629: "Fest der Kreuzeserhöhung").

2.2. Araber und Islam

Doch schon nahte in den *Arabern* ein neuer Feind, dessen Reitervölker 634 Damaskus, dann 637/638 Palästina samt der auch ihnen heiligen Stadt Jerusalem einnahmen, um mit der Eroberung von Alexandrien (641/642) eine Flottenbasis zu schaffen, von der aus sie sich nach und nach mit Cypern (648) und Rhodos (654) weitere maritime Stützpunkte sicherten. Damit war die strategische Voraussetzung geschaffen, um in jähem Vorstoß über Anatolien (674: Eroberung v. Caesarea/Capp.) zangenartig Konstantinopel zu Wasser und zu Lande zu belagern (674-677/8). Aus dem Würgegriff rettete die Hauptstadt schließlich die byzantinische Flotte, während bei der zweiten Belagerung (717-718) die anatolischen Truppen die Retter waren. Ihr Kommandeur *Leon III.* (717-741) wurde zum Kaiser ausgerufen und begründete die sog. *Syrische Dynastie*. Deren Verdienst war es, daß sie die Angreifer wieder in ihre Ausgangsstellungen zurückwarf. Bis ins 11. Jh. hinein vermochte die konsolidierte Staatsmacht die Reichsgrenzen des Herakleios gegenüber den Arabern zu verteidigen.

Religiöser Motor solcher Expansion von Beduinen Innerarabiens war die Lehre des *Islam* ("Ergebung" [sc. in den Willen Gottes]), die der Erzengel Gabriel dem "Propheten" Mohammed (Muhammad [ca. 570-632] geoffenbart hatte (610). Der Analyse erscheint sie als eine Mischreligion jüd., christl., aber auch manichäischer Herkunft. Mohammeds Beitrag bestand primär in seiner offenbarungsgeschichtlichen Selbstbestimmung. Nachdem Moses und Jesus v. Nazareth die uralte Abrahamsreligion weitergegeben (wenn nicht "mißdeutet") hätten, sei sie ihm in ihrem urtümlichen Gehalt geoffenbart worden. Der sekundäre Beitrag bestand darin, aus dem konsequent monotheistischen Glaubensbekenntnis zu Allah ("Es gibt keinen Gott außer Gott, Mohammed aber ist der Gesandte Gottes") unabdingbare Frömmigkeitsforderungen abgeleitet zu haben: (1) das fünffache Pflichtgebet am Tage, (2) das Almosen als obligatorische Kirchensteuer, (3) den strengen Fastenmonat Ramadan und (4) die Mekkawallfahrt mindestens einmal im Leben. Der *Koran* ("Rezitationsbuch") als Sammlung der Worte des "Propheten" hingegen wurde erst Mitte des 7. Jh.s als "Wort Gottes" (114 Suren) kanonisiert. Auch die *"Sunna"* (Berichte über Aussprüche u. Taten Mohammeds) genoß gleich kanonisches Ansehen bei den Sunniten, während die Schiiten, Anhänger Alis, des Schwiegersohns Mohammeds (565-661), sie ablehnten.

Zunächst hatte Mohammed wenig Anklang unter den arabischen Beduinenstämmen gefunden, als er seine Lehre an ihrem Nationalheiligtum, dem heiligen Stein (Ka'aba) von Mekka verkündete. Man lehnte den Kaufmann des Karawanenhandels ab. Er zog sich deshalb zurück (622; sog. Hedschra: Beginn der islamischen Zeitrechnung) und sammelte eine kleine Gemeinde in der "Stadt des Propheten" (Yathrib-Medina). Erst die Rückkehr an das arabische Wallfahrtszentrum Mekka (630) brachte den Durchbruch der Lehre bei dem breiten Volk, war allerdings auch mit Zugeständnissen an den altarabischen Steinkult (Ka'aba) verbunden. *Omar* ("Beherrscher der Gläubigen": 634-644) verwirklichte dann das theokratische Weltreich des Islam. Er begründete das *Wahlkalifat* (632-661: kalif = "Nachfolger" [sc. des Propheten]), das als religiöses Leitungsamt sowohl sakrales wie säkulares Recht in sich vereinte, weshalb in den eroberten Gebieten die Gouverneure ebenso militärische wie zivile Macht in ihrer Hand vereinten. Trotzdem übten sie eine weit liberalere Religionspolitik gegenüber den Christen (vgl. den Vater des Johannes v. Damaskus [u. S. 125f.], der als Logothetes im Dienst des Statthalters v. Syrien, Muawija, stand) als Byzanz gegenüber seinen "Häretikern". Dies schwer erklärbare Phänomen wiederholte sich, als das Wahlkalifat durch die *Dynastie der Omaijaden* (661-750) abgelöst wurde, die erst innerarabische Aufstände niederschlagen mußte, bevor sie das theokratische Reich Allahs bis zum Indus (711) und nach Gibraltar (711) ausdehnen konnte.

Lit.: R. Paret, Mohammed und der Koran (1957), [7]1991 (Urban-Tb. 32); ders., Der Koran. Kommentar und Konkordanz, [2]1977 (Taschenbuchausgabe [4]1989); ders., Der Koran, 1975 (WdF 326); A. Adam, Lehrbuch DG I, 1965, 384-391 (Lit.); W. Montgomery Watt, Islamic Revelation, 1969; H. Gätje, Koran u. Koranexegese, 1971; A.T. Welch, Der Islam I/II, 1980.1985 (RM 25/1.2); M. Eliade, Geschichte der religiösen Ideen, II/1. Von Mohammed bis zum Beginn der Neuzeit, 1983, K. 33.35.

2.3. Monenergetischer und monotheletischer Streit in Byzanz

Die orth. Reichskirche bekundete ihre enge Verbundenheit mit dem frühbyzantinischen Staat dadurch, daß ihre *theologische* Diskussion entweder konformistisch oder oppositionell an der staatlichen Kirchenpolitik orientiert war. Konformismus kennzeichnet das 7. Jh., wobei der Dynastie des Herakleios vornehmlich an der Bewältigung des von Justinian übernommenen Erbes von Chalcedon gelegen war. Kontrapunktik hingegen prägt die Theologiegeschichte des 8. Jh.s, das Jahrhundert des Bilderstreits, wobei der syr. Dynastie in ihrem Kampf wider die Bilderverehrung womöglich die Bilderfeindlichkeit des Islam vor Augen stand (doch das ist, wie so vieles, umstritten!). War nicht zu befürchten, daß der Mystizismus der Bilderfrömmigkeit die politische Widerstandskraft lähmte, während Spruchband und Schriftbild, die der Islam so wirkungsvoll gestaltete, religiösen Fanatismus bis hin zum "heiligen Krieg" für Allah steigerten? Eigenständigkeit bekundete die orth. Reichskirche auf dem Gebiet der Theologie und Liturgie hingegen ausschließlich in der Pflege des Kirchenvätererbes und der liturgischen Traditionen.

Nachdem der "Neuchalkedonismus" der justinianischen Religionspolitik nicht das gewünschte Ziel, die Wiedergewinnung des "monophysitischen" Mönchtums, erreicht hatte (o. S. 108f.), kann man die Fortsetzung solcher kirchlichen Befriedungspolitik nur damit erklären, daß die Kerngebiete des "Monophysitismus" (Syrien, Alexandrien) dank der militärischen Erfolge des Herakleios kurzfristig wieder zum byzantinischen Reich gehörten. Wie beim Akakianischen Schisma (o. S. 107) endete die Friedensaktion mit dem Zwangsdiktat.

Die zu besprechende Entwicklungsphase des monenergetischen und monotheletischen Streites (633-648) nahm diesmal allerdings ihren Ausgang von Alexandrien, dessen Patriarch *Kyros* für seine Obödienz eine Union mit den "Monophysiten" ausgehandelt hatte (633). Mit ihrer christologischen Einheitsformel von der "einen gottmenschlichen Betätigung" (μία θεανδρικὴ ἐνέργεια) beschwor sie die Autorität des Ps.-Dionysius Areopagita (o. S. 113). Das empfahl sie dem Patriarchen *Sergios* von Konstantinopel (610-638) als Instrument kaiserlicher Kirchenpolitik. Allerdings hatte schon die alexandrinische Debatte die Problematik des areopagitischen Energeia-Begriffs aufgezeigt, der auf die aristotelische Ontologie mit ihrer Unterscheidung von Potenz (δύναμις) und Akt (ἐνέργεια) zurückging. Aus seiner engen Verknüpfung mit dem Naturbegriff konnte auch gefolgert werden, daß man bei der Verwendung des Energiebegriffes entsprechend den zwei Naturen des Chalcedonense auch von zwei "Energien" zu sprechen habe. In einem "Gutachten" (ψῆφος) hatte Sergios daher vorgeschlagen, weder von einer noch zwei "Energien", sondern von der "einen wirkenden Person" (εἷς καὶ αὐτὸς ἐνεργῶν) zu sprechen. Der, die ontologische Begrifflichkeit vermeidende, Kompromißvorschlag fand sogar die Zustimmung des Papstes *Honorius I.* (625-638; Denz-Schönm 487). Nur der Patriarch *Sophronios* von Jerusalem störte solche Eintracht, indem er hartnäckig insistierte: wenn man von zwei Naturen spreche, müsse man auch von zwei "Energien" reden. Vielmehr sei im Hinblick auf die Immanuelchristologie (o. S. 108) der Begriff eines "Zusammenwirkens" (συνέργεια) zwischen den beiden "Energien" zu empfehlen (Enzyklika von 634: Mansi XI 461-510). Der Schatten Chalcedons erwies sich erneut als länger, alte Narben brannten, alter Streit wurde neu entfacht.

Um das schwelende Feuer sofort auszutreten, veröffentlichte Herakleios 638 eine "Glaubenserklärung" (ἔκθεσις πίστεως), die Sergios ausgearbeitet hatte. Ihr zweiter Kompromißvorschlag, lieber von dem "einen Willen (ἓν θέλημα) unseres Herrn Jesus Christus, des wahren Gottes", zu sprechen (Mansi X 996 C), griff geschickt aus dem Zustimmungsschreiben des Honorius einen Passus auf (a.a.O.). Indem Byzanz aber die Diskussion, ob der Inkarnierte nun eine oder zwei "Energien" habe, gleichzeitig reichsgesetzlich untersagte, rief man den Protest der chalkedonischen Orthodoxie geradezu hervor.

2.4. Maximus der Bekenner und die Zwei-Willen-Lehre (Dyotheletismus)

In dem so entfachten *monotheletischen Streit* sollte der klügste Theologe jener Tage, *Maximus Confessor* (ca. 580-662), beredter Sprecher der dyotheletischen Orthodoxie werden. Aus Byzanz geflohen, wo mittlerweile mit Konstans II. (641-668) ein nicht minder tatkräftiger Herrscher die Geschicke des Reiches lenkte und jetzt zusätzlich dessen Grenzen auch gegenüber den Slawen auf europäischem Boden absichern konnte, gelang ihm die Verurteilung des Monotheletismus unter gleichzeitiger Preisgabe des inzwischen verstorbenen Honorius I. durch eine röm. Synode des Jahres 641. Auch in Karthago stimmte man seiner Argumentation zu: gemäß der Unverschrthcit der beiden Naturen des Inkarnierten habe man zwischen einem "physischen Willen" (θέλημα φυσικόν), der determiniert ausschließlich das Gute wolle, und einem "Willen der Einsicht bzw. der Entscheidungsfreiheit" (θέλημα γνωμικόν bzw. προαιρετικόν) zu unterscheiden, wobei über letzterem das Damoklesschwert möglicher Fehlentscheidung schwebe, bei richtigem Entscheid allerdings auch die Krone der Bewährung. Diesem Dyotheletismus gab nochmals 649 eine *Lateransynode* unter Papst *Martin I.* (649-653) ihr Plazet (Denz-Schönm 500-522), obwohl im Vorjahr ein kaiserliches Edikt (648: der sog. *Typos*) die Diskussion auch der Willensproblematik untersagt hatte. In Byzanz nahm man diese Brüskierung nicht hin. 653 ließ man Martin I. und Maximus Confessor verhaften, an den Bosporus verbringen und ihnen dort den Prozeß machen.

2.5. Das 6. ökumenische Konzil

Dem Sieg des *Dyotheletismus* und damit des chalkedonensischen Traditionalismus stand nichts mehr entgegen, als man endgültig die "monophysitischen" Kernlande verloren hatte. Wohl konnte *Konstantin IV.* (668-685) die arabische Flotte vor Konstantinopel vernichten und das Araberheer in Kleinasien schlagen, so daß ein dreißigjähriger Friede zustande kam (678). Syrien und

118

Ägypten aber waren seinem Blickfeld entschwunden. Ihm lag mehr an der ökumenischen Einung mit Rom, zumal die Gunst der Stunde in *Agathon* (678-681) einen Sizilier und Griechen auf die Kathedra Petri hob. Dieser versagte sich den kaiserlichen Plänen nicht. Auf einer Lateransynode 680 ließ er unter Hinweis auf Chalcedon den Dyotheletismus dogmatisieren und übermittelte die entsprechenden Beschlüsse durch seine Delegierten dem 6. ökumen. Konzil in Konstantinopel (Denz-Schönm 542-548).

Die 680/681 im Kuppelsaal ("Trullus") des Kaiserpalastes tagende, daher auch *Trullanum I* bezeichnete Versammlung schloß sich dem Votum Agathons an, verurteilte aber neben den Monotheleten (z.B. Sergios v. Konstantinopel; Theodor v. Pharan) auch Papst Honorius I. (Denz-Schönm 550-559; Mirbt-Aland 496), was dessen Nachfolger, wenn auch in modifizierter Gestalt, bestätigte (Denz-Schönm 561-563; Mirbt-Aland 497-499). Das üblicherweise zum Schluß ausgesprochene Änderungs- und Diskussionsverbot sollte diesmal fruchten: das christologische Dogma war bis in seine Details hinein ausdiskutiert worden. Chalcedons Zweinaturenlehre hatte noch einmal als Brücke der Begegnung zwischen Ost und West dienen können.

Trotzdem war der Graben der Entfremdung breiter geworden, wie das *Trullanum II* 692 erwies. Da weder das 5. noch das 6. ökumen. Konzil kirchenrechtliche Beschlüsse gefaßt hatten, wollte man dies jetzt nachholen; daher auch die Bezeichnung "Quinisextum". Während die griech.-orth. Kirche bis heute der Veranstaltung ökumenischen Rang zuerkennt, wird sie von Rom als "synodus erratica" nicht akzeptiert. Kein Wunder, wo von den 102 Kanones (Lauchert 97-139; Alivisatos 69-117) so manche abendländischer Kirchlichkeit widerstreiten!

Die Tendenz der Abgrenzung von Rom wird schon in can 1 deutlich, der feierlich die Beschlüsse der 6 voraufgegangenen ökumenischen Synoden bekräftigt und dabei ausdrücklich die Irrlehre des Honorius und die Bedeutung der kaiserlichen Unterschrift hervorhebt, den Anteil Agathons u.a. aber verschweigt (vgl. zur Rolle des Kaisers in der Kirche auch can 38.69; zur Beschränkung der Rolle Altroms auf einen strikten Ehrenprimat vgl. can 36). Dementsprechend werden in can 2 als kirchenrechtliche Grundlagen fast ausschließlich östliche Quellen genannt (Ausnahmen nur die Beschlüsse der westlichen Synode von Serdica 342/3 und Karthago 419). Unter den namentlich genannten Kirchenvätern und Bischöfen findet sich kein einziger Abendländer; die päpstlichen Rechtssetzungen bleiben ungenannt. Can 3 und 13 heben sich ausdrücklich von den strengen westlich-römischen Zölibatsbestimmungen ab (vgl. auch can 30), indem der Priesterzölibat auf die Bischöfe beschränkt und allen Klerikern nur eine zweite Ehe oder die Eheschließung mit Witwen oder Unehrenhaften untersagt wird. Nicht minder weitreichend ist, daß in can 55 ausdrücklich der römische Brauch des Samstagsfastens in der großen Fastenzeit verworfen wird, weil das der kirchlichen Überlieferung (can apost 66) widerspreche, ja daß in can 82 die Darstellung Christi in der Gestalt des Lammes, die vor allem in der lateinischen Kirche verbreitet war, verboten wird, mit der Begründung: "Damit aber das Vollkommene (Endgültige : τέλειον) allen vor Augen gestellt wird, bestimmen wir, daß man von nun an auf den heiligen Bildern anstelle des alten Lammes die Gestalt dessen aufrichte und male, der die Sünde der Welt wegnimmt, Christi, unseres Gottes, nach seinem menschlichen Wesen (χαρακτήρ)". Durch diese Darstellungsweise soll die "Größe der Erniedrigung des Gottlogos" erkennbar und so Menschwerdung, Leiden und Heilstod in Erinnerung gerufen werden. - "In diesen Bestimmungen nur einen gezielten antirömischen Affront zu sehen, ist wohl zu einfach; hier zeigt sich viel-mehr eine tiefe Entfremdung..." (K. Wessel 287).

Lit.: F. Lauchert, Die Kanones der wichtigsten altkirchlichen Concilien (1896; anast.) 1961; H.S. Alivisatos, Die hl. Kanones (in Neugriech.), Athen 1949; W. Elert, Der Ausgang der altkirchl. Christologie, 1957; F. Winkelmann, Die östli-chen Kirchen in der Epoche der christologischen Auseinandersetzungen, 1980, 62ff.106ff.; K. Wessel, Dogma und Lehre in der Orthodoxen Kirche von Byzanz, in: C. Andresen (Hg.), HDThG I, 284ff. (hier: 284-87 [Quinisextum]); H. Ohme, Das Concilium Quinisextum und seine Bischofsliste. Studien zum Konstantinopler Konzil von 692, 1990 (AKG 56); K. Beyschlag, Grundriß der Dogmengeschichte, II/1, 1991, 185-192.

2.6. Bilderverehrung und Bilderstreit

Die Bilderverehrung hatte von ihren ersten Anfängen im 4. Jh. an gegen das Bilderverbot des Dekalogs (Ex 20,4f.) zu kämpfen, auf dem noch Kritiker wie Euseb v. Caesarea oder Epiphanius von Salamis/Cypern bestanden. Ihre Kritik erhielt eine nachträgliche Bestätigung, als im 5./6. Jh. der Heiligen-kult, vor allem aber das Wallfahrtswesen und seine Devotionalien (o. S. 100f.), die Bilderverehrung intensivierten. Gleichzeitig gewann ein Brauchtum, das sich mit dem imperialen Repräsentationsbild verband (Beleuchtung der Kaiserbilder durch Kerzen, Weihrauch etc.), Einfluß. Die ausschlaggebenden Impulse aber kamen aus dem liturgischen Raum. Die by-zantinische Liturgie (u. S. 123f.) verwies das Profane im steigenden Maße aus dem Allerheiligsten ("Adyton"), indem sie die Altarzone (auch "Temp-lon" genannt) abschirmte. Dem dienten nicht nur Altarschranken ("cancelli", "transennae"), sondern auch Teppiche, die von einem auf Säulchen gelagerten Querbalken herabhingen. Die Sichtversperrung auf das "schauererregende Geheimnis" (mysterium tremendum) des Altargeschehens machten Bilder (εἰκόνες, "Ikonen") erträglich, die an den Säulchen angehängt wurden (Urform der sog. Ikonostase oder Bilderwand). Diese Christusikonen und nach dem Festzyklus variierenden Heiligenbilder erfreuten sich beim Kir-chenvolk bes. Verehrung, zumal wenn sie von Lukas oder gar "nicht von Menschenhand gemacht" (ἀχειροποίητος), d.h. durch unmittelbaren Abdruck entstanden waren wie das sog. Mandylion, das angeblich Christus selber dem Abgar von Edessa geschickt hatte (Acta Thaddaei 3; vgl. Euseb, KG I 13, 6-22). Sie vollbrachten Wunder und zogen die Massen in die Kirchen, in denen sie hingen, sofern nicht ihr legendärer Ruhm sie aus den entferntesten Win-keln in die Hauptstadt brachte, wie z.B. 674 jene Christusikone aus dem kap-padokischen Provinzstädtchen Kamulina, der man die erfolgreiche Abwehr der Perser und Araber bei den Belagerungen Konstantinopels zusprach. Pri-mitives Bildverständnis, das Bild und Dargestelltes identifizierte (vgl. das

Verbot symbolhafter Darstellung Christi als "Lamm Gottes" nach Joh 1, 29 im can 82 des Trullanum II), wandelte die Verehrung in Kult, den selbst spekulatives Bildverständnis sanktionierte, indem es den "sinnlichen Bildern" die Aufgabe zuwies, die "Angleichung" zwischen Irdischen und Himmlischen herbeizuführen (Ps.-Dionys.Areop., cael hierarch I 3).

Der *Bilderstreit* spielt sich daher von den ersten Anfängen an auf zwei Ebenen ab. Die Volksfrömmigkeit protestiert auf der einen dagegen, daß man ihr die Nothelfer rauben will, während auf der anderen das "monophysitisch" eingestellte Mönchtum um die Orthodoxie seiner Ikonen kämpft, Quelle seiner Christusmystik wie seiner Einnahmen (Malschulen!). Auf höchster Ebene aber wurde theologisch argumentiert und um religiöses Selbstverständnis gerungen.

Die *1. Phase* (730-775) wurde durch die Anweisung des Metropoliten *Theodor v.* Ephesus eingeleitet, die Ikonen aus den kleinasiatischen Kirchen zu entfernen. Sie kam den kirchenpolitischen Intentionen *Leons III.* des Syrers (o. S. 116) entgegen, mögen diese nun von islamischer oder jüdischer oder häretisch-dualistischer (Paulikianer; Gesch.d.Chr. I/2) Bildfeindlichkeit beeinflußt gewesen sein (was alles in der Forschung heftig umstritten ist). Der als Retter der Hauptstadt vor den Arabern zum Kaiser erhobene Leon war auch um die Wehrkraft seines Landes besorgt. Durch Reden an sein Volk wie durch Entfernung einer berühmten Christusikone vom Bronzeportal (Chalké) des Kaiserpalastes (726) gab er jedenfalls seinem Standpunkt unmißverständlich Ausdruck. Nach etlichen Jahren erging unter gleichzeitiger Ernennung eines bilderfeindlichen Patriarchen ein Kaiseredikt, in dem die Bilderverehrung als Götzendienst verurteilt wurde (730). Damit war der Ikonoklasmus staatlich sanktioniert, aber noch keine Staatsaktion. Das Edikt löste vielmehr theologische Proteste aus, am durchdachtesten aus Palästina mit den "Drei Reden zugunsten der Bilder" aus der Feder des *Johannes v. Damaskus* (u. S. 125f.). Unter Hinweis auf Basilius von Caesarea betonten diese, das Abbild, d.h. die Ikone, beziehe seine Ehre vom Urbild, könne daher nie Kultgegenstand werden. Neben einer inkarnationstheologischen Begründung wurde außerdem eine Offenbarungslehre der "Ikonographie" geboten, die areopagitische Züge trägt. Nach ihr offenbarte sich Gott nicht nur im "Wort" (Logos), sondern auch im "Bild" (Gen 1, 26f.!). Auch die "Bilder" der göttlichen Schöpfung wie die "Symbole" der Kirche haben Heilsfunktion, durchwalten diese Welt mit Kräften der "Verklärung" und machen daher die Ikone zum Offenbarungsträger.

Dieser theol. Herausforderung stellte sich kein Geringerer als Kaiser *Konstantin V.* (741-775). Erfolgreicher Heerführer wie sein Vater, befaßte er sich mit Theologie wie Justinian. In seinem Traktat "Anfragen" (πεύσεις) zieh er den Bilderkult des Götzendienstes. Da Urbild und Abbild wesenseins seien, müßte gemäß der Zweinaturenlehre in den Christusikonen auch die göttliche Natur des Inkarnierten präsent sein, was aber Blasphemie sei. Nur bei den eucharistischen Elementen sei die zu fordernde Wesenseinheit gegeben, was sie zu den allein statthaften "Bildern" mache. Die kaiserlichen "Anfragen" eröffneten zugleich eine *bilderfeindliche Synode*, die 754 unter dem Vorsitz des Theodor v. Ephesus im Konstantinopeler Kaiserpalast Hiereia auf der asiatischen Seite tagte. Sie verwarf den Bilderkult und untersagte die Bilderherstellung, ohne einem Ikonoklasmus das Wort zu reden (Geischer 44-53). Daß es trotzdem dazu kam, ist auf das Konto kaiserlicher Willkür zu setzen, die ab 764 sogar bithynische Klöster in Kasernen umwandelte und die Mönche ins Heer steckte.

Nach dem Tod des kaiserlichen "Drecknamens" (Kopronymus: so hieß Konstantin V. bei den Bilderfrommen) hörten sehr bald die ikonoklastischen Aktionen auf. Die für den minderjährigen Enkel *Konstantin VI.* (780-797) regierende, bilderfreundliche Kaiserin *Irene* brachte den Umschwung. Nachdem es ihr und dem byzantinischen Patriarchen gelungen war, Papst Hadrian I. (772-795) für ihre Pläne zu gewinnen (Geischer 54-56), und die Widerstände der Militärs gebrochen waren, stellte das *7. ökumen. Konzil von Nizäa II* (Sept. u. Okt. 787) die Orthodoxie der Bilderverehrung fest. Sie bringe den Ikonen ja nur den "Begrüßungskuß und die ehrende Anbetung" entgegen, nicht aber den "wahren Gottesdienst gemäß unserem Glauben", der allein der Gottesnatur zukomme (Geischer 57f. = Mansi XIII 373.377-379).

Die *2. Phase* des Bilderstreites (814-843) löste mit *Leon V.* (813-820) wieder ein von den Truppen ausgerufener Kaiser aus. Mit Regierungsantritt forderte er den Patriarchen *Nikephoros* (806-815) auf, die tiefer hängenden Bilder, d.h. die Ikonen (nicht die Fresken), aus den Gotteshäusern zu entfernen. Dieser widersetzte sich dem Ansinnen und wurde darin durch das ursprünglich ihm abholde Studioskloster (o. S. 112) unterstützt. Dessen Abt *Theodor Studites* (gest. 826) wurde sogar zum Bildertheologen der 2. Streitphase. Seine Argumentation, die an die "ikonographischen" Spekulationen älterer Theologen anknüpfte, war zweifelsohne der der Ikonoklasten seiner Zeit überlegen. Trotzdem scheiterte der Kirchenpolitiker Theodor Studites! Anstelle des Nikephoros wurde ein bilderfeindlicher Patriarch bestellt, unter dessen Vorsitz eine Synode von Konstantinopel noch des gleichen Jahres 815 die bilderfeindlichen Beschlüsse von 754 erneuerte (Geischer 70f.). Daß jetzt auch Äbte sich denselben beugten, zeigt den massiven Druck des Kaisers, der Männer des Widerstandes wie Nikephoros und Theodor Studites exilierte. Sie hätten unter seinem Nachfolger, Begründer der Amorischen Dynastie, *Michael II.* (820-829), nach Konstantinopel unter der Auflage zurückkehren können, daß sie sich zum Stillschweigen verpflichteten. Das lehnten sie aber ab und starben im Exil, Theodor auf der Prinzeninsel angesichts der Hauptstadt. In den Augen der Nachwelt waren sie die "Märtyrer" einer erneuten "Christusverfolgung". Sie erreichte ihren Höhepunkt unter Kaiser *Theophilos* (829-842), der seinen früheren Grammatiklehrer - einen dezidierten Bilderfeind - als *Johannes VII.* zum Patriarchen von Konstantinopel (837-843) machte, in seinem eigenen Palast sich aber darauf beschränken mußte, den Mönch *Methodius* auspeitschen zu lassen, ohne ihn des Palastes verweisen zu können, weil er der Seelsorger seiner bilderfreundlichen Frau Theodora war. 838 fiel zudem Amorion, der anatolische Stammsitz der Dynastie, in arabische Hände, worüber die Bilderfreunde angesichts der ikonoklastischen Erfolgstheologie (die Wahrheit des Ikonoklasmus wird durch die militärischen Erfolge der ikonoklastisch gesonnenen Kaiser erwiesen) triumphieren konnten; ihre Gegner aber mußte das noch mehr reizen. Doch abermals brachte der Tod des Kaisers den jähen Wandel, weil eine bilderfreundliche Kaiserin (Theodora) für den minderjährigen Sohn *Michael III.* (842-867) die Regierungsgeschäfte führte. Wieder wurde der bilderfeindliche Patriarch Johannes VII. abgesetzt; an seine Stelle trat der aus dem Palastghetto befreite Methodius (843-847). Er führte denn auch den Vorsitz auf jener Synode des Jahres 843, die den Bilderkult ohne größere Diskussion sanktionierte. Der Westen war daran nicht beteiligt. Das begünstigte nur die Erhebung des Geschehens zum "Fest der Orthodoxie" innerhalb des griech.-orth. Festkalenders und Kirchenjahres.

Q.: B. Kotter (Hg.), Die Schriften des Johannes v. Damaskos, I-V, 1969-1986 (PTS 7.12.17.22.29.). - *Lit.:* H.-J. Geischer, Der byzantinische Bilderstreit, 1968 (Texte, Lit.!); A. Bryer - J. Herrin (Hg.), Iconoclasm Papers..., Birmingham 1977; D. Stein, Der Beginn des byzantinischen Bilderstreites..., 1980; H.G. Thümmel, Art. Bilder V/1 (TRE 6) 1980, 532-540; J. Irmscher (Hg.), Der byzantinische Bilderstreit, Leipzig 1980; K. Wessel in: HDThG I, 287-325; H.G. Thümmel, Bilderlehre und Bilderstreit, ÖC 40, 1991; H.D. Döpmann, Die Ostkirchen vom Bilderstreit bis zur Spaltung von 1054 (KGE I/8), 1991.

2.7. Frühbyzantinische Liturgie und Hymnendichtung

Im Bilderstreit beriefen sich die Bilderverehrer, wie erwähnt, bevorzugt auf Basilius von Caesarea. Er legitimierte ihnen ihre Theorie, daß die Verehrung sich nicht auf das Bild, sondern auf das Abgebildete beziehe (DSS 18,45). Er billigte vor allem eine "ungeschriebene" Tradition neben der apostolischen Überlieferung (DSS 27,66) , was sie für sich in Anspruch nahmen. Zweifelsohne hatte der Kappadokier die Liturgie insgesamt im Auge.

Die *Basiliusliturgie* hält dies in der Nomenklatur fest. Sie spielte daher in der frühbyzantinischen Reichskirche eine gleichgewichtige Rolle wie die sie später überholende *Chrysostomusliturgie*. Beide sind sie zudem in gleicher Weise der reichskatholischen Liturgie (o. S. 94) verhaftet. Sie repräsentieren in ihrer fortentwickelten Gestalt die *byzantinische Reichsliturgie* gültig. Ihr Kennzeichen war und ist die vielfältige Beanspruchung des Gläubigen durch die Sinnenfreudigkeit des liturgischen Raumes und Geschehens, obwohl er durch die Bilderwand von dem Herz der Liturgie, dem "mysterium tremendum" der Opferdarbringung, ferngehalten ist. Dafür boten seinem Auge die Ikonen an der "Ikonostase" und die jedwede Wandfläche bedeckenden Fresken, seinem Ohr aber die zahlreichen Hymnen und Gesänge hinreichenden Ersatz. Neben der andachtsvollen Versenkung wurde im Zuge der reichskatholischen Tradition auch der reflektierenden Erbauung durch eine qualitätsvolle *Homiletik* Rechnung getragen. Wie es denn überhaupt das frühbyzantinische Christentum, zumal nach Beilegung der Bilderstreitigkeiten, kennzeichnet, daß seine Liturgie integrierende Kräfte entfaltete, die bisherige Gegensätze zwischen Klerus und Mönchtum, Theologie und Frömmigkeit, hinfällig werden ließen. Das machte einen Theologen wie *Johannes v. Damaskus* zum Repräsentanten seiner Kirche, auch wenn er aus deren Verband durch die politischen Verhältnisse (Arabersturm) herausgerissen war.

Die älteste Hs. der *frühbyzantinischen Liturgie* (Barbarinus gr. 336 s. VIII/IX) bringt jene 3 Liturgien des Chrysostomus, des Basilius und der "(für die Fastenzeit) vorgeheiligten (Elemente)" (τῶν προηγιασμένων), die auch heute noch das "Große Euchologion" zusammen mit sonstigen Anweisungen für Sakramentalien und Benediktionen enthält. Dieser Tradition hat der Fall von Konstantinopel 1453 nichts anhaben können. Ihre einzigartige Kontinuität verweist die Darstellung der byzantinischen Liturgie mit ihren Hauptteilen (1) der Vorbereitung (προσκομιδή) ihrer eucharistischen Elemente in der sog. Prothesis, (2) des Katechumenengottesdienstes und (3) der "Leiturgia der Gläubigen" in die Gegenwart und damit in die Konfessionskunde (vgl. Bd. 9). Hier ist nur festzuhalten, daß weder die Ikonostase noch der "kleine" Einzug durch die linke Tür derselben bzw. der "große" durch die mittlere "Königstür" mit der griech. Bühnenwand oder dem Einzug des antiken Chores beim Schauspiel in Beziehung stehen (so Holl; dagegen G. Kunze, Lehre, Gottesdienst, Kirchenbau, 1949, 90-97). Der religionsgeschichtliche Vergleich verweist auf die heidnischen Kultprozessionen, die liturgiegeschichtliche Analyse hingegen auf die Überführungen der Reliquien von Märtyrern in feierlicher Demonstration seit der nachkonstantinischen Zeit.

Daneben entfaltete sich die frühbyzantinische *Kirchenmalerei* in durchdachter Anordnung ihrer Fresken (Christus Pantokrator im Zenith der Zentralkuppel, umgeben von Erzengeln und Propheten; Theotokos mit Kind auf dem Schoß oder im Arm als Apsismosaik), wobei die hauptstädtische Theotoskoskirche des Kaisers Michael III. nahe dem Leuchtturm (Pharos) vielfache Nachahmung fand.

Die frühbyzantinische *Hymnographie* kam zur vollen Blüte, nachdem in justinianischer Zeit *Romanos* der Melode (als Diakon in Konstantinopel ca. 560 gest.) ihr gewisse Fesseln angelegt hatte, indem er mit seinen "Kontakia" (von Kontakion = "Stab" [um den der Text des K.s gerollt wurde]) Predigten nach dem Wortakzent versifizierte, d.h. als Rezitativ konzipierte. Bemühte Beispiele dieser Gattung (Musterstrophe und Tonart am Anfang, obligater Refrain am Schluß jeder Strophe) sind der Weihnachtshymnus des Romanos und der sog. *Hymnos akathistos*, bei dem man nicht "sitzen" durfte; er besang in 24 Strophen die Theotokos ("Gottesmutter").

Mit *Andreas*, Mönch von Jerusalem, Diakon in Konstantinopel, Erzbischof von Kreta (gest. 740), meldete sich eine neue Dichtergeneration zu Wort. Seine "Idiomela", die sich ihre "eigene Melodie" ohne eine Musterstrophe gaben, streiften die Fesseln der "Kontakia" ab. Diese verdrängte Andreas mit der neuen Hymnengattung des sog. "Kanon" (entsprechend den 9 cantica [ᾠδαί] der LXX [Ex 15, 1-19; Dtn 32, 1-43; 1 Sam 2, 1-10; Hab 3, 2-19; Jes 26, 1-21; Jon 2, 3-10; Dan 3, 26-45.52-56; 3, 57-90; Lk 1, 46-55.68-79] gewöhnlich aus 9 "Oden" bestehend). Er kam damit byzantinischem Musikempfinden nach und fand deshalb auch Nachahmer (Kosmas den Sänger u. dessen Ziehbruder Johannes v. Damaskus, Theodor Studites u.a.). Im übrigen war Andreas auch ein hervorragender Prediger (50 Homilien).

Lit.: K. Onasch, Liturgie und Kunst der Ostkirche in Stichworten, 1981; Ch. Hannick, Art. Byzantinische... Musik, LdM 2, 1982, 1208-1221 (Lit.!).

2.8. Johannes von Damaskus

Johannes v. Damaskus (ca. 675-ca. 749), der seit ca. 700 im Sabaskloster (o. S. 98) wohnte, übertraf in der Universalität des literarischen Schaffens alle Zeitgenossen. Er verachtete nicht die dürre Materialsammlung, verstand sich aber auch auf anschauliche Erzählung, auf den eristisch erregten Traktat ebenso wie auf das metrisch gebundene Melos. Den Bilderfreunden mit seinen drei "Verteidigungsreden" (Kotter III = PTS 17) die theologischen Argumente liefernd, traf ihn nach dem Tode 754 das Anathema der Ikonoklastensynode von Hieria, 787 dafür aber auch die Rehabilitation durch das 7. ökum. Konzil. Man wird diesem Exponenten der frühbyzantinischen Kirche wohl am besten gerecht, wenn man den literarischen Nachlaß nicht nach Gattungen vorstellt, sondern ihn als Sammlung einmal von Persönlichkeitszeugnissen, zum anderen von repräsentativen Dokumenten wertet:

(1) Individuelle Diktion prägt neben den erwähnten Bilderreden drei polemische Traktate gegen die Monophysiten, ferner die Abhandlungen wider die Nestorianer, die Monotheleten, die Manichäer und den Islam. Das gilt auch von dem "Leben Barlaams und Joasaphs", in dem romanhaft die Bekehrung eines indischen Prinzen durch den Eremiten Barlaam erzählt wird. Daß so heterogenes Material wie die frühchristliche Apologie des Aristides (o. S. 17) und indische Buddhalegenden verarbeitet wurden, beeinträchtigt den Wert und das Interesse nicht. Auch die Homilien sind eigenständig; unter ihnen sind die Marienhomilien (SC 80; Kotter V = PTS 29) hervorzuheben. Selbst traditionellen Gattungen der Hagiographie und des liturgischen Enkomion (genannt sei eines auf Johannes Chrysostomus) vermag der Damaskener seine Handschrift aufzuzwingen, von den Kirchenliedern ganz zu schweigen.

(2) Bindung an die Konvention hingegen prägt die dogmatischen Schriften eines Autors, der bezeichnenderweise für andere "Glaubenserklärungen" (professiones fidei) verfaßte, darunter eines für einen vom Monotheletismus konvertierten Bischof. Sein Kommentar zu den Paulinen beutet Johannes Chrysostomus, Theodoret und Cyrill v. Alexandrien im Stil der zeitgenössischen Katenen ("Ketten"-Kommentare) aus. In dem Vorwort zu dem dogmatischen Hauptwerk "Quelle der Erkenntnis" (πηγὴ γνώσεως) wird der Verzicht

auf eigene Aussagen ausdrücklich betont. Es besteht aus drei Teilen, einer "Dialektik" (einem philosophisch-dogmatischen Begriffslexikon), einer (stark von Älteren abhängigen) Ketzergeschichte und einer Dogmatik "Der rechte Glaube" (de fide orthodoxa) in 100 Kapiteln, die erst das Mittelalter im Anschluß an Petrus Lombardus (Gesch.d.Chr. I/2) systematisch untergliederte. Ausgelöscht ist dann alle Individualität in den "Heiligen Parallelen" (Sacra Parallela) mit ihren 5000-6000 Kirchenväterzitaten zur christlichen Dogmatik. Die Forschungsdiskussion über ihre "Echtheit" bezeugt ungewollt den transsubjektiven Gehalt dieses einzigartigen Quellenwerkes.

Allzu leicht konnte der Eindruck entstehen, Johannes v. Damaskus demonstriere die Sterilität einer Theologie, die im Traditionalismus ihr Genüge finde; eben darin aber liefere sie das negative Anschauungsmodell, daß Theologie gerade aus der geistigen Auseinandersetzung mit ihrer Gegenwart Impulse empfange und auch weitergebe. Wohl wirkt der Damaszener auf den ersten Blick wie ein großes Staubecken, in das alle Entwicklungsströme der altchristlichen Theologie einmünden. Den anschaulichsten Beweis liefern seine Zitatensammlungen aus den Kirchenvätern, die er seinen dogmatischen Traktaten anzuhängen liebt. Auch das ist wieder traditionell und geht auf jene Kirchenväterflorilegien zurück, die bereits im christologischen Streit des 5. Jh.s üblich zu werden begannen. Trotzdem wäre Johannes v. Damaskus und der durch ihn repräsentierten "Theologie der Väter" mit einem solchen dogmengeschichtlich in erster Linie auf die Entwicklung, den Fortschritt, ausgerichteten Urteil Unrecht getan. Ihm und seiner Zeit lag weniger an dem "Fortschritt" theologischen Erkennens als an der Intensität theologischer Aneignung dessen, was die Väter gedacht hatten. Um im Bilde zu bleiben: auch dieses Staubecken theologischen Traditionalismus speiste ein Kraftwerk, dessen Geistesströme die byzantinische Kirche mit Leben erfüllen sollten.

Q.: B. Kotter, Die Schriften des Johannes v. Damaskus I-V, 1969-1988 (= PTS 7, 12, 17, 22, 29). - *Lit.:* s.o. S. 124; dazu J.M. Hoeck, Stand und Aufgaben der Damaskenos-Forschung, OrChrP 16, 1951, 5-60; B. Studer, Die theologische Arbeitsweise des Johannes von Damaskus, 1956; K. Rozemond, La christologie de saint Jean Damascène, 1959; G. Richter, Die Dialektik des Johannes von Damaskos, 1964; ders., Johannes von Damaskos. Philosophische Kapitel, 1982 (BGrL 15).

SCHWERPUNKTE

I.
Das römische Kaiserreich von Augustus bis zum Ende der Spätantike
(27 v. - ca. 480/800 n.Chr.)

Vgl. dazu Karte I auf S. 218/219

1. Übersicht in Zahlen

31 v.Chr.	Sieg *Octavians* über Marcus Antonius bei Actium (Westgriechenland)
13.1.27 v.Chr.	Begründung des *Prinzipats*
16.1.27 v.Chr.	Verleihung des Namens *Augustus* an Octavian
30 v.Chr.ff.	Der Ring römischer Herrschaft schließt sich

	30 v.Chr.	Ägypten wird römisch
	26/25 v.Chr.	Iberische Halbinsel wird römisch
	15/12 v.Chr.	Zentralalpengebiet wird römisch
	12/ 9 v.Chr.	Illyrien wird römisch
	4/9 n.Chr.	Linksrheinisches Germanien wird definitiv römisch
	43 n.Chr.	Britannien wird römisch

14 n.Chr.	Augustus stirbt	
14 - 68	*Julisch-claudische Dynastie*	
	14 - 37	Tiberius
	37 - 41	Caligula
	41 - 54	Claudius
	54 - 68	Nero
68/69	*Vierkaiserjahr* (Galba, Otho, Vitellius, Vespasian)	
69 - 96	*Flavische Dynastie*	
	69 - 79	Vespasian
	79 - 81	Titus
	81 - 96	Domitian
96 - 180	*Humanitäres (bzw. Adoptiv-) Kaisertum*	
	96 - 98	Nerva

98 - 117	Trajan
117 - 138	Hadrian
138 - 161	Antoninus Pius
161 - 180	Mark Aurel
180 - 192	Kaiser Commodus
193	*Fünfkaiserjahr* (Pertinax, Didius Iulianus, Pescenius Niger, Septimius Severus, Clodius Albinus)
193 - 235	*Severische Dynastie*
193 - 211	Septimius Severus
212 - 217	Caracalla
(212	Constitutio Antoniniana)
218 - 222	Elagabal
222 - 235	Severus Alexander
235 - 284	*Soldatenkaiser*
235 - 238	Maximinus Thrax
249 - 251	Decius
253 - 260	Valerian
260 - 268	Gallienus
270 - 275	Aurelian
284 - 305	*Tetrarchie* unter Führung Diokletians
306 - 363	*Konstantinische Dynastie*
306	Konstantin besteigt den Thron
312	Sieg Konstantins am ponte Molle
313 - 324	Konstantin und Licinius Kaiser
324 - 337	Konstantin Alleinherrscher
340 - 350	Constans und Constantius Kaiser
350 - 361	Constantius Alleinherrscher
361 - 363	Julian Apostata
364- 375(378)	Valentinian I. (Westen) und Valens (Osten) Kaiser
375	Tod Valentinians; Nachfolger 163 Gratian (bis 383)
378	Valens fällt im Kampf gegen die Goten bei Adrianopel; Nachfolger Theodosius I.
383 - 392	Valentinian II. (Westen)
394 - 395	Theodosius Alleinherrscher
395 - 423	Honorius Kaiser im Westen
395 - 408	Arcadius Kaiser im Osten
406/408	Britannien wird geräumt
410	Eroberung Roms durch die Westgoten
408 - 450	Theodosius II (Osten)
424 - 455	Valentinian III. (Westen)
429	Vandalen setzen nach Afrika über

451	Die Hunnen werden in der 'Schlacht auf den Katalaunischen Feldern' besiegt
450 - 457	Marcianus (Osten)
457 - 474	Kaiser Leo I.
474 - 491	Zenon der Isaurier
476	Romulus Augustulus wird von Odoaker abgesetzt
480	Ende einer weströmischen Regierung

Oströmisch-frühbyzantinische Herrscher

491 - 518	Anastasius
518 - 527	Justin
527 - 565	Justinian I.
610 - 641	Herakleios
668 - 685	Konstantin IV.
741 - 775	Konstantin V.
780 - 797	Konstantin VI.
797 - 802	Kaiserin Irene

2. Problematisierung

a. Christentum und Römisches Reich: Es ist nie zu vergessen, daß sich das Christentum im Altertum zwar vornehmlich, aber keineswegs ausschließlich innerhalb der Grenzen des römischen Reiches ausbreitete (s. unten Schwerpunkt V).

b. Der Charakter der Römerherrschaft: Über den unverkennbaren Problemen und krisenhaften Erscheinungen (s. unten Abschnitt 3) dürfen die bedeutenden zivilisatorischen Leistungen der Römerherrschaft nicht verkannt werden.

c. Der "Fall der Fälle" (A. Demandt): Die Rede vom "Niedergang und Fall des römischen Reiches" (E. Gibbon) bzw. vom "Untergang des Abendlandes" (O. Spengler) ist keinesfalls undialektisch zu verstehen, schon deshalb nicht, weil das Rhomäerreich von Byzanz den Untergang der weströmischen Herrschaft um fast ein Jahrtausend überdauerte.

d. Das Römerreich - sozialgeschichtlich betrachtet: Das Schlagwort von der antiken "Sklavenhaltergesellschaft" will äußerst umsichtig gebraucht sein (s. unten Abschnitt 3e).

Zum Problem der Periodisierung s. den nächsten Abschnitt; zum Problem des Verhältnisses: Römischer Staat - Christen s. unten Schwerpunkt XIII.

3. Hauptzäsuren der römischen Geschichte

in dem hier interessierenden Zeitraum sind einmal das *Ende der frühen Kaiserzeit* und der *Beginn der Spätantike*, die man heutzutage allgemein auf den *Regierungsantritt Diokletians* (284) bzw. auf die Einführung der Tetrarchie ansetzt.

Demzufolge wäre die *die frühe Kaiserzeit nach der anderen Seite begrenzende Epoche* die Beendigung der Bürgerkriege und *die Begründung der monarchischen Herrschaft des "ersten Bürgers"* (princeps civium) durch Octavian-Augustus (13.1.27 v.Chr.). Pax Augusta.

Das *Ende der Antike* (und damit auch der Spätantike) wird *im Westen* durch den *Niedergang der römischen Herrschaft* markiert. *Im Osten* gibt es keinen scharfen Periodenbruch. Aber das *Vordringen des Islam* (vor allem), durch den das Mittelmeer nach und nach zur Schranke wurde, nachdem es zuvor für fast ein Jahrtausend als Brücke zwischen Orient und Okzident gedient hatte, veränderte auch hier viel.

Daß mit dem Herrschaftsantritt Diokletians ein so tiefer Einschnitt innerhalb der römischen Geschichte verbunden ist, daß man mit ihm ein neues Zeitalter, das der Spätantike, beginnen läßt, ist nur im Zusammenhang der *"Krise des 3. Jahrhunderts"* und der tiefgreifenden Veränderungen zu verstehen, die sie auf fast allen Ebenen des politisch-gesellschaftlichen Lebens zur Folge hatte:

a. Die *verfassungsrechtliche Stellung des Kaisertums* ändert sich. Aus dem "Prinzipat" wird der "Dominat" (von lat. dominus = "Herr" im absoluten Sinne), d.h. die mehr oder minder nackte "Autokratie" (der Kaiser selbst als die Quelle aller Macht), verbunden mit einem endgültigen Sieg des dynastischen Gedankens.

b. Im *Verwaltungsaufbau* des römischen Reiches setzt sich in der Spätantike, statt des ständisch gegliederten Regierungssystems der frühen Kaiserzeit (Nebeneinander von kaiserlicher und senatorischer Provinzialverwaltung), die Tendenz zum zentralistischen, absolutistischen Zwangsstaat durch.

c. Auch das *Städtewesen* bleibt von den Veränderungen nicht unberührt. Nachdem sie in der frühen Kaiserzeit (besonders unter dem "humanitären Kaisertum" des 2. Jahrhunderts) eine letzte Phase der Blüte und der Entfaltung erlebten, geraten die Städte in der Spätantike unter zunehmenden Druck und immer schärfere staatliche Kontrolle, was unter ihren Bürgern die Bereitschaft zum sozialen und politischen Engagement nicht eben fördert.

d. Die *Landwirtschaft* im römischen Reich, noch im 1. nachchristl. Jahrhundert von einem regelrechten Agrarkapitalismus beherrscht und durch das Latifundienwesen (mit Riesenheeren von Sklaven) gekennzeichnet, hatte sich infolge des Versiegens des Sklavenstroms seit Ende der römischen Eroberungskriege auf neue Betriebsformen umstellen müssen (Kolonat [von lat. colonus = Pächter]). Trotzdem verschlechterte sich noch ihre Lage gegen Ende der Antike, da sich vielfach Groß- und Kleinpächter unter dem wachsenden finanziellen Druck seitens des Staates nur noch dadurch zu helfen wissen, daß sie flüchten und irgendwo herrenloses Land bebauen, so viel, wie für den eigenen Bedarf nötig ist.

e. Die antike *Sklaverei* hatte ihren Höhepunkt mit Beginn der Kaiserzeit schon überschritten, da das Ende der Bürgerkriege und der weitgehende Verzicht auf

Eroberungspolitik zu einer beträchtlichen Reduzierung von Kriegsgefangenen und damit langfristig auch zu einer Verminderung der Sklavenzahl führte. Hinzu kamen (staatlich durchaus geförderte) Sklavenfreilassungen und ein Ausbau des Sklavenrechts. Größte Sklavenhalter sind und bleiben auch in der Spätantike die Kaiser (in ihrer Hofhaltung, auf ihren Domänen, in Handwerksbetrieben und im Bergbau).

4. Hauptquellen

Ausführlichste Sammlung übersetzter Quellen: W. Arend, Geschichte in Quellen, I. Altertum, München 1965. Das Wichtigste bei A.M. Ritter, Alte Kirche (=KThQ I), [5]1991. Daraus besonders

Nr. 2	(Augustus' "Tatenbericht")
Nr. 33	(Verschärfung der inneren Krise)
Nr. 58	(Spätantiker Staat als Zwangsstaat)
Nr. 3	(Lage der Landwirtschaft)
Nr. 17	(Verbesserung des Sklavenrechts)

II.
Der jüdische Hintergrund der frühchristlichen Geschichte

1. Übersicht in Zahlen

37 - 4 v.Chr.	Herodes "der Große"
4 v. - 6 n.Chr.	Archelaos, Ethnarch über Judäa, Samaria und Idumäa
4 v. - 39 n.Chr.	Herodes Antipas, Tetrarch über Galiläa und Peräa
6 - 41	Judäa prokuratorische Provinz
26 - 36	Pontius Pilatus Prokurator
41 - 44	Herodes Agrippa I., König über Judäa
44 - 50	Judäa erneut prokuratorische Provinz
50 - 68	Agrippa II., König von Chalkis, im Besitz der Oberaufsicht über den Jerusalemer Tempel
62	Jakobus "der Gerechte" und andere durch Steinigung hingerichtet
6 - 135	*Die Zeit der antirömischen Aufstände*
	66 - 73 "Jüdischer Krieg" (Josephus; 70 Zerstörung Jerusalems, 73 Fall Massadas)

	115 - 117	"Jüdischer Tumult" (tumultus iudaicus) in Alexandrien, Ägypten, der Cyrenaica, auf Zypern und in Mesopotamien
	132 - 135	Bar-Kochba-Aufstand
70 - 220	*Die Zeit der Tannaiten*	
	Nach 70:	Fixierung des jüdischen *Kanons* (Tenach) unter Ausschluß nicht zuletzt apokalyptischen Guts
		Jochanan ben Zakkai in *Jabne* (Jamnia): Neuorganisierung jüdischen Lebens ohne Tempel; Neufassung des "Ketzersegens" (*birkat-ha-minim*)
		Schulen des R. Aquiba und des R. Jischmael: Ausgestaltung der *"Halacha"* zum umfassenden Lebensgesetz
		Simeon, Sohn Gamaliels II., wird zum Vorsitzenden des neugegründeten Sanhedrin, zum *"Patriarchen"* (Nasi) gewählt (Sitz in Uscha, später in Bet-Schearim)
		Abschluß der Kodifikation der religionsgesetzlichen Bestimmungen in Gestalt der *Mischna* (von schana = "wiederholen, lernen" [sc. der mündlichen Überlieferung]) und der *Tosefta* ("Hinzufügung") unter Rabbi, Anf. 3. Jahrhundert
Ab 220	*Die Zeit der Amoräer* ("Interpreten") in Palästina (- 428) und Babylon (- 651)	
(Ab) 311	Das *Christentum* wird *religio licita* (Galeriusedikt) und damit dem Judentum im römischen Reich gleichberechtigt	
362/63	Julian Apostata gestattet und fördert den Wiederaufbau des *Jerusalemer Tempels;* das Projekt scheitert jedoch	
429	Nach dem Tod Gamaliels VI. (425 oder 428) wird das *Patriarchat nicht wieder besetzt,* dessen Vermögen konfisziert	
Bis ca. 450	Abschluß der Mischnakommentierung in Gestalt des palästinischen oder Jerusalemer *Talmud*	

Bis 651   Abschluß des babylonischen Talmud (mit religionsge-
                 setzlich-"halachischem" *und* "haggadischem" Material,
                 d.h. Erzählstoff)

2. Problematisierung

a. Römische Toleranz - vor und nach Konstantin: Es ist wichtig, sich klar zu
machen, daß das römische Reich vor wie nach der "konstantinischen Wende"
weder die Welt von Byzanz noch die des abendländischen Mittelalters war
(geschweige denn eine moderne Weltanschauungsdiktatur oder aber eine
Idylle der Toleranz!).

b. Was war das Besondere am Verhältnis Juden - nichtjüdische Gesell-
schaft(en) in der Antike? Unvergleichlich waren nicht zuletzt Rechtsstellung,
zahlenmäßiges Gewicht, gesellschaftliches Ansehen und religiöse Anziehungskraft des antiken Judentums (unerachtet des bereits vorchristlichen Antisemitismus).

Zum Verhältnis Christen - Juden s. die nächsten beiden Abschnitte sowie
die Schwerpunkte VI, VIII, IX, XI und XIII.

3. Hauptzäsuren

a. Obwohl längst viel mehr Juden außerhalb des Heiligen Landes, in der Diaspora, lebten als innerhalb und also nur eine Minderheit unmittelbar betroffen
war, haben sich nach allem, was wir wissen, der Jüdische Krieg und die Zerstörung Jerusalems einschließlich des Tempels als eine tiefe Zäsur bemerkbar
gemacht und den Anstoß zu einem Konzentrationsprozeß gegeben, ähnlich
wie ihn das Christentum im 2. Jahrhundert (im Zusammenhang der Überwindung der "gnostischen Krise") durchlief. Besonders dramatisch scheint der
Traditionsbruch in Alexandrien (im Hinblick auf Philos Erbe) erfolgt zu sein.

b. Eine andere Zäsur, daß nämlich das römische Kaisertum unter und seit
Konstantin d.Gr. "christlich" wurde, scheint für die Juden innerhalb der römischen Reichsgrenzen zunächst weniger einschneidende Folgen gehabt zu haben als vielfach angenommen. Obwohl insbesondere nach Julians gescheiterter
Religionspolitik und der Thronbesteigung Theodosius' I. ("Cunctos populos",
28.2.380) fühlbare Benachteiligungen von Juden rechtens wurden, scheint
diese einschränkende Gesetzgebung doch eine weit begrenztere Auswirkung
gehabt zu haben, als man bisher glaubte. Aber: eine Zäsur war die "konstantinische Wende" gleichwohl; Judenpogrome, Synagogenzerstörung und
-enteignung hat es jetzt ohne jeden Zweifel gegeben.

4. Hauptaspekte

a. Allein schon die Tatsache, daß das Judentum innerhalb des römischen Reiches eine starke Minorität bildete (es machte womöglich 8 - 9 % der römischen Reichsbevölkerung aus) und viele Schwerpunkte der jüdischen Diaspora zugleich Schwerpunkte christlicher Mission und Ausbreitung waren, deutet darauf hin, daß der jüdische Hintergrund der frühchristlichen Geschichte viel mehr Aufmerksamkeit verdient, als ihm in der bisherigen Kirchengeschichtsschreibung zuteil zu werden pflegte. Wo man vielerorts Tür an Tür wohnte oder einander täglich über den Weg lief, konnte man gar nicht die Augen davor schließen, daß Christen und Juden natürlich mehr miteinander gemein hatten als mit "Heiden". Und mag man deshalb auch weniger *mit*einander geredet haben, so hat man einander auf jeden Fall im Auge behalten und *über*einander geredet.

b. Neben der Geschichte des christlichen Gottesdienstes (s. unten Schwerpunkt IX) ist die Geschichte der christlichen Bibel (s. unten Schwerpunkt VI) und vielleicht auch die der christlichen Kunst das deutlichste Indiz dafür, daß schlechterdings keine Rede davon sein kann, Christentum und Judentum haben sich seit ihrem Bruch im Gefolge der Hinrichtungen Jesu, des Erzmärtyrers Stephanus und Jakobus "des Gerechten" und dann vor allem des oben angesprochenen Konzentrationsprozesses innerhalb des Judentums als Reaktion auf die Ereignisse des Jahres 70 n.Chr. nichts mehr zu sagen gehabt, sondern seien ein jedes seiner Wege gegangen.

5. Hauptquellen

E. Schürer u.a., The History of the Jewish People in the Age of Jesus Christ (175 B.C. - A.D. 135), Edinburgh 1973/1987 (mit Hinführung zu den Primärquellen). - Der Babylonische Talmud, ausgewählt, übersetzt und erklärt von R. Mayer, München 1963; vgl. auch die einschlägigen Texte bei A.M. Ritter, Alte Kirche, [5]1991,

Nr. 6	(Jüdischer Krieg)
Nr. 9	(Bruch zwischen Kirche und Synagoge)
Nr. 13	(Bar-Kochba-Aufstand)

III.
Der griechisch-römische Hintergrund (Religion und Philosophie)

1. Übersicht in Zahlen

186 v. Chr.	*Bakchanalienskandal* in Rom (Anhänger der Mysteriengottheit Dionysos/Bakchos grausam verfolgt; der Kult jedoch nachträglich durch Senatsbeschluß neu geregelt)
Vor 44 v. Chr.	In Rom erhält Caesar als erster zu Lebzeiten Ehren wie ein Gott und wird nach seinem Tod zum *Divus Iulius* erhoben
Ab 27 v. Chr.	*Restauration der alten römischen Kulte* unter Augustus, Verfolgung der ägyptischen, u.a. des Isiskults, was Tiberius fortsetzt
12 v. Chr.	Augustus entwickelt aus den seinem Genius beschlossenen Libationen (Trankopfern) einen *Kult des genius Augusti,* der fortan besonders im Heer gepflegt wird ("Herrscherkult")
Ab 37 n.Chr.	Caligula läßt die Begehungen des Isiskults offiziell zu. Domitian und später Caracalla erbauen der Isis große Tempel Bei Caligula wie später bei Nero, Domitian und auch Commodus nimmt der *Herrscherkult* maßlose Formen an
45 - 125	*Plutarch von Chaironeia,* Gelehrter und Philosoph
ca. 50 - 120	*Epiktet aus Hierapolis,* stoischer Philosoph (einstiger Sklave)
65	*Seneca* gestorben
Ab 69	breiten sich die Mysterien der indo-iranischen Gottheit *Mithras* in Italien und im Westen des römischen Reiches aus, bis zum Ende des 4. Jahrhunderts wohl der wichtigste heidnische Kult. Kaufleute und Soldaten sind seine Hauptverbreiter; zu seinen Mysten zählen auch Kaiser (Nero, Domitian)
180	*Mark Aurel,* der Stoiker auf dem Kaiserthron, gestorben
Zw. 198 u. 211	Alexander von Aphrodisias wird an die Athener peripatetische Schule berufen

Ab 220	wird, unter afrikanischem und orientalischem Einfluß, das römische Hofzeremoniell prunkvoll ausgebildet und der Kaiser mit einem bestimmten Gott offiziell gleichgesetzt oder unmittelbar verknüpft (so Diokletian, als "Jovier", mit Jupiter und Maximian, als "Herkulier", mit Herakles-Hercules)
205 - 270	*Plotin,* Begründer des Neuplatonismus
218	Elagabal, Priester des Baal von Emesa (Syrien), sucht als Kaiser diesen unter dem Namen des *Sol Invictus* zum Reichsgott zu erheben
ca.234 - 301/05	*Porphyrios* (Malchos), Neuplatoniker
ca.250 - ca.330	*Jamblich*, Begründer des syrischen Zweigs des Neuplatonismus
274	Kaiser Aurelian erneuert den *Kult des Sol Invictus*
297	Diokletian droht "Urhebern und Häuptern" des *Manichäismus* den Feuertod, ihren Gesinnungsgenossen die Enthauptung samt Vermögenseinzug an
307	Diokletian, Galerius und Licinius erkennen den (mit dem "Unbesieglichen Sonnengott" identifizierten) *Mithras als "Beschützer ihres Reichs"* an
341	Erstes allgemeines *Opferverbot* durch die Konstantinsöhne Konstans und Konstantius
415	Ermordung der Philosophin Hypatia
529	Justinian I. verbietet den Philosophie- und den Rechtsunterricht an der *Universität Athen*

2. Hauptkennzeichen der religiösen Situation

a. Wie allgemein kulturell, so setzen sich auch im religiösen Bereich die Tendenzen des "Hellenismus" (der Kultur der Alexanderzeit) fort: Die griechische Kultur wird internationalisiert; ein umfassender Austausch der religiösen Ausdrucksformen ("Synkretismus") findet statt.

b. Die *traditionellen Kulte,* dem "Bestand" (salus) der politischen, sozialen und familiären Bande sowie der Aufrechterhaltung der produktiven Beziehung zum Boden (staatlicher, familiärer, agrarischer Bereich) zugeordnet, büßen bis zur "konstantinischen Wende", ja zum Teil noch darüber hinaus, kaum an Bedeutung ein. Daneben aber üben zunehmend aus dem Osten kommende *Mysterienkulte* zumal auf die mobilen Schichten der Gesellschaft (Beamte, Kaufleute, Soldaten) eine große Anziehungskraft aus, nicht zuletzt wohl deshalb, weil sie selbst (bis auf den bodenständigen Demeterkult in Eleusis/Griechenland) "mobil" sind. Überdies verheißen sie noch mehr als den "Bestand" der sozialen und materiellen Existenz, nämlich "Erlösung" (σωτηρία). Sie sind darin der *Gnosis* verwandt, die spätestens seit dem 2. nachchristlichen Jahrhundert nicht nur unter Juden und Christen, sondern auch unter "Heiden" Eindruck gemacht und Aufmerksamkeit erregt haben dürfte (weshalb sich u.a. kein Geringerer als Plotin mit ihr auseinandersetzen mußte!). Rechnet man noch die *Astrologie,* den Gestirnfatalismus, dem (mit wenigen Ausnahmen) römische Kaiser ebenso ergeben waren wie breiteste Bevölkerungsschichten, sowie die (trotz aller offiziellen Verbote) weit verbreitete und beliebte *Magie* hinzu, die besonders im privaten Bereich eine große Rolle spielte, so wird zum einen klar: auch und gerade die römische Welt war überreich an religiösen Überzeugungen und kultischen Riten, und zum andern: es war zunehmend ein *"Zeitalter der Angst",* in welchem "Heiden und Christen" lebten (E.R. Dodds).

3. Allgemeine Charakteristik der kaiserzeitlichen Philosophie

Schon in der frühen Kaiserzeit wird der *Platonismus* zur führenden Philosophie; und er behält diese dominierende Stellung bis zum Ende der Antike. Die *Epikuräer* dienen ihres angeblichen Atheismus sowie ihres (als Proklamation hemmungslosen Lebensgenusses mißverstandenen) "Hedonismus" wegen zur Zielscheibe allgemeiner Polemik. Die *Stoiker,* in der Kaiserzeit hauptsächlich durch den ehemaligen Sklaven Epiktet und den Kaiser Mark Aurel vertreten, betreiben vor allem Moralphilosophie; daneben besteht noch ein gewisses Interesse an stoischer Logik und Physik (als Bestandteil philosophischer Allgemeinbildung). Die *Pythagoreer* (im weiteren Sinne der Anhänger der Philosophie des Pythagoras) sind großenteils mit den Platonikern verbündet; nur eine Minderheit betrachtet sich weiterhin als selbständige philosophische Schule. Der unabhängige *Aristotelismus* (Peripatos) hat in der gesamten Kaiserzeit einen einzigen herausragenden Exponenten aufzuweisen: Alexander von Aphrodisias. - Die Frage, wie des Menschen eigentliches Sein (über den Tod hinaus) bewahrt werden könne (σώζεσθαι), scheint die Geister zunehmend beherrscht zu haben. Und es war der Platonismus, der darauf am ehesten eine Antwort parat zu haben schien.

4. Hauptrichtungen ("Schulen") innerhalb des kaiserzeitlichen Platonismus

Anfangs rivalisieren noch eine "skeptische" und eine "dogmatische" Richtung miteinander. Der Streit führt auch zu einer Namensspaltung. Der Name *"Akademiker"* (von ἀκαδημία, der Lehrstätte Platons in Athen) bleibt auf die Dauer an den Anhängern der "skeptischen" Richtung (Hauptinformationsquelle: Sextus Empiricus, 2. Hälfte des 2. nachchristl. Jh.s) haften, während der anderen, an die Doktrin der platonischen Spätdialoge anknüpfenden Richtung der Name *"Platoniker"* reserviert bleibt.

Innerhalb des so verstandenen "Platonismus" lassen sich *drei Phasen* oder auch Richtungen unterscheiden:

a. der *"mittlere" Platonismus"*, von Eudorus bis Atticus (ca. 40 v. - 200 n. Chr.) reichend und von Plutarch am glanzvollsten repräsentiert;

b. der *Neuplatonismus* Plotins und seiner unmittelbaren Nachfolger Porphyrios und Jamblich, an den später auch die *Athener Schule* Syrians und seines Schülers *Proklos* (5. Jahrhundert) anknüpft - von ihnen zeigt sich als erster christlicher Theologe Ps.-*Dionysios Areopagites* nachhaltig beeinflußt;

c. die *"spätantike aristotelische Scholastik,* deren Vertreter immer noch Plato als ihre Hauptautorität betrachteten, aber die Verteidigung der aristotelischen Logik durch Porphyrius akzeptierten und weiterentwickelten" (G.C. Stead). Ihre Hauptvertreter, Marius Victorinus und Boëthius im Westen und Johannes Philoponos im Osten, sind bereits durchweg Christen.

5. Hauptquellen

Bequeme Textauswahl zur (griechischen) Philosophiegeschichte: C.J. de Vogel, Greek Philosophy, III. The Hellenistic-Roman Period, Leiden 1973. Sehr viel knappere Auswahl an übersetzten Quellen zur kaiserzeitlichen Religions- und Philosophiegeschichte bei A. M. Ritter, Alte Kirche, [5]1991,

Nr. 1	(Altrömische Religion)
Nr. 2	(Restauration der alten Kulte unter Augustus)
Nr. 19	(Isismysterien)
Nr. 12	(Epiktet)
Nr. 23	(Kelsos)
Nr. 40	(Plotin)
Nr. 44	(Porphyrius)
Nr. 69	(Marius Victorinus)
Nr. 71	(Julian Apostata)
Nr. 90	(Hypatia)

6. Zitatnachweise

E. R. Dodds, Pagan and Christian in an Age of Anxiety, Cambridge 1965, passim; G. C. Stead, Philosophie und Theologie I. Die Zeit der Alten Kirche, 1990 (= ThW 14,4), hier: 48.

IV.
Die Anfänge des Christentums

1. Die räumliche Dimension

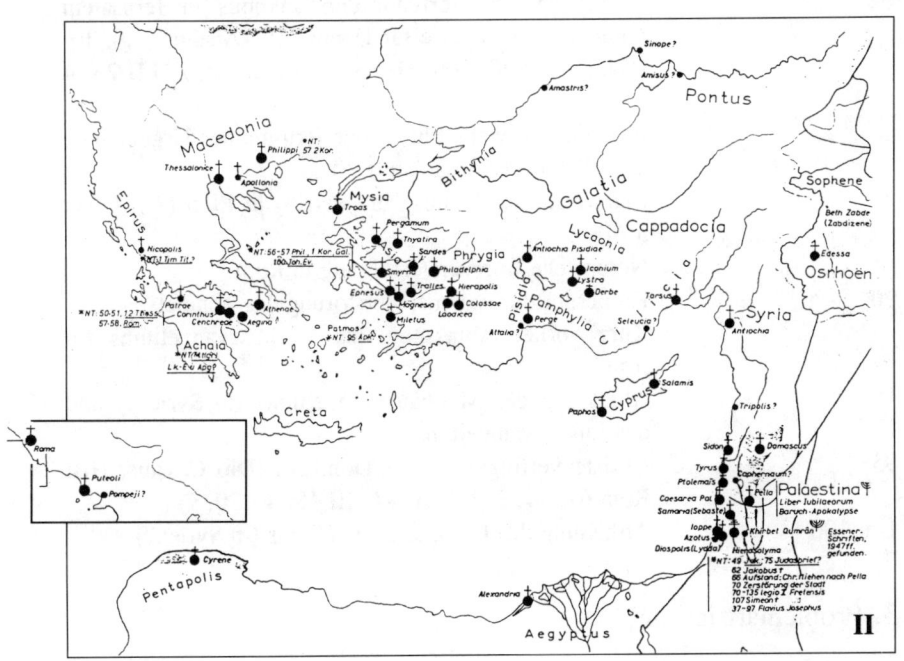

Die ältesten uns bekannten Christengemeinden aus dem 1. Jh.

2. Übersicht in Zahlen

Vor 4 v.Chr.	Jesus von Nazareth geboren
18 - 36 n.Chr.	Kajfas (Kaiphas) Hoherpriester
26 - 36	Pontius Pilatus Statthalter in Judaea - Samaria
Um 28	Auftreten Johannes' des Täufers; Jesus wird sein Jünger

7/8.4.30 (?)	Kreuzestod Jesu
Um 32/35	Bekehrung des Saulus (Paulus)
Um 44	Verfolgung der judenchristlichen Gemeinde in Jerusalem; Tod des Zebedaiden Jakobus (Apg 12)
Um 48	"Apostelkonzil" in Jerusalem; Anerkennung der Heidenmission (Apg 15; Gal 2)
49	Vorübergehende Vertreibung der Juden aus Rom durch Kaiser Claudius, "weil sie beständig Unruhe stifteten, von Chrestus aufgehetzt" (Sueton, Claudius 25,4; vgl. Apg 18,2)
50	Abfassung des ältesten Paulusbriefes (I Thess)
51/2 od.52/3	Gallio (Apg 18,12) Statthalter in Korinth (Achaia)
60 - 61	Felix Prokurator in Judaea: Prozeß gegen Paulus (Apg 24)
62	Steinigung des Herrenbruders Jakobus in Jerusalem unter dem Hohenpriester Hannas II. (Ananos; vgl. Josephus, Ant 20, 200; Hegesipp bei Euseb, KG II 23, 4 - 18)
	Bald danach wohl Flucht der Jerusalemer Urgemeinde nach Pella (Ostjordanland)
	Martyrium des Paulus (und Petrus) in Rom (? [I Clem 5.6])
64	Neronische Christenverfolgung in Rom
70	Eroberung Jerusalems; Zerstörung des Tempels
	Kurz vorher Abfassung des Markusevangeliums (in Rom?)
Um 90	Abfassung des Matthäusevangeliums (in Syrien?) und des Lukasevangeliums
95	Christenverfolgung unter Domitian (Dio Cassius, Hist Rom 67, 14, 1; Euseb, KG III 18, 4 - 20, 7)
Um 100	Abfassung des Johannesevangeliums (in Syrien?)

3. Problematisierung

a. Die "Zentralfrage" im Hinblick auf die Anfänge des Christentums lautet wohl: "Wie kam es zur Verselbständigung der ἐκκλησία τοῦ θεοῦ, die Gottes eschatologisches Heilshandeln in Jesus, dem Galiläer aus Nazaret, glaubt, lebt und proklamiert, gegenüber der Synagoge, dem geschichtlichen Volk Israel als Bluts- und Kultverband?" (G. Kretschmar, Die Kirche aus Juden und Heiden, 9).

Wie auch die oben (S. 1-6) gegebene Darstellung erkennen läßt, sehen und wissen wir noch immer weit weniger, als wünschenswert wäre, und haben nach wie vor in vielerlei Hinsicht mehr Fragen als Antworten parat. Es scheint aber, als haben die innerjüdischen Spannungen im Gefolge der Hinrichtung Jesu, des Erzmärtyrers Stephanus und des Zebedaiden Jakobus zu einem Bruch zwischen den beiden Gemeinschaften geführt, von denen die eine von der anderen ausgeschlossen zu werden drohte. Eine Entwicklung, wie sie von keiner Seite geplant war, führte zu einem Ergebnis, das niemand vorherwissen und -wünschen konnte. Doch von nun an waren sämtliche religiösen und sozialen Konflikte, die Zug um Zug die beiden Flügel einer recht komplexen Gemeinschaft hatten auseinanderdriften lassen, im Sinne einer unversöhnlichen Feindschaft zwischen Juden und Christen interpretierbar (C. Colpe, Das Siegel der Propheten, 86). Ziemlich bald gab es somit eine frühe judenchristliche Gemeinde, die ethnisch und religiös als jüdisch zu gelten hatte, wenn sie auch Konvertiten aus dem Heidentum umfaßte; nach der Mission des Paulus allerdings und der stürmischen Debatte, die er heraufbeschwor, nahm man die Heiden in die Kirche auf, auch ohne die Übernahme jüdischer Observanz zu verlangen (J.E. Taylor, The phenomenon of early Jewish-Christianity, 326). Ebensobald machte man freilich die Erfahrung, "daß es eine theologisch befriedigende Lösung offenbar nicht gab. Judenchristentum gemäß der Aufgabenverteilung des Apostelkonzils war, wie nun heraustrat, nur möglich unter den Voraussetzungen einer intakten und geschlossenen jüdischen Gesellschaft. Dort, wo Juden und Heiden beisammen lebten, mußte es Probleme geben, eben um des Postulates der einen Kirche aus Juden und Heiden willen" (G. Kretschmar, aaO, 29). Vom Beginn des 2. Jh.s an galt das Christentum weithin als eine vom Judentum wie vom Heidentum verschiedene Größe (als "drittes Geschlecht"). Einige Christen stimmten mit dieser Entwicklung nicht überein und wurden hie und da im Sinne einer Judaisierung bzw. Rejudaisierung von Christengemeinden aktiv. Mit "Orthodoxie" hatte das alles weit weniger zu tun als mit "Orthopraxie", mit dem Festhalten an jüdischer Praxis und Gesetzesobservanz. Verglichen jedoch mit dem ebenso starken wie kontinuierlichen Einfluß jüdischer Schriftauslegung, literarischer Gattungen und theologischer Konzeptionen auf die frühchristliche Theologie bleiben das alles Randerscheinungen.

b. Wann beginnt die Kirchengeschichte? Auf diese Frage scheinen gegenwärtig drei Antworten möglich zu sein: 1. Man muß die Geschichte des Christentums, als "spätantiker" Erlösungsreligion, mit der "gesamte(n) Entwicklung des Judentums seit seiner Begründung unter der Perserherrschaft" beginnen lassen (E. Meyer, Ursprung und Anfänge des Christentums, VIIIf.) oder doch wenigstens mit dem Judentum aus der Spätzeit des Zweiten Tempels, aus welchem Christentum und rabbinisches Judentum gleichermaßen hervorgegangen sind, Rebekkas Zwillingen (Gen 25) vergleichbar (A. Segal, Rebecca's children; vgl. jedoch bereits Barn 13,2). - 2. "Die Geschichte der Kirche beginnt nach dem Tod Jesu. Sie ist durch die Erscheinungen des Auferstandenen gestiftet, wie immer sich der Historiker diese erkläre" (H. Conzelmann, Geschichte des Urchristentums, 1). Entsprechend läßt die oben gegebene Darstellung die Geschichte des Christentums mit den visionären Jüngerbegegnungen mit dem "Auferstandenen", nach der "Kreuzigung des messianischen Bußpredigers *Jesus* von Nazareth", beginnen (S. 1). - 3. "Die

Geschichte des Christentums hat ihren Ursprung und Richtpunkt in der geschichtlichen Person Jesus von Nazareth, in seinem Wirken und seinem Schicksal" (B. Moeller, Geschichte des Christentums, S. 1).

Vorschlag: Man folge, der besonderen jüdisch-christlichen Ursprungsbeziehungen eingedenk, den Spuren eines der ältesten - christlichen - Bekenntnisse (s. unten Schwerpunkt VII): Ἰησοῦς Χριστός *("Jesus* ist der Christus/Messias"). In dem geschichtlich bestimmbaren Menschen Jesus von Nazareth wurde, so besagt es dies Bekenntnis, Endgültiges, letztgültiges Handeln Gottes, Wirklichkeit; und umgekehrt: der Christus Gottes ist ein ganz bestimmter Mensch *in seiner geschichtlichen Einmaligkeit.*

c. Wie aber lassen sich, angesichts einer extrem verwickelten Quellenlage, über diesen "geschichtlich bestimmbaren Menschen" überhaupt einigermaßen verläßliche Aussagen machen? Zwei Zugänge dürften historisch zu Jesus führen: "die Geschichte des Urchristentums, soweit sie sich als Wirkungsgeschichte Jesu begreifen läßt, und die Geschichte Palästinas, soweit sie der Ort des Wirkens Jesu war" (Chr. Burchard bei J. Becker u.a., Die Anfänge des Christentums, 13).

Bei dem Versuch, zu Jesus vorzustoßen in der Hauptsache über die "Wirkung der Wirkung", "die er auf Menschen hatte" (Chr. Burchard), und so die urchristliche Überlieferung anzuschauen und auszuwerten (neben ihr fällt die außerchristliche kaum ins Gewicht), kann man sich von folgenden, im Gang der Erforschung des NT in den letzten Jahrzehnten gewonnenen Erkenntnissen leiten lassen: 1. der Einsicht in den eschatologischen Charakter der Verkündigung Jesu; 2. der Neubewertung des Ostergeschehens als Markierung einer Trennlinie zwischen "historischem Jesus" und "verkündigtem Christus"; 3. der Herausschälung des soziologischen Charakters der Jesusbewegung im Unterschied zur nachösterlichen Kirche.

4. Lektürevorschläge

G. Bornkamm, Jesus von Nazareth, [14]1988 (Urban-Tb. 19); G. Theißen, Der Schatten des Galiläers, [10]1991.

Knappere Skizzen: Chr. Burchard, Jesus von Nazareth, bei J. Becker u.a., Die Anfänge des Christentums, 1987, 12 - 58; E. Schweizer, Art. Jesus Christus I, TRE 18, 1987, 671 - 726.

Zur Geschichte des Urchristentums o. S. 1ff. und die dort (S. 6) angegebene Literatur.

5. Zitatnachweise

Chr. Burchard, Jesus von Nazareth, in: J. Becker u.a., Die Anfänge des Christentums, 1987, 12-58, hier: 13; C. Colpe, Das Siegel des Propheten, 1989, hier: 86;

H. Conzelmann, Geschichte des Urchristentums, [6]1989, hier: 1; G. Kretschmar, Die Kirche aus Juden und Heiden, in: J. van Amersfoort - J. van Oort, Juden und Christen in der Antike, Kampen 1990, 9-43, hier: 9.29; E. Meyer, Ursprung und Anfänge des Christentums VIII f., 1923; B. Moeller, Geschichte des Christentums in Grundzügen, (1965) [4]1987, hier: 1; A. Segal, Rebecca's Children: Judaism and Christianity in the Roman World, 1986, passim; J. E. Taylor, The phenomenon of early Jewish-Christianity, 1990, 3313-334, hier: 326.

V.
Mission und Ausbreitung des Christentums

1. Karten

Vgl. Karte I auf S. 218/219, ferner:

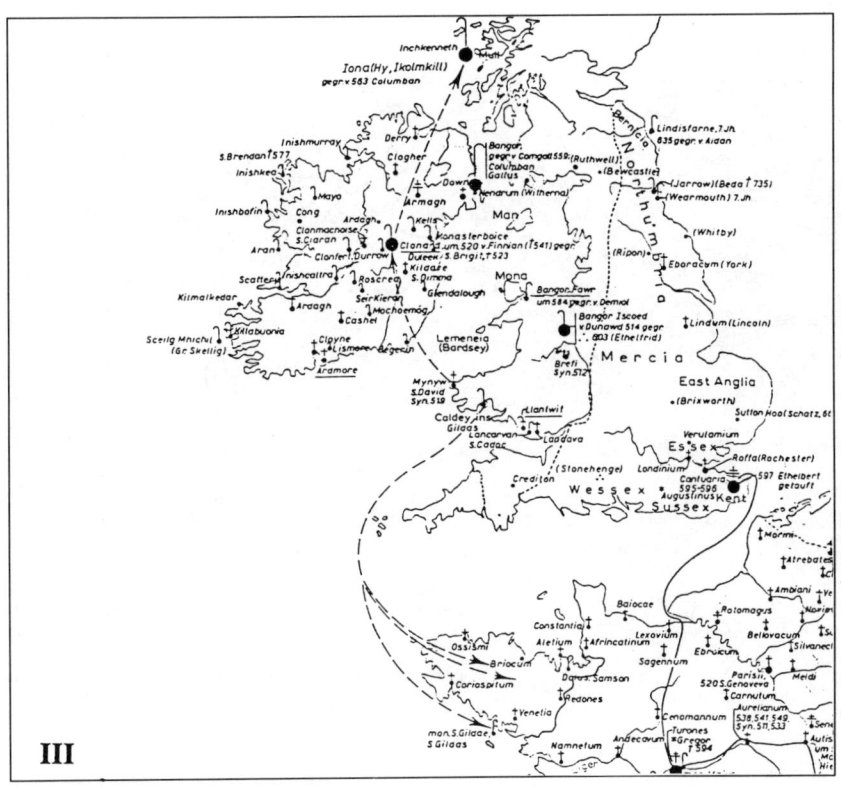

Die Missionskirchen auf den britischen Inseln im 6. Jahrhundert

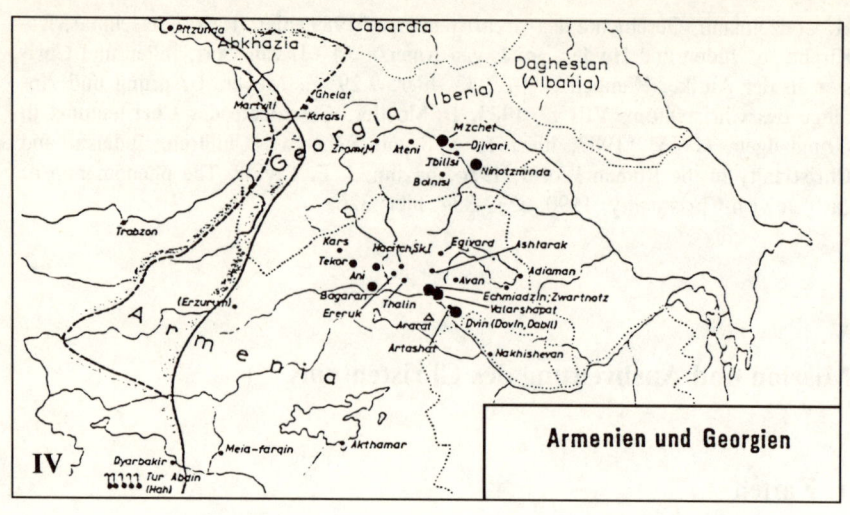

IV

Armenien und Georgien

Pitzunda · Cabardia
Abkhazia
Ghelat
Martvili · Kutaisi
Georgia (Iberia)
Daghestan (Albania)
Zrom/M Mzchet
Ateni Djvari
Tbilisi Ninotzminda
Bolnisi
Trabzon

Kars
Tekor Hacitch SkI Egivard Ashtarak
Ani Adiaman
Bagaran Avan Echmiadzin Zwartnotz
Thalin Valarshapat
Ererük Ararat Dvin (Dovin, Dabil)
Artashat Nakhishevan

(Erzurum)

Armenia

Dyarbakir Meia-farqin Akthamar
Tur Abdin (Hah)

Cherson
Schwarzes Meer
Konstantinopel
Chalkedon Phasis Mccheta
Nikaia Georgier
Smyrna Armenier
Ani
Rhodos Tarsos
Edessa Nisibis Tabris
Cypern Antiocheia
Damaskos Seleukeia-
Maroniten Ktesiphon
Alexandreia Jerusalem (Bagdad)
Kopten Hira
Basra
Rew Ardaschir

Turfan
Tokmak
Aral-See Otrar Kutscha
Urgentsch Jaxartes Kaschgar
Oxus Buchara Samarkand Jarkand
Merw Balch
Nischapur Herat
Rai (Teheran)
Isfahan
Farah
Bust
ZOROASTRIER

Ganges
Indraprastha
Udschein

Medina
MUSLIME
Mekka

Tana
Angamale
Cranganor
Kotschin
Nedschran
San'ä
Aksum
Aden
Sokotra Quilon

Äthiopier

Nestorianische Kirche: \\\\
• Ort mit nestor. Gemeinde
⚑ Bistum
⚑ Erzbistum
⚑ Sitz des Katholikos-Patriarchen
⚑ Sitze nichtnestorianischer Patriarchen
— Grenze des islamischen Machtbereiches

V

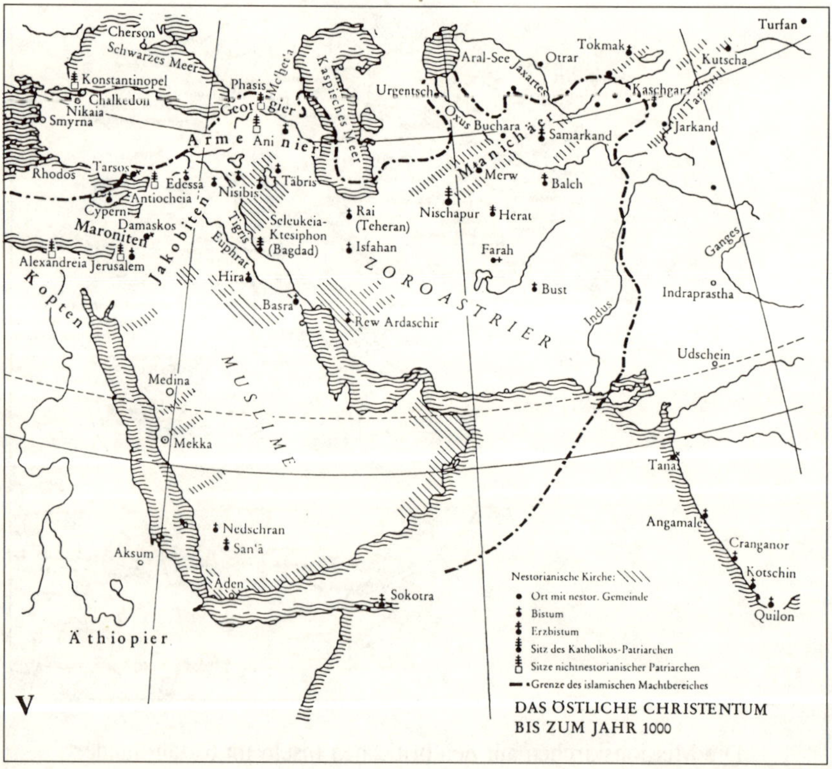

DAS ÖSTLICHE CHRISTENTUM
BIS ZUM JAHR 1000

2. Übersicht in Zahlen

Um 30	sind Christen, Anhänger der Jesusbewegung, in Galiläa und später auch in Judäa bezeugt
Um 35	in Damaskus und Antiochien/Syrien
Um 50	in Ephesus/Kleinasien
	in Korinth/Mittelgriechenland
	in Rom/Italien
Vor 79	in Pompeji (?)
Um 100	in Alexandrien
	in Edessa/Osrhoëne (bis 214/216 außerhalb der römischen Reichsgrenzen gelegen)
Um 150	im Rhônetal (Lyon und Vienne)
	in Karthago/Nordafrika
Um 200	in Persien
	im übrigen Nordafrika
	in Indien (?)
	in Germanien (Köln und Trier)
Um 300	in Armenien (wo das Christentum noch vor der "konstantinischen Wende" Staatsreligion wird)
	auf den britischen Inseln (Spätestens! Am Konzil von Arles 314 nehmen bereits 3 britische Bischöfe teil)
	unter den Goten nördlich der Donau
Vor 337	in Georgien (Christentum seit 337 Staatsreligion)
Um 350	bei den Äthiopiern (Königreich Aksum wird christlich)
Um 500	in Nubien und auf Sri Lanka

Weitere wichtige Daten:

Nach 150	Lateinisch wird Kirchensprache (zuerst wohl in Nordafrika)
209	Martyrium des hl. Alban bei Verulamium/St. Alban's(?)
Um 360	Wulfila übersetzt die Bibel ins Gotische
431	Palladius von Rom aus als Bischof zu den "Christen unter den Iren" entsandt
Vor 440	Armenisch wird Kirchensprache (Mesrop), bald danach auch Georgisch
Um 450	Patrick missioniert in Irland, Ninian im Osten Schottlands
498/9	Übertritt des Merowingers Chlodwig zum katholischen Christentum
563	Beginn der irischen Mission im Westen Schottlands durch Columban (Gründung des Klosters auf Iona)
597	Eine päpstliche Gesandtschaft zur Bekehrung der Angelsachsen landet bei Canterbury
598	König Ethelbert von Kent tritt zum katholischen Christentum über

3. Methoden und Modalitäten

Nach K. Holl ist der Hauptunterschied zwischen altkirchlicher und mittelalterlicher *Missionsmethode*: die mittelalterliche Kirche zielt "auf Massenerfolge ab. Sie sammelt nicht langsam Gemeinde um Gemeinde. Sie will gleich ein Volk, einen Stamm als Ganzen dem Christentum zuführen". Dabei standen ihm offensichtlich mehr die christlichen Anfänge vor Augen. Denkt man dagegen an die Zeit nach der "konstantinischen Wende", so relativieren sich die Unterschiede, zumal zwischen Spätantike und Frühmittelalter.

Was die *Modalitäten* anlangt, so hat bereits die lukanische Apostelgeschichte die zwei unterschiedlichen Formen des christlichen Ausbreitungsprozesses wohl im Prinzip richtig festgehalten: entweder entstanden durch Missionierung des näheren Umkreises regionale Ballungszentren (Kleinasien, Palästina), oder man folgte den Knotenpunkten des antiken Reise- und Handelsverkehrs, so daß sich städtisch-großstädtische Schwerpunkte bildeten.

Die zweite wichtige Feststellung: Bald nach Paulus gab es kaum mehr den berufsmäßigen Missionar; "die zahlreichsten und erfolgreichsten Missionare der christlichen Religion waren ... die Christen selbst, sofern sie treu und stark waren" (A. Harnack). Zu den Trägern der christlichen Mission sind anfangs auch Wandercharismatiker und später christliche Lehrer wie Justin und Klemens von Alexandrien zu rechnen. Bei der Missionierung des näheren Umkreises wird auch immer die Bedeutung des Ortsklerus hoch zu veranschlagen sein. In der Spätantike wurden die größten missionarischen Anstrengungen von Mönchen unternommen.

4. Begünstigende Faktoren

a. die Weite des römischen Reiches und seine kulturell-sprachliche Homogeneität; die Leichtigkeit des Verkehrs sowie die (für antike Verhältnisse jedenfalls) bemerkenswerte Rechtssicherheit und die i.a. tolerante Religionspolitik der Römer;

b. die Tatsache, daß die christliche Mission an vielen Stellen, innerhalb wie außerhalb der römischen Reichsgrenzen, in die Fußstapfen der jüdischen treten konnte (buchstäblich wie übertragen [Septuaginta!]);

c. das Neuheitsbewußtsein der Christen, das zu neuen Missionserfolgen beflügelte, wie es sich aus bereits errungenen "Siegen" nährte;

d. die allgemeine Aufgeschlossenheit für das Phänomen Erlösungsreligion (E.R. Dodds), wobei es das Christentum gegenüber den Mysterienreligionen auszeichnete, daß es seinen "Ursprung und Richtpunkt" (B. Moeller; s. oben Schwerpunkt IV) in einem leibhaftigen Menschen besaß, von dem aus den Evangelien (trotz aller Übermalungen) immerhin noch ein lebendiger Eindruck zu gewinnen war;

e. das Zusammengehörigkeitsgefühl der Christen, das auch die Outcasts, ja selbst (und zwar unterschiedslos!) die Verstorbenen einschloß (Tertullian zitiert in diesem Zusammenhang: "Seht, wie sie einander lieben");

f. die in den Martyrien bewiesene Überzeugungstreue Einzelner (Tertullian: "das Blut [der Märtyrer] ist ein Same").

5. Missionshemmnisse

a. der oft begegnende Einwand: Martyrien beweisen gar nichts, es sei denn Borniertheit und Fanatismus (Martyriumssucht) der Christen;

b. die kaum abzuleugnende Tatsache, daß auch schon in den Anfängen zwischen "Ideal" und "Leben" nicht selten eine tiefe Kluft bestand (Uneinigkeit der Christen; s. unten Schwerpunkt XI);

c. die von Plato formulierte philosophische Grundüberzeugung: "Ein Gott vermischt sich nicht mit einem Menschen" (Symp 203a);

d. die besonders von Mittel- und Neuplatonikern zum Ausdruck gebrachte gemein-griechischphilosophische Grundüberzeugung: die Wahrheit ist uranfänglich - ewig, alt (Wahrheit und *Geschichte* demzufolge - ein Widerspruch in sich selbst);

e. die Erfahrung, daß sich die Nähe zwischen Kirche und Synagoge nicht nur positiv auswirkte (verschärfte gesellschaftliche Isolierung des Christentums, weil es als "Abspaltung von der Abspaltung" betrachtet werden konnte; Diskreditierung seiner Verkündigung angesichts massiver jüdischer Kritik am christlichen Schriftbeweis), vom latenten Antisemitismus abgesehen;

f. die Erfahrung, daß die allgemeinen Verhältnisse im Reich der Kirche und ihrer Mission nicht nur nützten: die Scheidelinien zwischen Griechen-Römern und Barbaren sowie zwischen Stadt und Land wurden - im Westen stärker als im Osten - mit einer gewissen unreflektierten Selbstverständlichkeit angeeignet (paganus = "Heide"); und die "konstantinische Wende" hat unter ihnen dem Geschmack an der Macht ohne Frage gewaltigen Auftrieb gegeben und sie überdies in den Augen von Nichtrömern (bes. Persern) politisch verdächtig gemacht.

6. Hauptquellen

A. M. Ritter, Alte Kirche, [5]1991,

Nr. 1	(Widerständigkeit der altrömischen Religion)
Nr. 10	(Plinius an Trajan über den christlichen Missionserfolg in Kleinasien)
Nr. 20	(die gängigen heidnischen Vorwürfe gegen das Christentum)
Nr. 32c	(Origenes am Hofe der Kaisermutter Julia Mammäa)
Nr. 35	(Massenabfall in Karthago als Folge der decischen Verfolgung)
Nr. 79	(Wulfila und die Gotenbekehrung)
Nr. 95	(Nestorianermission in Zentralasien und China)

7. Zitatnachweise

K. Holl, Die Missionsmethode der alten und mittelalterlichen Kirche, (jetzt) in: Hg. Frohnes - U.W. Knorr, Die Alte Kirche (KGMG I), 3-17; hier: 13; A.v. Harnack, Die Mission und Ausbreitung des Christentums, I, [4]1924, 377; E.R. Dodds, Pagan and Christian in an Age of Anxiety, Cambridge 1965; ders., The Greeks and the Irrational, Berkeley 1956; Tertullian, Apolog 39,7; 50,13.

VI.
Die Entstehung der christlichen Bibel

1. Übersicht in Zahlen

3./1.Jh. v.Chr.	Entstehung der griechischen Übersetzung des AT (zunächst des Pentateuch), der sog. *Septuaginta* (LXX)
Um 100 v.Chr.	Aristeasbrief: Legende von der Entstehung der LXX, die Philo (De vit Mos II 5-7) und Irenäus (Adv haer III 21,2) immer mehr ins Wunderhafte steigern
Nach 70 n.Chr.	Fixierung des hebräischen Kanons, "zumindest in Kreisen des protorabbinischen pharisäischen Judentums" (B.S. Childs, JBTh 3 [1988]18)
Um 80	Der Kolosserbrief (4,16) setzt den Austausch von Paulusbriefen zwischen den vom Apostel gegründeten Gemeinden voraus
Um 98	Josephus (c Apion I 8) nennt *Kriterien der Kanonizität* der zur jüdischen Bibel gehörigen Schriften und begrenzt deren Zahl auf 22
Um 125	ist das Johannesevangelium in Ägypten bekannt (Papyrus p[52])
Um 130	führen der Barnabasbrief (4,14) und, wenig später, der 2. Klemensbrief (2,4) - möglicherweise - Jesusworte als "Schrift" (γραφή) an
Vor 150	kennt 2 Petr (3,15f.) eine Sammlung aller Paulinen und bietet der unechte Markusschluß (Mk 16, 9-20) eine Harmonie der Ostergeschichten aller 4 Evangelien
Um 150	beklagt sich Justin über Verfälschungen des (atl.) Bibeltextes durch neuere jüdische Übersetzungen (dial 71,1 - 74,3) und erwähnt (Apol I 66,3; 67,3) die Verlesung der "Erinnerungen der Apostel" im christlichen Gemeindegottesdienst nach und neben derjenigen prophetischer Schriften (= AT)

	Markion verwirft das AT; NT - Kanon aus Lk und 10 Paulinen (ohne die Pastoralbriefe)
Vor 190	Erste christliche Kanonliste des AT bei Meliton v. Sardes (= hebr. Kanon, ohne Esther u. Klagelieder)
185 - 254	Origenes, der größte altchristliche Bibelausleger, anerkennt nur 22 "zum Kanon gehörige" (ἐνδιάθηκοι) atl. Bücher (hebr. Kanon als Norm) und unterscheidet bei den ntl. Schriften zwischen a. allgemein in kirchlichem Gebrauch stehenden (4 Evv, 13 Paulinen, 1 Petr, 1 Joh, Apg u. Apk), b. "umstrittenen" (den übrigen kathol. Briefen, Hebr u. Jud) und c. "gefälschten" (v.a. apokryphen Evangelien)
Um 200	Canon Muratori (ältestes Verzeichnis des ntl. Kanons)
367	Der 39. Osterfestbrief des Athanasius schreibt den atl. (22 "kanonische" Bücher = hebr. Kanon + Baruch u. Jer.-Brief) und den ntl. Kanon fest (27 Schriften = 4 Evv, Apg, kathol. Briefe [in der Reihenfolge nach Gal 2,9!], 14 Paulinen [einschl. Hebr], Apk)
382	"Decretum Damasi" über den Kanon der Hl. Schrift (aus den Akten der römischen Synode von 382)
393	Synode von Hippo (bestätigt in Karthago 397) erstellt für Nordafrika eine Kanonliste: Erstmals werden die LXX-Überhänge (Weish, Sir [= 4./5. salomon. Schrift], Tob, Jdt, I/II Makk) formell als "kanonische" Schriften bezeichnet
395/419	Hieronymus plädiert (gegen Augustin und die inzwischen verfestigte westliche Tradition) für die *hebraica veritas* (d.h. die Maßgeblichkeit des hebr. Bibeltextes und des Umfangs des jüdischen Kanons)
Ab 400	Die nationalsyrische Kirche geht vom "Evangelium der Vermischten" (= Tatians "Diatessaron" [o. S. 34]), das bis dahin - allein? - gültig war, zum 4-Evv-Kanon ("Evangelium der Getrennten") über; im Apostelteil bleiben freilich Apk, 2 Petr, 2/3 Joh und Jud aus dem Kanon verbannt

2. Hauptzäsuren

Kanongeschichtlich wichtigster Einschnitt war gewiß die Überwindung der "gnostischen Krise" (o. S. 18ff.) und in dem Zusammenhang die Fixierung des ntl. Kanons (o. S. 27), die, im Kern um 200 abgeschlossen, ein fühlbar verändertes theologisches Klima schufen.

Kirchenamtlich-synodale Entscheidungen fallen demgegenüber weniger ins Gewicht; sie kamen nicht nur spät (s.o. 1.), sondern erreichten auch nicht ihr

Ziel, den Ausgleich zwischen den verschiedenen Kirchengebieten zu befördern. Bis ins 16. Jh. hinein hat es keinen *völlig* einheitlichen Kanon gegeben.

3. Treibende Kräfte und Motive

a. Die Einheit der Heilsgeschichte (Schöpfung - Erlösung), und damit auch die Einheit des Gottesbegriffes, soll gewahrt bleiben (darum Festhalten am AT).

b. Die rückwärtigen Verbindungen mit den Ursprüngen, dem, was "von Anfang war" (1 Joh 1,1 u.ö.), sollen gesichert werden.

c. Die urchristliche Überlieferung soll sowohl vor Verstümmelung (Markion) als auch vor Wucherung (Gnostiker) geschützt, Pluralität allerdings bewußt festgehalten werden (Erweiterung des Briefteils um Schriften der "Säulenapostel" von Gal 2,9 *und* des Paulus; 4-Evv-Kanon).

4. Kriterien der Kanonizität

Das ausschlaggebende Prinzip für Anerkennung oder Widerspruch war gewiß *nicht* die apostolische Verfasserschaft einer Schrift. Vielmehr ist vom *Zusammenwirken verschiedener* Prinzipien oder *Kriterien* zu reden: a. "Apostolizität" (im Sinne der Herkunft von einem [Ur-]Apostel oder doch wenigstens der Autorisierung durch ihn); b. Übereinstimmung mit der regula fidei (s. unten Schwerpunkt VII); c. Verbreitung (Anerkennung und gottesdienstlicher Gebrauch in den Hauptkirchen). "Apostolischer Inhalt konnte" freilich "nur kanonische Geltung erhalten, wenn ein anonymer oder pseudepigraphischer Verfasser die Vermutung apostolischer Verfasserschaft offen" ließ (E. Dassmann, JBTh 3 [1988] 277). War der Autor dagegen der Person nach bekannt und stand der nichtapostolische Ursprung seiner Schriften fest, so waren die Aussichten derselben auf kanonisches Ansehen und gottesdienstlichen Gebrauch gering (Beispiel: "Hirt" des Hermas einerseits, Didache und Barnabasbrief andererseits).

5. Problematisierung

a. Der *Kanon* - ein *"Werk der Kirche"?* Die Alternative: "Selbstdurchsetzung oder autoritative Entscheidung" ist im Blick auf den biblischen Kanon wohl irreführend. Seinem wesentlichen Inhalt nach ist der zweiteilige christliche Bibelkanon, zumal das AT, niemals Gegenstand kirchlicher Entscheidungen gewesen, vielmehr der "auf dem Grunde der Apostel und Propheten" erbauten Kirche (Eph 2,20) vorgegeben. Formal dagegen, d.h. als Sammlung autoritativer Schriften, läßt er sich durchaus als kirchliche "Schöpfung" bezeichnen.

b. Welche Rolle hat *Markion* in diesem Zusammenhang gespielt? Hat er überhaupt den Anstoß gegeben, im Sinne des bekannten Mechanismus "Kanon als Herausforderung zu einem Gegenkanon" (so bes. Harnack u. v. Campenhausen)? Oder hat er allenfalls den Kanonbildungsprozeß wesentlich beschleunigt, indem er einen tiefen und lang anhaltenden Schock auslöste (so zuletzt - mit wohl durchschlagender Begründung - B.M. Metzger)?

c. Entsprach die Kanon*theorie* immer der Kanon*praxis*? Wie es scheint, nicht; doch muß hier noch geforscht werden. Anscheinend finden sich Zitate z.B. aus Septuagintazusätzen (also atl. "Apokryphen") auch bei solchen, die sich in der Theorie strikt am hebr. Kanon orientieren (Cyrill v. Jerusalem z.B.).

d. *"Schrift* und *Tradition":* Sinn der Kanonbildung war es zweifellos *nicht,* beide von einander zu isolieren (im Sinne des exklusiv, nicht normativ verstandenen Sola scriptura), sondern sie positiv aufeinander zu beziehen, also die "Schrift" *als* älteste Tradition und "Richtschnur" in Anspruch zu nehmen und "Schrift *und* Tradition" miteinander zu verbinden, insoweit diese vom apostolischen Zeugnis her Gültigkeit besitzt (und nicht als selbständige Norm oder gar "zweite Offenbarungsquelle" *neben* jene tritt).

e. Kanon und Schriftauslegung: Was besagt die Bindung an den Schriftkanon, wenn die Lehre vom mehrfachen Schriftsinn (o. S. 38-41 [Origenes]), bes. die *allegorische Auslegungsmethode,* exegetischer Willkür Tür und Tor zu öffnen scheint? Nach Meinung der Alten hat allegorische Auslegung mit Willkür nichts zu tun. Dafür sorgte nicht zuletzt die stets geforderte Orientierung an der in der "Glaubensregel" (s. unten Schwerpunkt VII) sich verdichtenden "kirchlichen und apostolischen Tradition" (Origenes). Für Origenes ist die "Heilige Schrift … Ort der Gottesbegegnung, die Allegorese nichts weiter als die Methode, sie zu ermöglichen und immer inniger zu gestalten" (E. Dassmann).

6. Hauptquellen

Vgl. A.M. Ritter, Alte Kirche, [5]1991,

Nr. 15b-f	(Markions Kanon und Hermeneutik)
Nr. 21d	(biblische Lesungen im Gottesdienst nach Justin)
Nr. 24	(erstmalige Erwähnung einer lat. Bibel [in Märtyrerakten!])
Nr. 25d	(gnostische Einschätzung des AT)
Nr. 27d-g	(Kanonstheologie des Irenäus)
Nr. 28	(Canon Muratori)
Nr. 30h	(Häresie und hl. Schriften)
Nr. 32a-g	(Origenes als Schrifttheologe)
Nr. 46	(Vernichtung der hl. Schriften als Beginn der diokletianischen Christenverfolgung)
Nr. 48a	(Auslieferung hl. Schriften als Anlaß des donatistischen Schismas)
Nr. 53a	(die Bibel im frühen Mönchtum [Antonius])
Nr. 54a	(Arianer und Antiarianer im Streit um die Bibel)

Nr. 59a	(Die Bibel im pachomianischen Mönchtum)
Nr. 62a	(Markell v. Ankyra als Schrifttheologe)
Nr. 69b	(Paulusrenaissance im Abendland)
Nr. 82	(Hieronymus als Bibelübersetzer)
Nr. 88a	(Chrysostomus und das Predigtamt)
Nr. 89	(Antiochenische Schulexegese)
Nr. 91c-e.f.i.j	(Die Rolle der Bibel in der Bekehrung Augustins und in seiner Vorbereitung auf das Priestertum; Augustins Hermeneutik u. Erkenntnislehre)
Nr. 92a	(Pelagius als Paulusexeget)

7. Zitatnachweis

E. Dassmann, Kirchengeschichte I, 1991 (= Studienbücher Theologie 10), hier: 197.

VII.
Der Prozeß der Bekenntnisbildung

1. Forschungsgeschichte

Alter Konsens: a. Das Bekenntnis ist so alt wie die Kirche; es hat sich organisch aus einfachsten Formen bis zu den klassischen Lehrbekenntnissen oder "Symbolen" (symbolum, σύμβολον ursprünglich ="Erkennungszeichen", "Losung", "Kultkennwort") des 4./5. Jh.s (s.u. e) entwickelt. b. Folge: In einer Art rückläufiger Analyse läßt sich ein "Urapostolicum" herausschälen. c. Charakteristikum: Schon in den Quellen der Frühzeit glaubt man allenthalben Taufbekenntnisse oder doch wenigstens Spuren (bzw. Umschreibungen) davon zu entdecken (Vertreter: Harnack, Kattenbusch, Lietzmann u.a.).

Neuer Konsens: a. Nicht die Taufe ist der "Sitz im Leben" des Bekenntnisses (Tauffragen nicht vor dem 3., "deklaratorische" Bekenntnisse nicht vor dem 4. Jh. eindeutig bezeugt). b. "Der Ursprung christlicher Bekenntnisbildung liegt ... nicht in bestimmten Bekenntnis*formeln*, sondern im existenziellen Bekenntnis*akt*" (K. Beyschlag). c. Man muß strikt unterscheiden zwischen Symbol und "Glaubensregel" (Vertreter: J.N.D. Kelly, v. Campenhausen u.a.).

2. Hauptphasen der geschichtlichen Entwicklung

a. Bekenntnisartige Elemente im NT und bei den "Apostolischen Vätern"

Anfangs meint "bekennen" (ὁμολογεῖν) nicht die Aufzählung bestimmter Lehrwahrheiten (credenda), sondern die "ebenso kurze wie unmißverständliche Bezeichnung des einen göttlichen Gegenübers, dessen Bejahung den einzelnen Christen zum Christen macht..., also der Person Jesu" (v. Campenhausen). Beispiel: Mt 10,32 (ein Wort mit gewaltiger Nachgeschichte, innerhalb und außerhalb des NT!). Gegen Ende der ntl. Periode aber wird es geradezu zur Hauptfunktion des Bekenntnisses, zur "innerchristlichen" Grenzziehung und Sammlung zu dienen (so zuerst im 1/2 Joh und dann bei Ignatius v. Antiochien und Polykarp v. Smyrna). Beispiel: 1 Joh 4, 1-3.

b. "Glaubensregel" (regula fidei bzw. veritatis, κανὼν τῆς ἀληθείας)

Erste Bezeugungen bei Irenäus v. Lyon und Tertullian (Ende 2. Jh.). "Glaubensregel" bedeutet so viel wie: Summe dessen, was Christus lehrte, was die Apostel bezeugten und was die Kirche bis heute als Überlieferung weitergibt; Kurzformel des Glaubens (in einer dem jeweiligen Herausgefordertsein angepaßten Akzentuierung!); freie Zusammenfassung des wesentlich Christlichen, "in den Grundzügen freilich festliegend, aber im einzelnen und besonders in der Formgebung frei beweglich" (v. Dobschütz). Also ist nach "dem" Bekenntnis Tertullians oder des Irenäus zu fahnden vergebne Liebesmüh'!

c. Bekenntnis und Taufe

Eine *Glaubensbefragung* beim Taufakt selbst (der in der Regel in einer dreimaligen Untertauchung bestand) ist erstmals aus dem Anfang des 3. Jh. ("Kirchenordnung Hippolyts" in der Rekonstruktion B. Bottes) sicher bezeugt. Form: "Glaubst du an Gott, den Vater?" "Glaubst du an Jesus Christus ...?" "Glaubst du an den Hl. Geist ...?" Auf die Antwort "Ich glaube" hin erfolgen die Untertauchungen.

"Deklaratorische" Formeln (beginnend mit "Ich glaube" oder "Wir glauben" und sodann die wichtigsten Lehrstücke zusammenhängend erklärend ["deklarierend"]) im Taufgottesdienst zu verwenden, scheint erst in der Reichskirche (nach der "konstantinischen Wende") üblich geworden zu sein (früheste Zeugnisse um die Mitte des 4. Jh.s; berühmtestes und einflußreichstes westliches Credo dieses Typs das *Apostolicum*). Um dieselbe Zeit ist erstmals auch der Brauch der *traditio* und *redditio symboli* bezeugt: der (aus Gründen der *"Arkandisziplin"* [Geheimhaltung gegenüber Unbefugten, Außenstehenden] mündlich erfolgenden!) "Übergabe" des Taufsymbols an die Täuflinge (Katechumenen) zum Auswendiglernen und des (mehrmaligen?) Aufsagens durch dieselben im Verlauf (oder zum Abschluß) des Katechumenats oder während der unmittelbaren Taufvorbereitung in der Osternacht.

d. Privatbekenntnisse

Weiterentwickelt wohl aus der "Glaubensregel", begegnet ein erstes derartiges

Bekenntnis, wie es scheint, in der Eröffnung des Glaubensdisputs (διάλεκτος) zwischen Origenes und (dem sonst unbekannten Bischof) Herakleides. Tatsächlich scheint ein Zusammenhang bestanden zu haben zwischen dem Aufkommen solcher (zahlreich erhaltener) "Privatbekenntnisse" und dem bemerkenswerten theologischen Aufschwung, wie er mit dem Wirken des Origenes verbunden (und durch dieses hauptsächlich repräsentiert) ist. Vom Beginn des "arianischen Streits" an scheint die Praxis, seine eigene theologische Position mittels einer Glaubenserklärung (ἔκθεσις πίστεως) zu präzisieren, ganz geläufig gewesen zu sein. Arius selbst eröffnet den Reigen (Opitz, Urk. 6).

Ihrem theologischen Charakter nach nahe verwandt mit diesen "Privatbekenntnissen" sind die zahlreichen synodalen Glaubensbekundungen, die uns besonders aus dem 4. Jh. überliefert sind, angefangen mit dem "Antiochenum" von 324/25.

e. Die klassischen Lehrbekenntnisse des 4. und 5. Jh.s

Das Konzil von Nizäa stellt symbolgeschichtlich insofern eine Wende dar, als es mit der Aufstellung seines Bekenntnisses (*Nicaenum*, auf der Basis eines bereits existierenden "deklaratorischen" Taufsymbols und mit dogmatischen Präzisierungen versehen) die Absicht verband, diese präzisierte Formel als *Test für die Rechtgläubigkeit* dienen zu lassen ("Bekenntnis für Bischöfe", nicht länger für Katechumenen!). Allerdings gelang es erst nach längerer Zeit, einem einzigen Bekenntnis Allgemeinverbindlichkeit zu verschaffen und auch in Meßliturgie und Tauffeier die Vielfalt lokaler Bekenntnisse zu verdrängen; es war das im Osten das *Nicaeno-Constantinopolitanum*.

Die Wendung zu einer gewissen Erstarrung und Versteinerung ist gleichwohl erst an dem (wohl aus Spanien stammenden und auf das 5./6. Jh. zu datierenden) *Athanasianum* (Symbolum "Quicumque") festzumachen, indem dort das Festhalten an dem - inhaltlich genauestens umschriebenen - christlichen Glauben zum Kriterium erklärt wird, von dem die ewige Seligkeit abhängt!

3. Hauptquellen

Vollständigste Sammlung der Originaltexte: A. und G.L. Hahn, Bibliothek der Symbole und Glaubensregeln der Alten Kirche, 3. Aufl. Breslau 1897 (Nachdr. Hildesheim 1962); das Wichtigste (in Übersetzung) bei A.M. Ritter, Alte Kirche, [5]1991,

Nr. 11b	(Ignatianische Christusbekenntnisse)
Nr. 27c	("Glaubensregel" bei Irenäus)
Nr. 30g	("Glaubensregel" bei Tertullian)
Nr. 32e	("Glaubensregel" bei Origenes)
Nr. 42	(Symbolum Romanum)
Nr. 54b	(Glaubensbekenntnis des Arius)
Nr. 56b.c	(Nicaenum)
Nr. 68	(Synodalbekenntnis von Sirmium)

Nr. 73   (Athanasianisches Bekenntnis zum Nicaenum)
Nr. 81a   (Nicaeno-Constantinopolitanum)
Nr. 93b   (Kyrillisches Bekenntnis zum Nicaenum)
Nr. 93e   (Unionsformel von 433)
Nr. 93g   (Christologische Formel von 451)
Nr. 93k   (Symbol von 680/81)

4. Zitatnachweise

K. Beyschlag, Grundriß der DG, I, ²1988, hier: 92; H. v. Campenhausen, Das Bekenntnis im Urchristentum, ZNW 63 (1972) 210-253, hier: 211; E. v. Dobschütz, Das Apostolicum in biblisch-theologischer Beleuchtung, 1932, hier: 11.

VIII.
Die Ausbildung kirchlicher Strukturen (Ämter)

1. Schematischer Überblick

1. Jh.   *Vielfalt* struktureller Ansätze und ekklesiologischer Typen (vergleichbar[!] E. Troeltschs Kirchen-, Sekten- und mystischem Typus)

2. Jh.   Das *Ältesten*-(Presbyter-) und später auch das ("monarchische") *Bischofsamt* (in einer Stadt jeweils *nur* ein Bischof) setzt sich (so gut wie) allgemein durch! Der Gedanke der "apostolischen Sukzession" der Amtsträger wird (in der Auseinandersetzung mit der Gnosis) besonders wichtig

3. Jh.   Herausbildung des *dreigestuften* ("klerischen") *Amts* als Grundstruktur: *Bischof - Presbyter - Diakon*; die Zusammenfassung aller entscheidenden kirchlichen Funktionen im Bischofsamt wird durchgesetzt (Bußstreitigkeiten; Cyprian)

4. Jh.   Nach der *"konstantinischen Wende"* paßt sich die Kirche innerhalb des römischen Reiches dessen Verwaltungsaufbau an und bildet auf Provinzial- und Diözesanebene eigene Strukturen (*Metropolitan-, Obermetropolitanverband*) mit Bischofssynoden und leitenden Bischöfen aus

Auf Reichsebene entsteht das Institut der *Reichs-* oder *"ökumenischen" Synoden*, die vom Kaiser einzuberufen und zu "leiten" und deren Beschlüsse von ihm zu "bestätigen" (d.h. mit der Rechtskraft von Reichsgesetzen zu versehen) sind

5. Jh.   Die sog. *Pentarchie* bildet sich aus, bestehend aus *5 Patriarchaten*, davon 4 im Osten (*Alexandrien, Antiochien, Jerusalem, Konstantinopel*) und 1 im Westen (*Rom*). Darunter waren Rom und Alexandrien bereits im Kanon 6 von Nizäa (325) primatiale

Rechte, Antiochien dagegen nicht weiter spezifizierte Privilegien zuerkannt worden, die erst später im Sinne eines Primates innerhalb der staatlichen Diözese Oriens (s. Karten I) ausgelegt wurden. Bezüglich Jerusalems war in Nizäa noch unbestimmter von einem Ehrenvorrang die Rede (Kanon 7); erst im 5. Jh. (in Chalkedon 451) erlangte es die Anerkennung als selbständiges Patriarchat (mit kirchlicher Oberherrschaft über die 3 palästinischen Provinzen). Die neue Reichshauptstadt Konstantinopel endlich erlangte auf dem 2. ökumenischen Konzil (381) die kirchliche Anerkennung eines Ehrenprimats in der Gesamtkirche nach (Alt-)Rom (Kanon 3), während sein Rechtsprimat auf die staatliche Diözese Thrakien beschränkt blieb; erst in Chalkedon (451) wurde dieser Rechtsprimat auf die Diözesen Asia und Pontus ausgedehnt und Konstantinopel Rom rangmäßig gleichgeordnet. Freilich wurde der betreffende Kanon (28) von Rom niemals anerkannt

2. Abläufe

Hält man Einsetzung, Dauer und geregelte Nachfolge für wesentlich am Amt, so hat es im (quellenmäßig vor allem durch die *Paulus*briefe belegten) Anfangsstadium überhaupt kein Amt gegeben, abgesehen von dem Quasiamt des paulinischen Apostolats, dessen rechtliche Geltung Paulus zudem noch soweit wie möglich zurückdrängte. Für ihn ist Kirche primär der aus mannigfaltigen und einander ergänzenden Charismen und Charismatikern erbaute "Leib Christi". Auch die regelmäßigen Funktionen und Dienste innerhalb der Gemeinde erscheinen als Wirkung von Gnaden- oder Geistesgaben (*Charismen*), nicht von "Ämtern" oder Rechten.

Gleichzeitig entwickelt sich neben dem paulinischen der in mancher Hinsicht entgegengesetzte, von Haus aus *judenchristliche Typ der presbyterial geleiteten Gemeinde*, in dem die Ältesten von Anfang an, auch da, wo ihre Rechte noch ganz und gar patriarchalisch verstanden wurden, in ihrer Stellung begründete Autorität besaßen (Amtseinsetzung unter Handauflegung).

Schon bald beginnt jedoch die *Verschmelzung beider Typen*. Bei Lukas (Apostelgeschichte) wird sie bewußt erstrebt (wichtig besonders Apg 20, 17-38); und auch der Verfasser von 1 Petr müht sich darum, das Ansehen der Presbyter und die Pflege der Charismen in der Gemeinde zu verbinden.

In der Folgezeit setzt sich diese Tendenz in wachsendem Maße fort, wobei jedoch das amtliche Element und seine einseitige Autorität schon bald (Pastoralbriefe; 1. Klemensbrief) ein immer betonteres Übergewicht erlangten. Institutionell findet das seinen Niederschlag darin, daß sich - in den einzelnen Kirchengebieten freilich in sehr ungleichmäßigem Tempo - die *Presbyterial*- und einige Jahrzehnte später auch die *Episkopalverfassung* allgemein durchsetzt. Damit bildet sich die Grundstruktur heraus, die in Zukunft zwar noch verschiedenen "administrativen" Veränderungen unterliegt, im ganzen aber um die Mitte des 3. Jh.s fixiert ist und seitdem die Grundlage aller "katholischen" Ämterordnungen bildet. Zumindest sind die katholischen Kirchen des Ostens, von einigen Schwankungen abgesehen, im wesentlichen bei dem im 3. Jh. erreichten Stand verblieben, während der römische Katholizismus über die altkirchliche Ämterordnung hinaus in einer wechselvollen Geschichte die Papstidee entwickelt, durchgesetzt und schließlich auf dem I. Vatikanischen Konzil (1869/70) auch dogmatisiert hat, was nur unter gleichzeitiger Machtminderung des Bischofsamtes möglich war.

3. Momentaufnahmen

a. *1. Klemensbrief (um 96 n. Chr.)*

Genannt werden die Ämter der (mit Presbytern wahrscheinlich zu identifizierenden) Episkopen und der Diakone (42, 4-5). Verständnis des Amtes als einer der Kirche eingestifteten, nicht mehr hinterfragbaren heiligen Ordnung, die verankert ist in der Schöpfung! Erstmals begegnet der Begriff "Amt" (λειτουργία: 40, 2.5; 41, 1; 44,2.3.6) wie auch die Unterscheidung zwischen Amtsträgern und "Laien" (40,5).

b. *Die Ordnung der Gemeinde nach den Briefen des Ignatius von Antiochien (gest. vor 117)*

Erstmals ist hier das Amt des Einzelbischofs (der "monarchische" oder Monepiskopat) bezeugt, sowohl für Antiochien als auch für die Mehrzahl der von Ignatius angeschriebenen kleinasiatischen Gemeinden. Anders scheinen die Dinge in Rom und in Smyrna gewesen zu sein. Umgeben ist der Monepiskopat, das Amt des Einzelbischofs, von einem Kranz von Presbytern und Diakonen, wobei das Presbyterium zusammen mit dem Bischof die Gemeinde leitet und den Vorsitz bei der Eucharistie führt, während die Diakone vorwiegend mit Lehre und Verkündigung und der Pflege der Verbindung zwischen den Gemeinden betraut gewesen zu sein scheinen. Der Gedanke der apostolischen Tradition und Sukzession spielt bei Ignatius keine Rolle. Dafür findet sich bei ihm zum ersten Mal der Ausdruck "Katholische Kirche" (IgnSm 8,2).

c. *Die Ordnung der Gemeinde nach Hippolyt (um 215)*

In Hippolyts Kirchenordnung, welche wohl die Struktur widerspiegelt, die sich in der römischen Gemeinde am Ende des 2. Jh.s durchgesetzt hat, sind Klerus und Volk (plebs) klar voneinander unterschieden. Dem Klerus gehören an der Bischof, die Presbyter und die Diakone, die ihr Amt durch Weihe empfangen; ihnen unterstehen die Witwen, die Lektoren, die Jungfrauen und Subdiakone, die in ihr Amt eingesetzt werden, aber gleichfalls zum "Volk" der Ungeweihten, der Nichtkleriker, gehören. Zwischen beiden Gruppen stehen die "Bekenner" (confessores), die bei der Berufung zu Diakonen oder Presbytern nicht geweiht zu werden brauchen, weil sie durch die Weihe vermittelte Gnade durch ihr Bekenntnis bereits besitzen. Zum Amt des Bischofs gehört die Gemeindeleitung (Hirtenamt), der Vorsitz in der Eucharistiefeier, die Verkündigung und Sündenvergebung.

4. Die Rolle der Frauen in der Kirche

Während in der "Großkirche" (im Unterschied zum Montanismus und zur Welt der apokryphen Apostelakten [vgl. das Theklabild der Paulusakten und dazu Tert., bapt 17,5!]) Frauen u. W. niemals zum Presbyter- oder gar zum Bischofsamt zugelassen waren, sind aus den Anfängen immerhin *Prophetinnen* bezeugt (z.B. Apg 21,9; vgl. auch noch Euseb, KG V 17,2f.). Vor allem gab es von früh an das Institut der *"Witwen"* und (zusätzlich?) der Diakonissen, die Empfänger und Werkzeug gemeindlicher Armenpflege (besonders an Frauen) zugleich waren. Daneben waren dem weiblichen Heiligkeitsstreben nie Grenzen gesetzt. So bildete sich im 2./3. Jh. ein Stand der *"Jungfrauen"* heraus (freiwilliger Eheverzicht, der als besonders verdienstlich galt), der im 4. Jh. meist in den der Nonnen überging (s. unten Schwerpunkt IX). Rechte und Pflichten der "Witwen" (Diakonissen) regelten die verschiedenen Kirchenordnungen (3.-5.Jh.) nach dem Vorgang von 1 Tim 5,3-10, später die Konzilskanones (s. unten Schwerpunkt XII). Tendenz: strikte Beschränkung auf das "Diakonale". Bezüglich der Frage, ob "Witwen" (Diakonissen) zum Klerus gehören oder nicht, schwanken die verschiedenen Kirchenordnungen (vgl. Const Apost II 26,6 mit 8,19f.).

5. Die Ausbildung der Papstidee

Das besondere Ansehen der römischen Gemeinde beruhte in den ersten 3 Jh.en auf folgenden *Voraussetzungen*: a. Es ist der besondere Ruhm der hauptstädtischen Gemeinde, wohl der größten im ganzen römischen Reich, immer wieder gesamtkirchliche Verantwortung bewiesen zu haben (1. Klemensbrief: Unterstützung "vieler Gemeinden in allen Städten" des Reichs). - b. Im übrigen kann Rom nur nachgerühmt werden, daß dort derselbe Glaube gelehrt und gelebt werde wie allenthalben. - Nur ist c. Rom die größte und älteste (zumindest im Abendland), die allen bekannte und sogar von zwei Aposteln (Petrus und Paulus) begründete und errichtete Kirche (Irenäus), welche hier auch das Martyrium erlitten haben (sollen), weshalb es sich für alle Kirchen empfiehlt, sich an Rom zu orientieren und mit Rom die Übereinstimmung zu suchen. - d. Eine besonders enge Beziehung besteht zwischen Rom und Nordafrika (Tertullian), wohl deshalb, weil Nordafrika von Rom aus das Christentum empfangen hat.- e. Doch selbst nordafrikanischen Christen liegt es zu dieser Zeit völlig fern, der römischen Kirche einen Lehr- oder gar einen Rechtsprimat zuzuerkennen, obwohl derartige Ansprüche von einzelnen römischen Bischöfen *(Viktor; Stephan I.)* bereits angemeldet werden (bei Stephan, im Zusammenhang des "Ketzertaufstreites", anscheinend erstmals unter Berufung auf das Herrenwort Mt 16,18).

In der Folgezeit vollzieht sich der Ausbau des römischen Primates stufenweise. Auf Päpste (der Begriff *papa* begegnet als exklusiver Titel des römischen Bischofs nicht vor dem 6. Jh.), die ihn mit aller Schärfe vortragen, folgen Epochen scheinbaren Stillstands, bis ein weiterer Ausbau des Primatsanspruchs und der Theorie der päpstlichen Stellung erfolgt. Wichtig sind aus der Zeit der Spätantike besonders die Bischöfe *Damasus*, dessen römisches Konzil 382 der rein politischen Begründung Konstantinopler Ansprüche (Kanon 3 von 381) eine "theologisch"-petrinische (Mt 16,18, das auch für die römischen Nachfolger Petri in Anspruch genommen wird) entgegensetzt; *Leo I.* (zur Zeit des Konzils von Chalkedon), der die einzigartige Gemeinschaft zwischen Christus und Petrus betont, wie sie sich im römischen Bischof fortsetzt; und endlich *Gelasius I.* (um die Wende vom 5. zum 6. Jh.), der die einzigartige Autorität des Papstes zur Entscheidung in Glaubensfragen betont und auch die Beschlüsse ökumenischer Konzilien für der Bestätigung durch den Papst bedürftig erklärt. Das ist freilich ausschließlich gegen innerkirchliche Nebenbuhler gerichtet, während auch unter den großen Päpsten der Spätantike besonders die praktische Vorrangstellung des Kaisertums und der staatlichen Gewalt unbestritten ist.

6. Hauptquellen

Reichhaltige Sammlung in: Quellen zur Geschichte des Papsttums und des römischen Katholizismus, hg.v. A. Mirbt, bearb. v. K. Aland, Bd. I/II, 1967.1972; Auswahl in: A.M. Ritter, Alte Kirche, [5]1991,

Nr. 7	(1. Klemensbrief: Erstmalige, eindeutige Bezeugung eines kirchlichen Amts im vollen, rechtlichen Sinn)
Nr. 8	(Ämter und Charismen in der Gemeinde nach der Didache)
Nr. 10	(Der Heide Plinius bezeugt das christliche Diakonissenamt)
Nr. 11	(Das Kirchenbild des Ignatius v. Antiochien)
Nr. 18	(Die montanistische Alternative zur Großkirche)
Nr. 21d	(Die Funktionen beim Gottesdienst nach Justin)
Nr. 27a.b.e	(Die Bedeutung der Apostolischen Tradition und Sukzession nach Irenäus)
Nr. 30f.j.k	(Das Bischofsamt in apostolischer Sukzession und die Grenzen seiner Absolutionsgewalt in der Sicht Tertullians)
Nr. 32g	(Amt und Charisma in der Sicht des Origenes)
Nr. 36	(Konfessoren und Bischöfe im Streit um die Bußvollmacht)
Nr. 37a-d	(Der Episkopalismus Cyprians)
Nr. 39	(Der christliche Klerus als Opfer der valerianischen Christenverfolgung)
Nr. 48	(Die Heiligkeit der Amtsträger und das donatistische Schisma)
Nr. 52c.d	(Klerikerimmunität und audientia episcopalis als Gegenstand konstantinischer Gesetzgebung)
Nr. 53b	(Klerus und Mönchtum nach der Vita Antonii)

IX.
Gottesdienst und Frömmigkeit

In diesen Schwerpunkt ist auch die Geschichte des altkirchlichen Mönchtums einbezogen, die in Anbetracht des großen Interesses, das man ihr entgegenzubringen pflegt, und ihrer großen wirkungsgeschichtlichen Bedeutung wegen gut und gern ein eigenes Thema bilden könnte. Doch läßt ihre breite Berücksichtigung in der oben gegebenen Darstellung der alten Kirchen- und Theologiegeschichte diese Konzentration wohl zur Not als gerechtfertigt erscheinen. (Man kann sich ja auch [zur Lernkontrolle] einen eigenen Schwerpunkt "Askese und Mönchtum" zusammenstellen!).

1. Räumliche Dimension

Karten: Das Mönchtum 300 - 700

a. Der Osten

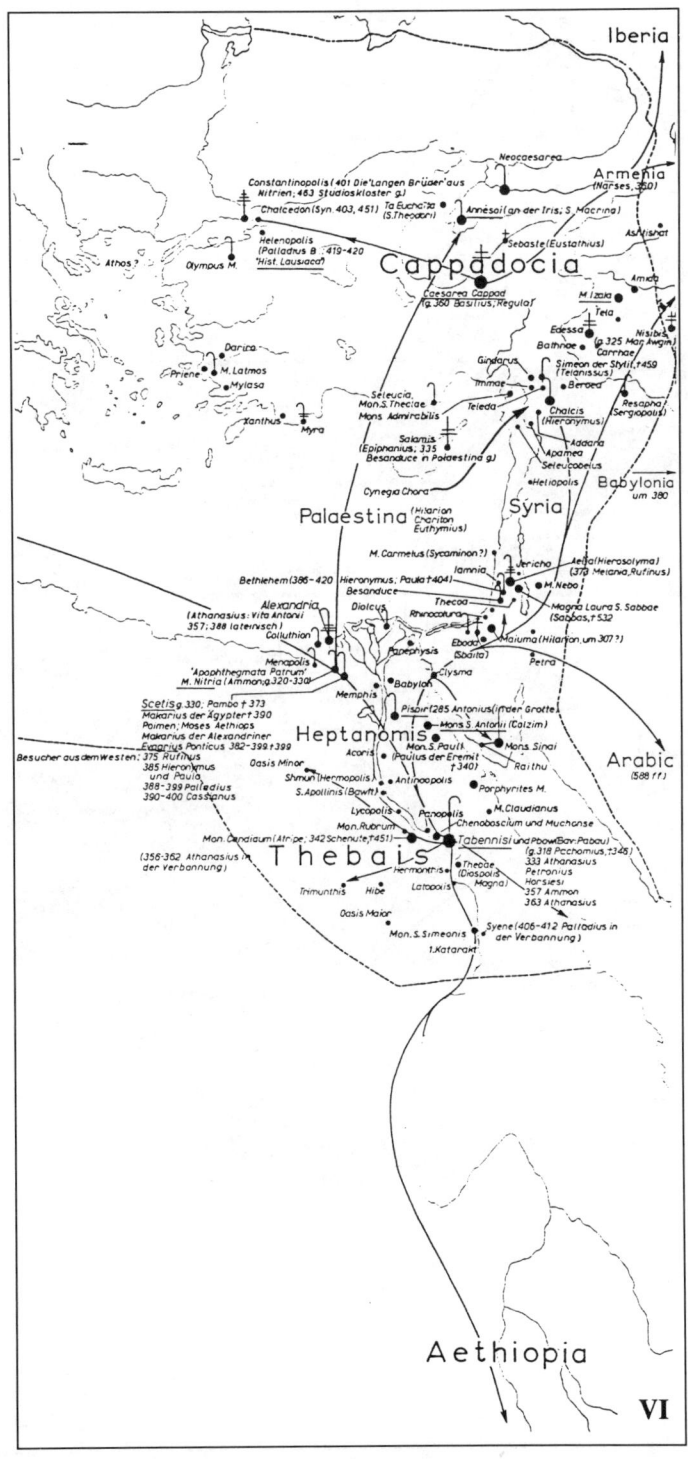

Iberia

Armenia
(Narses, †501)

Neocaesarea

Constantinopolis (401 Die 'Langen Brüder' aus
Nitrien; 463 Studioskloster g.)
Chalcedon (Syn. 403, 451)   Ta Euchai'a   Annésoi (an der Iris; S. Macrina)
                            (S.Theodor)

Helenopolis   Sebaste (Eustathius)   As Nisnat
(Palladius B : 419-420
'Hist. Lausiaca')   Amida
Athos ?   Olympus M.   Cappadocia
                            Caesarea Cappad   M. Izala
                            (g. 360 Basilius; Regula?)   Teia   Nisibis
Darica   Edessa   (g. 325 Mar Awgin)
Priene   M. Latmos   Bathnae   Carrhae
         Mylasa   Gindarus   Simeon der Stylit, †459
Xanthus   Immae   (Telanissus)
         Myra   Seleucia   Teleda ?   Beroea
                        Mons S.Theclae,   Resapha
                        Mons Admirabilis   Chalcis   (Sergiopolis)
                        Salamis   (Hieronymus)
                        (Epiphanius, 335   Addana
                        Besanduc in Palaestina g.)   Apamea
                                                Seleucobelis
                        Heliopolis   Babylonia
                                                                  um 380
                        Cynegia Chora
                                                          Syria
              Palaestina   (Hilarion
                           Chariton
                           Euthymius)
                        M. Carmelus (Sycaminon ?)   Aelia (Hierosolyma)
                        Iamnia   Jericho   (373 Melania, Rufinus)
              Bethlehem (386-420   Hieronymus; Paula †404)   M. Nebo
                        Besanduce)
              Alexandria   Diolcus   Thecoa   Magna Laura S. Sabbae
              (Athanasius : Vita Antonii   Rhinocolura   (Sabbas, †532)
              357; 388 lateinisch)
                        Colluthion   Ebodd   Maiuma (Hilarion, um 307 ?)
                        Pampephysis   (Elusa)
                        Menepolis   Petra
              'Apophthegmata Patrum'   Babylon
              M. Nitria (Ammon, g.320-330)   Clysma
                        Memphis
              Scetis g. 330; Pambo † 373   Pispir (285 Antonius, in der Grotte)
              Makarios der Ägypter † 390   Mons S. Antonii (Colzim)
              Poimen; Moses Aethiops
              Makarios der Alexandriner   Mons Sinai
              Euagrius Ponticus 382-399 †399   Mons S. Pauli
              Besucher aus dem Westen: 375 Rufinus   Aconis   Paulus der Eremit   Raithu
              385 Hieronymus   Shmun (Hermopolis)   †340)
              und Paula   S.Apollinis (Bawit)   Antinoopolis   Porphyrites M.
              388-399 Palladius
              390-400 Cassianus   Lycopolis   Panopolis   M.Claudianus
                        Mon.Ruborum   Chenoboscium und Muchonse
              Mon.Candidum (Atripe, 342 Schenute, †451)   Tabennisi und Pbow (Bav-Pabau)
                                         (g. 318 Pcchomius, †346)
              (356-362 Athanasius in   333 Athanasius
              der Verbannung)   Thebais   Theoa   Petronius
                                         (Diospolis   Horsiesi
                        Hermonthis   Magna)   357 Ammon
              Trimunthis   Hibe   Latopolis   363 Athanasius
                                         Syene (406-412 Palladius in
                        Oasis Maior   der Verbannung)
              Oasis Minor
                        Mon.S.Simeonis
                        1.Katarakt
                                                          Arabic
                                                          (588 f f.)

              Heptanomis

              T h e b a i s

Aethiopia

VI

161

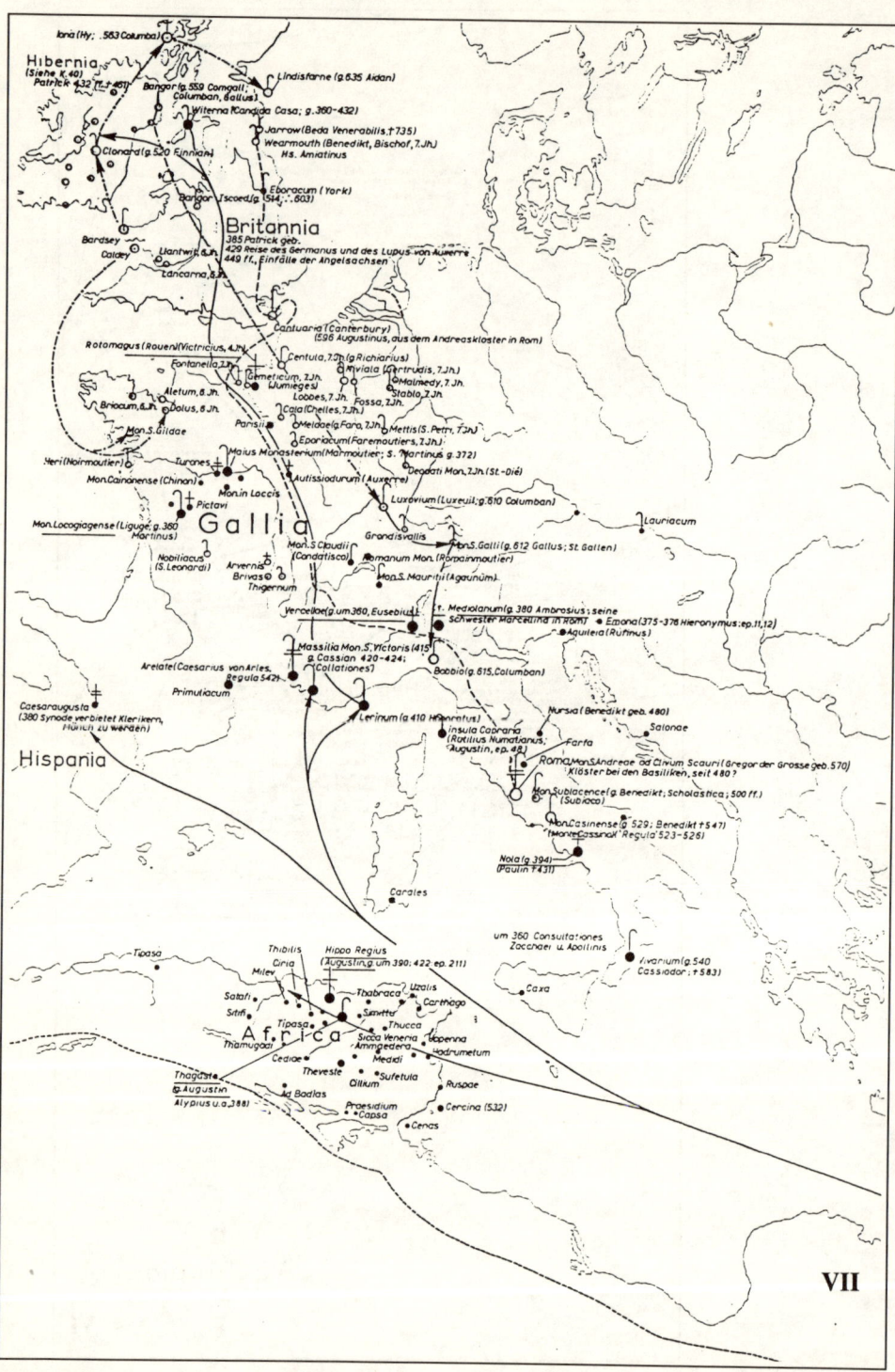

2. Altchristlicher Gottesdienst im schematischen Überblick

1. Jh.   Geburt des christl. Gottesdienstes aus dem jüdisch-synagogalen; "Lehre" und "Brotbrechen" (Apg 2, 42.46) die grundlegenden Elemente; Zentralmotiv: Das Gedächtnis an Jesu Kreuz und Auferstehung, die Erfahrung seiner Heilsgegenwart in der Mahlgemeinschaft, die Hoffnung auf Teilnahme am himmlischen Kult durch dessen Vorwegnahme im Hier und Jetzt (vgl. o.S. 1f.)

Liturgische Texte und Riten im NT: z.B. 1 Kor 11, 23-25; Phil 2, 6-11; Jak 5, 14-16. Lit.Ruf "Maranatha" (1 Kor 16, 22)

Getauft hat die christl. Gemeinde von Anfang an (o.S. 2). Unterschied der christl. Taufe zu den jüd. rituellen Waschungen: Sie ist unwiederholbar; Unterschied zur jüd. Proselytentaufe: keine Selbsttaufe; Unterschied zur Johannestaufe: Sie geschieht "im Namen" Jesu Christi, sammelt und versiegelt für das Gottesreich und wird vollzogen in der Gewißheit des Geistwirkens

Die "Eucharistie" wird anfangs am Abend gefeiert (Apg. 20,7), ist mit einer Sättigungsmahlzeit verbunden und mit dieser zusammen das "Herrenmahl", indem entweder die "sakramentale" Segnung von Brot und Wein die Mahlzeit (= Agape) einrahmt (1 Kor 11,25; Lk 22,20) oder Mahlzeit und Eucharistiefeier einander folgen

2. Jh.   Zu Beginn des Jahrhunderts (oder gar noch vor der Jahrhundertwende) beschreibt die *Didache* die Tauf-, Fasten- und Eucharistieordnung in Syrien/Palästina (o.S. 11-13) und verficht (vor 110) *Ignatius* v. Antiochien das alleinige Recht des Bischofs zur Leitung der Eucharistie, in welcher er ein "Gegengift gegen den Tod", eine "Unsterblichkeitsmedizin" (φάρμακον ἀθανασίας: Ign Eph 20,2) sieht

Um die Mitte des Jahrhunderts beschreibt der Apologet *Justin* den (abends stattfindenden) Sonntagsgottesdienst (zweigeteilt in Wortgottesdienst und eucharistisches Mahl: Apol I 67) und die Liturgie der Osternacht im Anschluß an einen Taufakt (ebd. 61.65f.): "Danksagung" (εὐχαριστία) im Mittelpunkt und Kommunion als zweiter Schwerpunkt (vgl. o.S. 12f.). Wandlungsgedanke (μεταβολή)

Gegen Ende des Jahrhunderts (um 190) bricht ein Streit zwischen "Quartodecimanern" und "Dominicalern" (Osterfest am "Herrentag" = Sonntag) um Ostertermin und Osterfasten aus (o.S. 45).

3. Jh.   Zu Jahrhundertbeginn bezeugt Tertullian vereinzelte Kindertaufpraxis (in Notfällen) wie das Aufkommen des Katechumenats im Westen (De bapt) und bietet (um 215) Hippolyts Kirchenordnung (trad 21) sowohl einen entfalteten Taufritus (mehrere Konsekrationen, Abrenuntiation und Taufbad, postbaptismale Riten, Taufeucharistie) als auch erstmals (trad 4) ein Eucharistiegebet in ganzer Länge und vollständiger Form (mit

den Elementen: Danksagung [εὐχαριστία] für Jesu Kommen, Leben, Leiden und Sterben; Einsetzungsworte; Anamnese [Gedächtnis] des Todes und der Auferstehung Jesu; Anaphora [Gabendarbringung]; Epiklese [Geistanrufung]; Doxologie), eingeleitet durch den (noch heute üblichen) Dialog (vgl. S. 48)

Um die Mitte des Jahrhunderts verficht Cyprian das Recht der Säuglingstaufe und lehrt, daß das eucharistische Opfer die Passion Christi nachahme und in seiner Stellvertretung geschehe

4. Jh.   Das "Jahrhundert Konstantins" ist auch liturgiegeschichtlich ein tiefer Einschnitt: Unter dem Massenansturm von Taufbewerbern werden Katechumenat und Taufliturgie immer reicher ausgestaltet; Wallfahrtswesen und Reliquienkult nehmen einen mächtigen Aufschwung (o.S. 100f.); auch die "Arkandisziplin" (o.S. 95) erlebt jetzt ihre eigentliche Blütezeit, unerachtet der öffentlichen Anerkennung und Privilegierung des Christentums oder gerade derentwegen (!); das Kirchenjahr wird weiter ausgestaltet (o.S. 26.48f.95)

Seit dem Ende des Jahrhunderts entwickeln sich im Einzugsbereich der Hauptkirchen (Alexandrien, Antiochien, Rom, Konstantinopel, Jerusalem, Mailand) unterschiedliche liturgische Grundtypen. Der Einfluß des röm.-byz. Hofzeremoniells auf den Ritus der bischöfl. Eucharistiefeier wie auch auf den Christuskult (Christus wird zum "Pantokrator" [S. 124]) wird zunehmend spürbar

6./7. Jh.   Von Rom einerseits, Konstantinopel andererseits werden Maßnahmen zur liturgischen Vereinheitlichung ergriffen (vgl. S. 123f.)

3. Frömmigkeitsgeschichte, Entwicklung des Bußwesens: Überblick in Zahlen

Um 80/90	vertritt Hebr (6, 4-6; 12, 17) die Unmöglichkeit einer "zweiten Buße"
Um 140	vertritt der "Hirt" des Hermas die Möglichkeit einer zweiten Buße als einmalige Ausnahme (o.S. 14); im übrigen wird zwischen Sünden und Sündergruppen je nach Schwere des Versagens unterschieden
	Asketische Tendenzen verstärken sich (seit Jahrhundertbeginn), außerhalb wie innerhalb des Christentums (o.S. 5.23f.38ff.)
Um 170	wird erstmals (MartPol 17f.) christl. Märtyrerkult (am Jahrestag des Martyriums) bezeugt (o.S. 49)
Um 207	verlangt der Montanist Tertullian eine Verschärfung der Bußpraxis (vgl. S. 32.37f.)
Um 217	Schisma in Rom zwischen Hippolyt und Kallist ob der bischöflichen Bußvollmacht bei Ehebruch (o.S.32. 53)

Um 250	wird in den meisten westlichen Gemeinden der Stand der "Jungfrauen", im Osten dagegen noch immer das Wanderasketentum vorauszusetzen sein
251/52	Bußstreit in Rom und Karthago (o.S. 57). Das Bußwesen verfestigt sich (Bußstufen: o.S. 58f.)
255/57	Ketzertaufstreit (o.S. 45f.)
Vor 300	Antonius gestaltet (innergemeindliche) Askese zum Mönchtum (Anachoretentum) aus (o.S. 97f.)
Um 320	gründet Pachomius das erste Kloster bei Theben/Ägypten (o.S. 99); erste Mönchsregel; auch Frauenklöster entstehen
	Neben Ägypten entstehen alsbald weitere Mönchszentren in Palästina, Syrien, Kappadokien, Konstantinopel und später auch in Südgallien, Italien, Spanien, Schottland und Nordafrika (s.o. 1. Abschnitt)
340	Synode von Gangra/Kleinasien verurteilt den radikalen Asketismus der Eustathianer
Um 360	"Regeln" des Basilius v. Caesarea (o.S. 100)
Um 370/80	breitet sich der Messalianismus (o.S. 98f.) von Mesopotamien und der Priscillianismus (o.S. 95f.) von Spanien her aus
Ab 400	Aufkommen der *Privatbeichte* im Osten, ausgehend vom "koinobitischen" Mönchtum, die allmählich das öffentliche Sündenbekenntnis (und damit auch das überkommene Bußverfahren) verdrängt ("Offene Schuld" und Exkommunikation führen unter den Bedingungen des "konstantinischen Zeitalters" zu sozialer Ächtung!)
405/10	Augustin gründet (nach und neben einem Laienkloster) erstmals ein Klerikerkloster in Nordafrika
420/50	Styliten- und Inklusentum in Syrien (o.S. 98)

4. Hauptentwicklungen und -aspekte

a. *Jüdischer Einfluß auf den christlichen Gottesdienst* (nach Th. Klauser): Jüdischer Herkunft ist der Kern des Wortgottesdienstes (doppelte Lesung, unterbrochen von Psalmengesang, mit anschließender Predigt); der Grundstock des in Präfation und Kanon noch heute, wenn auch nur bruchstückhaft, erhaltenen alten eucharistischen Gebets; das große Fürbittengebet (Vorbild: Achtzehnbittengebet); die Siebentagewoche mit wöchentlichem Kulttag, den die Kirche freilich bald vom Sabbat auf den Wochentag der Auferstehung verlegte; das Oster- und Pfingstfest wie überhaupt die Idee eines "Kirchenjahres"; der Märtyrerkult; wichtige Elemente des liturgischen Tagzeitengebets (Morgen- und Abendgebet, Dreizahl der Tageshoren, Dreiteilung des nächtlichen Gebets, Berechnung des liturgischen Tages von Abend zu Abend); die Verwendung der Lobpsalmen beim Morgengebet; der Brauch, liturgische Gebete durch eine Aufforderungsformel einzuleiten ("Lasset uns beten"); die Sitte, das Gebet mit einem Lobpreis nach Art des "Ehre sei dem Vater" zu beschließen; die kultische Verwendung des "Dreimalheilig" aus Jes 6 (Vorbild: die "Qeduscha" des jüdischen Morgengebets); einige der Gemeinde zustehende kultische Zurufe (Akklamationen) wie "Amen", "Halleluja", "Hosianna" und "und mit deinem Geiste"; der Typus des sog. "Paradigmengebets", welches von Gott unter Berufung auf große "Beispiele" der Heilsgeschichte Hilfe und Rettung erfleht; schließlich einer der wichtigsten rituellen Gesten des christlichen Kults: die Handauflegung (Ordination).

b. *Hellenistische Einflüsse* auf den christlichen Gottesdienst (ebenfalls nach Th. Klauser): Der Welt des Hellenismus entstammen die entscheidenden Anregungen für die Ausgestaltung des christlichen Aufnahmeritus (Taufe) durch Exorzismen und Salbungen; der Gedanke der Verlegung der Tauffeier in die Osternacht wie die Vigilfeier überhaupt; die Arkandisziplin, die sich erst im 4. Jh. allgemein durchsetzte; die Neigung, Gebetsformeln den Gesetzen der antiken Rhetorik (Symmetrie, rhythmischer Satzschluß) zu unterwerfen; die christliche Gebetsostung (vorbereitet durch den jüdischen Brauch, sich beim Gebet dem Jerusalemer Tempel zuzuwenden) und die damit zusammenhängende Ost-West-Richtung des christlichen Gotteshauses; zahlreiche Ausdrücke der Liturgiesprache ("Liturgie", "Eucharistie", "Eulogie", "Mysterium", "Praefatio", "Kanon", "Anamnesis", "Epiklese", "Agape", "Epiphanie", "Advent", "Exorzismus", "Doxologie", "Akklamation", "Hymnus", "Vigil" usw.); Gebetsformen und Akklamationen wie das "Kyrie eleison", das "Würdig und recht ist es" und das "Dank sei Gott".

Guter alter (Lietzmannscher) Tradition entsprechend ist im übrigen in der oben gegebenen Darstellung, wie schon das Inhaltsverzeichnis erkennen läßt (vgl. auch das Personen- und Sachregister), dem Bereich "Gottesdienst und Frömmigkeit" breiter Raum und große Aufmerksamkeit gewidmet, so daß es weiterer Ergänzungen und Unterstreichungen nicht bedarf.

5. Hauptquellen

Vgl. A.M. Ritter, Alte Kirche, [5]1991,

Nr. 7a	(Vorbild der atl. Kultordnung nach I Clem)
Nr. 8	(Tauflehre, Fasten, Eucharistie- und Sonntagsfeier nach der Didache)
Nr. 10	(Christl. Gottesdienst nach dem Heiden Plinius)
Nr. 11e.f	(Eucharistielehre u. Martyriumstheologie des Ignatius)
Nr. 19c	(Mysterienweihe)
Nr. 20	(Christl. Gottesdienst und Frömmigkeit in antichristl. Polemik)
Nr. 21a.d	(Taufe und Gottesdienst nach Justin)
Nr. 22	(Anfänge des Märtyrerkults)

Nr. 24	(Frömmigkeit der Märtyrer)
Nr. 25a	(Gnostisches Taufverständnis)
Nr. 30j.k	(Buße nach Tertullian)
Nr. 37c-e	(Ketzertaufe, Kindertaufe, eucharistisches Opfer nach Cyprian)
Nr. 38	(Innergemeindl. Askese im 3. Jh.)
Nr. 52b	(Konstantin und die Sonntagsheiligung)
Nr. 53	(Antonius als Mönchsvater)
Nr. 56a	(Nizänische Osterterminierung)
Nr. 59	(Pachomianisches Mönchtum)
Nr. 66	(Taufe nach Cyrill v. Jerusalem)
Nr. 74	(Theologie als Doxologie: Ephrem)
Nr. 77	(Verweltlichung des Klerus nach der "Konstantinischen Wende")
Nr. 78a-c	(Basilius v. Caesarea als Mönchstheologe)
Nr. 83	(Theologie und Gemeindefrömmigkeit)
Nr. 88a	(Chrysostomus und das Opferpriestertum)
Nr. 88b	(Mönchtum und Kirche bei Chrysostomus)
Nr. 90	(Christliche Lynchjustiz)
Nr. 91d-h	(Antonius als Vorbild für Augustin)
Nr. 91m.n	(Augustins Sakramentslehre)

6. Zitatnachweis

Th. Klauser, Kleine Abendländische Liturgiegeschichte, 1965, hier: 11-13.

X.
Epochen der altchristlichen Theologiegeschichte

1. Schematischer Überblick

Zw. 50 u. 100   entstehen fast alle *ntl. Schriften* (später allenfalls Jud u. 2 Petr). Darunter kommt theologiegeschichtl. außer Mt (dem - in gottesdienstl. Lesung, Predigt u. Katechese bevorzugten - "Kirchenevangelium" schlechthin) wohl dem Corpus Paulinum und dem 4. Evangelium (nicht zuletzt wegen seiner "fortgeschrittenen" Christologie) die größte Bedeutung zu (M. Hengel: Man ist versucht zu sagen, daß sich noch innerhalb des NT "christologisch mehr ereignet hat als in den ganzen folgenden sieben Jahrhunderten bis zur Vollendung des altkirchlichen Dogmas")

Zw. 96 u. 130 (bzw. 150)	entstehen die Schriften der sog. *"Apostolischen Väter"* (I Clem, Did, Ignatianen, Polyk, Barn, Herm, II Clem; vgl. o. S. 11-14). Der auf das 17. Jh. zurückgehende Begriff "A.V." dient heute als Sammelbezeichnung für die frühchristl. Literatur, die beim Abschluß des ntl. Kanons ausgeschlossen blieb, obwohl sie der spätntl. nach Inhalt, Form und Abfassungszeit verwandt ist, und die selbst keine apostolische Verfasserschaft beansprucht. Charakteristikum: Bis auf die (theol. sehr anspruchsvollen) Ignatiusbriefe handelt es sich durchweg um "Kleinliteratur", mit einem recht bescheidenen sprachl. - literarischen Niveau und einer typischen "Diasporamentalität"
Zw. 125 u. 180	sind die ältesten *christl. Apologien* entstanden (vgl. o. S. 16f.), in der Form von Petitionen an die röm. Behörden (Kaiser) und mit dem Ziel, eine rechtl. Gleichstellung der Christen zu erreichen. Verfasser: Quadratus (fast ganz verloren), Aristides (um 125?), Justin (um 155), Miltiades (nicht erhalten), Melito v. Sardes (Fragmente), Apollinaris v. Hierapolis (verloren), Athenagoras (um 177). Vor allem die bedeutendste A., die des Justin, sucht den für griech.-röm. Denken so anstößigen exklusiven Monotheismus der Christen "im Sinne des in Wahrheit ganz andersartigen philosophischen Monotheismus" zu rechtfertigen (A. Dihle)
Um 150	löst *Markion* einen ebenso tiefen wie lang anhaltenden Schock aus mit seiner "dualistischen" Aufspaltung des Gottesbegriffes, seiner Verwerfung der atl. "Hl. Schrift" und seiner Verstümmelung der urchristl.-apostolischen Tradition (vgl. o. S. 22ff.) Um dieselbe Zeit bezeugen die christl. *Gnostiker Basilides* und *Valentin* erstmals (noch vor Justin?) ein Christentum, das vollen Anteil am philosophisch-literarischen Leben seiner Umwelt hatte (vgl. o. S. 18ff.)
Zw. 180 u. 235	ist die Blütezeit der *"altkatholischen Theologie"* (vgl. o. S. 35ff.). Dazu zählen Hegesipp mit seinen 5 Büchern "Denkwürdigkeiten", Irenäus v. Lyon, Tertullian u. Hippolyt (und im Grunde auch die beiden Alexandriner Klemens und Origenes). Sie alle haben das argumentative Instrumentarium voll zu Gebote, wie es der Philosophie und Wissenschaft der Zeit zur Verfügung stand. Im übrigen sind für ihre Theologie (daher

heißt sie "a.") die sog. "katholischen Normen" (Kanon, Glaubensregel, Bischofsamt in "apostolischer Sukzession") grundlegend. Insbesondere hat die Kanonbildung (s. oben Schwerpunkt VI) einen spürbaren theol. Klimawechsel mit sich gebracht

Damit überschneidet sich größtenteils die Blütezeit der *frühen alexandrinischen Theologie*, die

zw. 190 u. 254 anzusetzen ist und hauptsächlich durch Klemens v. Alexandrien (gest. nach 215) und Origenes (185-254) repräsentiert wird (o. S. 38ff.). Aufbauend auf den Fundamenten des "Altkatholizismus", knüpft sie wohl an die Ergebnisse des antignostischen Kampfes an, bleibt aber nicht dabei stehen, sondern sucht "Glauben" und "Erkennen" miteinander zu versöhnen (Stufungsgedanke). Indem sie dem Weg der religiösen Regression, wie ihn das zeitgenössische Judentum, zumindest in seiner Hauptströmung, beschritten hatte (s. oben Schwerpunkt II), eine entschlossene Absage erteilt, bereitet sie geistig die "konstantinische Wende" (s. unten Schwerpunkt XIII) vor

Um dieselbe Zeit gewinnt auch die *lateinische Theologie* erstmals deutliches Profil (o. S. 32-34.36f.44f. 57f.). Hauptrepräsentanten: die Nordafrikaner Minucius Felix, Tertullian und Cyprian sowie der als erster Theologe in Rom lateinisch schreibende Novatian. Bis auf ihn (Verf. eines bedeutenden Werkes "Über die Trinität") zeigt sich die frühe lat. Theologie (im Unterschied zur griech. mit ihrem mehr "spekulativen" Charakter) eher an ethischen Fragen interessiert und trägt ein stärker juridisch-institutionelles Gepräge. Z.B. kreisen ihre Gedanken in der 1. Hälfte des 3. Jh.s um Fragen der Buße und der "Ketzertaufe" und in beidem um das Problem der Einheit und Heiligkeit der Kirche

Um 320/40, auf der Schwelle zur "Reichskatholizität", gewinnt neben Laktanz (o. S. 62), der womöglich das Denken Konstantins entscheidend prägte, Euseb v. Caesarea (o. S. 65 u.ö.) die größte literarische Bedeutung, nicht zuletzt mit seiner "Kirchengeschichte", die bis in die frühe Neuzeit hinein für eine der wichtigsten Gattungen der theol. Literatur exemplarische Bedeutung besaß

Mit der "konstantinischen Wende" beginnt, im lateinischsprachigen Westen wie im griechisch- und syrischsprachigen Osten, das *"goldene Zeitalter der patristischen Literatur"* (J. Quasten), während andere orientalische Literaturen (wie z.B. die georgische und äthiopische) ihre "klassische" Zeit erst sehr viel später erlebten. In dieser Zeit, in der zugleich die christlichen Hauptdogmen (das trinitätstheologische und das christologische) ihre abschließende Formulierung finden, entwickelt die altchristliche Literatur des Ostens und Westens jenen Motiv- und Formenschatz, der für das abendländische und byzantinische Mittelalter (und noch darüber hinaus) maßstäblich (also "klassisch") blieb. Aus den jetzt (meist in den Fußstapfen des Origenes) geschaffenen Bibelkommentaren (in Gestalt kurzer erklärender "Anmerkungen" ["Scholien"], durchgestalteter, gelehrter und für die Lektüre bestimmter Schriftauslegungen und endlich Predigten mit fortlaufender, erbaulicher Exegese des Textes ["Homilien"]) haben viele Generationen von Exegeten und Predigern wesentliche Anregungen empfangen. Und auch die antihäretische Literatur, die einen so breiten Raum einnimmt im Schrifttum dieses "goldenen Zeitalters", hat noch in ferner Zukunft auf das Glaubensdenken stimulierend gewirkt, weil sich eben die - später als autoritativ geltende - patristische Theologie ganz wesentlich im Medium solch polemischer Literatur entfaltete. "Die Entfaltung der theologischen Wissenschaft vom 3. zum 5. Jh. steht im Hinblick auf diesen Druck ständiger Polemik, der sie vorantrieb, in deutlicher Parallele zur Entwicklung der Philosophie vom ausgehenden 4. zum späten 1. Jh. v. Chr. Auch hier sorgte die ständige Polemik der miteinander konkurrierenden und in Athen nebeneinander existierenden Schulen für eine außerordentlich schnelle Fortbildung und Differenzierung der Lehre, ganz im Gegensatz zu den Verhältnissen der Kaiserzeit. Auf beiden Seiten, bei christlichen Theologen und griechischen Philosophen, ging es dabei letztlich um die Frage nach dem rechten Leben, die bei den Christen - wie übrigens auch bei den Platonikern - durch den Blick auf eine jenseitige Fortexistenz eine besondere Tiefendimension erhielt" (A. Dihle)

2. Hauptrepräsentanten des "goldenen Zeitalters" der Patristik

Alexandriner

Athanasius (o.S. 76f.)

Didymus (o.S. 82.102)

Cyrill (o.S. 84ff.)

Dioskur (o.S. 92ff.)

Kleinasiaten

Basilius (o.S. 82)

Gregor Naz. (o.S. 82)

Gregor Nyss. (o.S. 82f.)

Amphilochius v. Ikonium, gest. nach 394

Syro-Palästiner

Afrahat, der "Persische Weise" (gest. nach 345), Verf. v. 23 "Demonstrationen" (theol. Traktaten)

Afrem, der Dichter-Theologe (gest. 373)

Cyrill v. Jerusalem (o.S. 95)

Apollinaris v. Laodicea (o.S. 80.84)

Epiphanius (o.S. 102. u.ö.)

Diodor (o.S. 81)

Theodor v. Mopsuestia (o.S. 81.85.109)

Nestorius (o.S. 87ff.)

Theodoret v. Cyrus (o.S. 109.125)

Abendländer

Hilarius v. Poitiers (o.S. 75.102)

Marius Victorinus, 355 bekehrter Rhetor u. Philosoph, gest. nach 362

Ambrosius v. Mailand (o.S. 77 u.ö.)

Hieronymus (o.S. 102f.)

Augustin (o.S. 103ff.)

Leo (o.S. 89ff.)

Griechische und orientalische Theologen aus der Zeit nach Chalkedon

Severus v. Antiochien (o.S. 108)

Ps.-Dionysius Areopagita (o.S. 113.117)

Johannes v. Damaskus (o.S. 125ff.)

Leontius v. Byzanz (o.S. 112)

Maximus Confessor (o.S. 118)

3. Problematisierung

a. *Was heißt "Theologie"* und infolgedessen auch *"Theologiegeschichte"?* Gewiß ist "Th." ein auf Aristoteles zurückgehender Begriff (o.S. 29). Allein: "Dasjenige Phänomen, das in methodologisch durchreflektierter Gestalt in der Hochscholastik die Bezeichnung 'Th.' annahm, ...begegnet *allein im Christentum.* Diese eigentümliche geschichtliche Tatsache darf man nicht einebnen in ein vermeintlich allgemeines Gesetz, wonach unter bestimmten Bedingungen in der Religionsgeschichte Th. auftrat. Anzeichen, die man dafür anführen könnte, ... treffen nicht den Kern des als Th. anzusprechenden Phänomens, nämlich daß der Glaube von sich aus auf Verstehen drängt in einer der Verstehenssituation angemessenen Weise. In diesem Sinn hat in der Antike keine der polytheistischen Volksreligionen oder Mysterienkulte, aber auch nicht das Judentum Th. hervorgebracht" (G. Ebeling).

b. Demgemäß wäre das entscheidende Ereignis, daß sich christlicher Glaube zusammenfand mit griechischem Denken, und Hauptaufgabe der Geschichte patristischer Theologie, den außerordentlich bewegten Verlauf dieser Begegnung in der Antike nachzuzeichnen. Das würde bedeuten, daß man sich auf die griech. und lat. Literatur konzentrierte, in der diese Begegnung hauptsächlich ihren Niederschlag gefunden hat. Man sollte jedoch nicht vergessen, daß es "auch umfangreiche spezifisch christliche Literaturen in den verschiedenen orientalischen Sprachen des Ostteils des Römischen Reiches bzw. unmittelbar jenseits seiner Grenzen gibt... Darunter verdienen speziell die frühen syrischen Väter mehr Aufmerksamkeit, als ihnen gewöhnlich zuteil wird, denn sie repräsentieren die einzigartige Erscheinung einer echt semitischen Form von Christentum, die vor ca. 400 nur eine geringfügige und oberflächliche Hellenisierung erlebt hat und deren theologischer Diskurs wesentlich im Symbolischen verbleibt und noch nicht durch die Tagesordnung und die Denkkategorien der griechischsprachigen Welt beherrscht ist. Die Bedeutung dieses Sachverhaltes sollte unschwer zu ermessen sein in einer Zeit, in der das Christentum in der westlichen Welt an Boden verliert, während es sich in Teilen der übrigen Welt ausbreitet, in denen es oft ein begreifliches Verlangen gibt, etwas von dem europäischen kulturellen Gepäck jener Form von Christentum abzuwerfen, die in einer kolonialen Vergangenheit importiert worden ist" (S. Brock).

c. Daß es im 4. und 5. Jh. fraglos zu einer Blütezeit patristischer Literatur und Theologie kam, im griechisch-römischen wie (unter dessen Einfluß) auch im syrischen und koptischen Bereich, läßt sich gewiß nicht rein geistesgeschichtlich "erklären". Es ist wohl nur verständlich zu machen von der (Toynbeeschen) Interdependenz von "challenge and response" her, der Wechselwirkung von "Herausforderung" und dem Versuch, dieser zu begegnen. Also kommt es darauf an, sich die spezifische theologische "Herausforderung" des 4. und 5. Jh. so deutlich wie möglich vor Augen zu führen und sich auch klar zu machen, welche besonderen Voraussetzungen jetzt bestanden, dieser Herausforderung annähernd zu begegnen.

4. Hauptquellen

Wichtigste Textsammlungen (für den deutschsprachigen Leser): Bibliothek der Kirchenväter, hg. v. V. Thalhofer, Kempten 1872ff.; Dasselbe, hg. v. O. Bardenhewer u.a., 2 Reihen, Kempten 1914ff.; Schriften der Kirchenväter, Bd. 1-10, München 1983f.; Fontes Christiani (zweisprach.Neuausg. christl. Quellentexte aus Altertum u. Mittelalter), hg. v. N. Brox u.a., Freiburg usw. 1990ff.

Knappste Auswahl bei A.M. Ritter, Alte Kirche, [5]1991,

Nr. 7.8.11.14.16	(Auswahl aus den "Apostolischen Vätern")
Nr. 15	(Aus den Lehren des Markion)
Nr. 18	(Montanistische Quellen)
Nr. 21	(Justins Apologetik)
Nr. 25	(Gnostische Literatur)
Nr. 27.30	(Altkatholische Väter)
Nr. 30a-e	(Tertullians Apologetik)
Nr. 31.32	(Alexandrinische Theologie [Clemens, Origenes])
Nr. 36.37	(Altlateinische Theologie [Novatian, Cyprian])
Nr. 54.56	(Anfänge des "arianischen Streits")
Nr. 67.70.72f.76	(Athanasius als Trinitätstheologe und Christologe)
Nr. 75	(Apollinaris)
Nr. 78	(Basilius v. Caesarea)
Nr. 82.85f.	(Hieronymus und Ambrosius)
Nr. 88.89	(Frühe Antiochener)
Nr. 91.92	(Augustin und Pelagius)
Nr. 93	(Östliche Christologen)
Nr. 94	(Leoninische Primatslehre)

5. Zitatnachweise

S. Brock, The Oriental Fathers, in: J. Hazlett, Early Christianity, London 1991, hier: 163; A. Dihle, Die griech. und lat. Literatur der Kaiserzeit, 1989, hier: 311.569f.; G. Ebeling, Art. Theologie (I. Begriffsgeschichte), RGG[3] VI, 1962, hier: 759f.; M. Hengel, Der Sohn Gottes, 1975, hier: 11; J. Quasten, Patrology, III. The golden age of Greek Patristic Literature, Utrecht/Antwerpen-Westminster/Maryland 1963.

XI.
Konflikte, Häresien, Schismen

1. Überblick in Zahlen

Um 96	greift der 1. Klemensbrief (o.S. 14) in einen *Konflikt in Korinth* um die Amtsdauer der Presbyter ein und mahnt zur Unterordnung unter die rechtmäßigen Amtsträger
Um 110	warnen die Ignatiusbriefe (vgl. o.S. 3f.8f.) vor der Gefahr des *Doketismus* und des *"Judaismus"* (= irreführender Interpretation des AT!)
Vor 160	Die Sonderkirche des *Markion* (o.S. 22ff.) entsteht
Vor 179	Der *Montanismus* (o.S. 24ff.) breitet sich aus
Zw. 186 u. 197	Viktor I. schließt erstmals einen Vertreter des *"dynamistischen Monarchianismus"* (o.S. 52) aus und riskiert im *Streit um Ostertermin und Osterfasten* (o.S. 45) den Bruch mit den kleinasiatischen Kirchen
Anfang 3. Jh.	spitzt sich der Konflikt mit dem *"modalistischen Monarchianismus"* (o.S. 51) in Kleinasien, Nordafrika und Rom zu
Zw. 217 u. 235	Bußstreit in Rom zwischen Hippolyt und Kallist (o.S. 53): *hippolytisches Schisma*
251/52	Bußstreit in Rom und Karthago (o.S. 56ff.): *novatianisches Schisma*
255/58	*Ketzertaufstreit* (o.S. 45f.)
Zw. 260 u. 264/5	"Streit der Dionyse" (vgl. o.S. 51f.) um die "Geschöpflichkeit" oder aber Homousie des Gottessohnes - Vorspiel zum "arianischen Streit"
Zw. 305 u. 312	Bußstreitigkeiten in Rom, Ägypten (Alexandria) und Nordafrika (Karthago): *melitianisches* und *donatistisches Schisma* (o.S. 57f.68ff.)
Ab 318	*"Arianischer Streit",* in 3 Phasen (318/25, 326/61, 362/81) verlaufend und mit der Verurteilung der radikalen wie gemäßigten Arianer ("Eunomianer oder Anhomöer" und "Arianer oder Eudoxianer") durch das Konzil von Konstantinopel 381 endend (vgl. o.S. 72f.73ff.78ff.)
Zw. 360 u. 381	*Pneumatologischer Streit* (vgl o.S. 79f.), endend mit der Verurteilung der Pneumatomachen als "Semiarianer" in Konstantinopel 381

385/86	*Mailänder Kirchenstreit* (zwischen Homöern und Katholiken um den Besitz der Hauptkirche der Stadt: vgl. o.S. 77)
386	Nach der Hinrichtung Priscillians und 6 seiner Genossen in Trier durch den Usurpator Maximus breitet sich in Nordspanien und Südgallien das *Priscillianische Schisma* aus (o.S. 95f.)
392-403	*2. origenistischer Streit* (o.S. 109)
412-418	*Pelagianischer Streit* (o.S. 104f.)
428-433	*Nestorianischer Streit* (o.S. 87f.)
Ab 429	*Semipelagianischer Streit* (o.S. 104f.; Gesch. d. Chr. I/2)
484 bzw. 486	Die Kirche im Perserreich, seit 424 vom Patriarchat Antiochien unabhängig, nimmt die 431 in Ephesus verurteilte nestorianische Glaubenslehre offiziell an (o.S. 107)
484 - 519	*"Akakianisches Schisma"* zwischen Rom und Konstantinopel (o.S. 107.117)
544 -553	*"Drei-Kapitel-Streit"* (o.S. 109f.)
	Annähernd gleichzeitig spalten sich in Syrien und Mittel- und Oberägypten *"monophysitische"* National- oder Sonder*kirchen* mit eigener patriarchaler Spitze von der byz. Reichskirche ab (1. große Konfessionsspaltung der Kirchengeschichte)
633 - 648	*Monenergetischer und monotheletischer Streit* (o.S. 117f.)
Ab 730	*Bilderstreit*, in 2 Phasen (730/75, 814/43; o.S. 120ff.)

2. Problematisierung

a. Nach Paulus muß es "Spaltungen" unter den Christen geben, "damit die Rechtschaffenen" unter ihnen "offenbar werden" (1 Kor 11,19). Tatsache ist, daß nahezu die gesamte bisherige Christentumsgeschichte von Konflikten und Spaltungen begleitet war, so daß man gar auf den Gedanken kam, im Christentum ein besonderes Konflikt- und Aggressionspotential zu vermuten. "Es war ein Novum und singulär in der spätantiken Gesellschaft, als das Christentum als eine Religion entstand und sich verbreitete, die ihre orientierenden religiösen Aussagen derart auf einen inhaltlich und verbal fixierten Bestand brachte, wie es der Fall war, und ein doktrinär wie kultisch verpflichtendes Bekenntnis besaß, ebenso eine Dogmatik als Norm des Glaubens an ergangene Offenbarung. Mit all dem unterschied sich das Christentum deutlich von den vorhandenen paganen und jüdischen Formen von Religion, übrigens auch in der Möglichkeit, 'wahr' von 'falsch' bis ins Detail zu unterscheiden und Abweichler dingfest zu machen. Die ganze Gesellschaft, in der das Christentum entstand und sich entfaltete, war davon betroffen, daß in einer vorchristlich nicht dagewesenen und denkbaren Weise über ihre religiösen Grundlagen aggressiv und in frühbyzantinischer Zeit dann auch machtpolitisch gestritten wurde" (N. Brox). - Wenn die oben in Schwerpunkt VII gegebene Kurzdarstellung zutrifft, dann sind hier spätere Entwicklungen bereits auf die Anfänge zurückprojiziert. Zudem gilt: "harte Auseinandersetzungen können auch den Ernst der Zusammengehörigkeit und der Sache zum Ausdruck bringen, und unvermeidliche Absplitterungen, die meist kein größeres Gewicht und keine Dauerbedeutung gewonnen haben, können die erstaunliche Tatsache der weiten und bleibenden Einheit der frühen Kirche nicht aus der Welt schaffen. Sie ist das eigentlich Überraschende und Bedenkenswerte und in der Alten Welt sonst fast ohne Analogie..." (H. v. Campenhausen). Wie sind beide Aspekte miteinander zu verbinden?

b. So wenig der Übergang in die "frühbyzantinische Zeit", m.a.W. die "konstantinische Wende", als *der* "Sündenfall" der Kirchengeschichte und als völliger Umbruch gelten kann, so wenig läßt sich abstreiten, daß sich seither der Anpassungsdruck in doktrinärer wie disziplinärer Hinsicht erheblich verstärkte, nicht nur, weil die inneren Auseinandersetzungen um so erbitterter geführt wurden, je mehr der äußere Druck nachließ, sondern auch und vor allem, weil die Einheit des Reiches nach einer Fundamentierung in der Glaubens- und Kircheneinheit zu verlangen schien. Aber ließ sich diese Einheit *erzwingen*? Brachten nicht alle derartigen Versuche der Nachfolger Konstantins die Einheit von Kirche und Reich gerade in die allergrößtc Gefahr?

c. Wie sind *"Häresie"* und *"Schisma"* voneinander zu unterscheiden? S. (σχίσμα) heißt "Spaltung" und läßt sich definieren als Trennung innerhalb einer christlichen Gemeinschaft, die zu äußerer Aufhebung dieser Gemeinschaft führen kann, aber nicht den Dissens über Grundlagen des Glaubens einschließen muß. Es ist, nach späterem Verständnis zumindest, dieses Lehrelement, das den wesentlichen Unterschied zwischen S. und H. ausmacht; denn H. (αἵρεσις) ist zunächst mit "Wahl", "Option" zu übersetzen und hat (wie das lat. secta) auch im christlichen Gebrauch zunächst keinen abwertenden Sinn. Doch schon Ignatius (Trall 6,1) scheint es, im Sinne der "selbsterwählten Anschauung", als Abweichung von Grundlehren der katholischen Kirche und damit als "Ketzerei" verstanden zu haben, wenn er warnt: "So rufe ich euch nun zu, doch nicht ich, sondern die Liebe Jesu Christi: Gebraucht nur die christliche Speise und enthaltet euch des fremden Gewächses, das Häresie ist! (Sie mengen sich [sc. ihrer Lehre] Jesus Christus bei und täuschen Vertrauenswürdigkeit vor, reichen gleichsam todbringendes Gift mit Honigwein vermischt, das der Unwissende in böser Lust gerne nimmt; es ist aber sein Tod)". Anfangs waren im frühen Christentum die Grenzen zwischen H. und S. fließend. Es läßt sich jedoch bald eine Tendenz feststellen, besonders unter denen, die man der "orthodoxen" Entwicklungslinie zuordnet, in jedem S. die

Saat zur H. zu sehen, oder wie Augustin formulieren konnte: Während das S. ursprünglich der Meinungsvielfalt entspringt, "wird das altgewordene S. zur H." (C Cresc II 7, 9: CSEL 52, 367).

3. Hauptquellen

Zur Auseinandersetzung mit der Gnosis vgl. die schöne Textsammlung von W. Foerster (Hg.), Die Gnosis I-III, Zürich 1969-1979; zur übrigen Konfliktgeschichte bietet eine knappe Textauswahl A.M. Ritter, Alte Kirche, [5]1991,

Nr. 7	(Konflikt in Korinth)
Nr. 11 a-d	(Ignatius und die doketistische Häresie)
Nr. 15.18	(Markionitismus und Montanismus)
Nr. 25	(Christlicher Gnostizismus)
Nr. 26	(Häretisch werdendes Judenchristentum)
Nr. 29	("Dynamistischer" und "modalistischer Monarchianismus")
Nr. 36.37	(Buß- und Ketzertaufstreit)
Nr. 41	("Streit der Dionyse")
Nr. 48	(Anfänge des donatistischen Schismas)
Nr. 54.56.62f. 67f.70.72f.78f.80f.	(Texte zur Geschichte des "arianischen Streites")
Nr. 56a	(Melitianisches Schisma)
Nr. 83	(Der Dogmenstreit und das Volk)
Nr. 75.89.93	(Die christologischen Streitigkeiten und ihre Vorgeschichte)
Nr. 91 k-n	(Augustins Auseinandersetzung mit dem Donatismus)
Nr. 91 o-q. 92	(Pelagius und Augustin)

4. Zitatnachweise

N. Brox, Konflikt und Konsens. Bewältigung von Meinungsverschiedenheiten in der Alten Kirche, in: W. Beinert, Kirche zwischen Konflikt und Konsens, 1989, hier: 65; H. v. Campenhausen, Einheit und Einigkeit in der Alten Kirche, in: derselbe, Urchristliches und Altkirchliches, 1979, hier:1f.

XII.
Kirchenordnungen und Konzile

1. Übersicht in Zahlen

a. Kirchenordnungen

Zw. 90 u. 100   entsteht die *Didache* (o.S. 11f.); drei Teile: (Tauf?)-Katechismus (1-6); Bestimmungen über Gottesdienst und Gemeindeleben (7-15); abschließende Mahnungen

Um 100   (bzw. kurz danach) entstehen die *Pastoralbriefe* (o.S.11.28), die zahlreiche Regelungen betr. des innergemeindl. wie des häusl. Lebens (z.B. der Qualifikationen für das Bischofs- u. Diakonenamt oder der Ordnung des Witwen- und Ältestenstandes) enthalten

Um 215   wird die Ägyptische Kirchenordnung (wohl = *"Apostolische Überlieferung"* [Traditio Apostolica] Hippolyts) zu datieren sein, die in Teilen allerdings im 4. Jh. überarbeitet sein könnte. Rekonstruktionsversuche des urspr. Textes aus verschiedenen Übersetzungen und Überarbeitungen in den anderen Kirchenordnungen durch G. Dix u. B. Botte. Inhalt: Prolog (1); Anweisungen für Bischofs-,Presbyter- u. Diakonenweihe samt Ordinations- und anderen Gebeten (2-8); Bestimmungen über die Konfessoren, Witwen, Lektoren, Jungfrauen, Subdiakonen, mit der Heilungskraft Begabten (9-14); Anweisungen betr. des Vorgehens bei der Aufnahme in die Gemeinde (15-21: Zulassungsverfahren zum Katechumenat; Aufzählung der künftig unerlaubten Berufe; Taufritual); Behandlung anderer liturgischer Fragen wie der Durchführung einer Agape, des vorösterlichen Fastens, des täglichen Gebets, der Unterweisung im Wort und der Verwendung des Kreuzeszeichens (22 bis Schluß)

Um 230   ist die *"Apostolische Didaskalie"* (Didascalia Apostolorum) wohl in Nordsyrien entstanden (o. S. 59.60f.). Inhalt der vollst. nur syr. erhaltenen Schrift (u.a.): Mahnungen zur christl. Lebensführung (1-3); Wandel u. Pflichten des Bischofs (4-11); Sitzordnung beim Gottesdienst (12); Anweisungen für Witwen (14f.), Diakone u. Diakonissen (16); Bestimmungen über Almosen u. Fasten (18.21); Bericht über apostol. Abfassung der Didaskalie und ihre Motive (24f.)

Ende 3. Jh.   entsteht die *"Apostolische Kirchenordnung"* (griech. "Die durch Klemens übermittelten Konstitutionen und kirchl. Kanones der hl. Apostel"), wohl in Ägypten oder Syrien. Inhalt: Einleitung (1-4); Überarbeitung von Did 1-4 (5-14); Regelungen für die Einsetzung von Bischöfen, Presbytern, Lektoren, Diakonen u. Witwen;Anweisungen betr. Pflichten von Diakonen u. Laien beiderlei Geschlechts (15-30)

Zw. 350 u. 380   entstehen (in Antiochien?) die *"Apostolischen Konstitutionen durch Clemens"* (Constitutiones Apostolicae), ein Sammelwerk aus insgesamt 8 Büchern, wobei die ersten 6 die syr. Didaskalie, Buch VII, 1-32 die Didache und Buch VIII die Traditio Apostolica zur Grundlage haben. Dazu ist weiteres liturgisches und kirchenrechtliches Gut aufgenommen und eingeschmolzen

Im 5. Jh.   entsteht, wohl in Syrien, als letzte (erhaltene) derartige Kirchenordnung das *"Testament unseres Herrn Jesus Christus"* (Testamentum Domini Nostri Iesu Christi), eine stark erweiterte Fassung der Traditio Apostolica, nun in den Rahmen einer Unterweisung Christi an seine Jünger vor der Himmelfahrt gestellt und mit einer apokalyptischen Rede beginnend

b. *Konzile*

Zw. 190 u. 200   sind im Zusammenhang des Streits um Ostertermin und Osterfasten (o.S. 45) erstmals (eindeutig) Synoden (zur Definition s.u. Abschnitt 2) bezeugt, die danach (wohl als Mittel der Auseinandersetzung mit dem Montanismus) sehr rasch - zunächst im Osten, dann auch im Westen - als feste Institution erscheinen, ohne daß es bereits verbindliche Regelungen gegeben hätte

268   Paulus v. Samosata (o.S. 50f.) weigert sich, ein synodales Absetzungsurteil zu akzeptieren. Daraufhin appelliert die Synode (v. Antiochien) an den (heidnischen!) Kaiser (Aurelian), mit dem Erfolg, daß dieser das Kirchen-"Haus" von Antiochien denen zu übergeben befiehlt, die mit den Bischöfen Italiens und Roms in Kirchengemeinschaft (bzw. schriftlichem Verkehr) stehen - Vorspiel zum "konstantinischen Zeitalter"!

Okt. 313   Eine Bischofsversammlung in Rom, in Form einer Synode, untersucht in kaiserlichem Auftrag die Beschwerden der Donatisten (o.S. 68ff.). Die *kaiserliche Synodalgewalt* entsteht (s. unten Schwerpunkt XIII)

Aug. 314   Synode von Arles, mit derselben Angelegenheit befaßt und aus dem gesamten westlichen Reichsgebiet beschickt; erste "Reichssynode" des "konstantinischen Zeitalters"

Juni/Juli 325   Reichssynode von Nizäa (o.S. 73f.), erstmals in Gegenwart des Kaisers

Die 7 (allgemein anerkannten) "Ökumenischen" Synoden der Alten Kirche (s. Sachregister s.v. Konzilien [Synoden]):

325	1. ö.K. von Nizäa (Dogma: Der Sohn "wesenseins mit dem Vater"; wichtige Disziplinardekrete [s.o. Schwerpunkt VIII])
381	2. ö.K. von Konstantinopel (Dogma: *"Eine* Gottheit, Macht und Wesenheit Vaters, Sohnes und Hl. Geistes"; Ehrenvorrang des Konstantinopler Thronos nach dem von Rom [Kanon 3])
431	3. ö.K. von Ephesus (Bekenntnis zur Gottesmutterschaft Mariens und Verurteilung des Nestorius)
451	4. ö.K. von Chalcedon (Dogma: Christus als "ein und derselbe in zwei Naturen... erkannt"; weitere Rangerhöhung Konstantinopels)
553	5. ö.K. von Konstantinopel (Constantinopolitanum II; macht mit der Verurteilung der "Drei Kapitel" eine noch stärker "kyrillische" Deutung des Chalcedonense verpflichtend)
680/81	6. ö.K. von Konstantinopel (Constantinopolitanum III; "Zwei-Willen-Lehre" Dogma)
787	7. ö.K. von Nizäa (Nizänum II; Bilderverehrung orthodox, sofern sie den Ikonen "Begrüßungskuß und ehrende Anbetung", nicht aber den "wahren Gottesdienst gemäß unserem Glauben" entgegenbringt)

Das Abendland verweigert Kanon 3 von 381 und Kanon 28 von Chalkedon die Anerkennung; der byzantinische Osten betrachtet zusätzlich das Trullanum II von 692 (o.S. 119), als Ergänzung des 5. und 6. ö.K., als "ökumenisch", mithin seine Disziplinarbestimmungen als allgemein verbindlich.

Wichtige kaiserlich berufene Synoden, denen jedoch die Anerkennung als "Ökumenische Synoden" auf die Dauer versagt blieb:

Serdica 342/343 (o.S. 74.119), Mailand 355, Rimini und Seleukeia (o.S. 75), Nike 360 (o.S. 75), Ephesus 449 (o.S. 90), Konstantinopel 754 (o.S. 122. 125), Konstantinopel 815 (o.S. 122) und Konstantinopel 843 (o.S. 123).

Wichtige Regional-(Provinzial-)Synoden (auch außerhalb des römischen Reiches):

Karthago 255/56 (o.S. 46), Antiochia 341 (o.S. 74f.), Laodicea 341/81 (o.S. 95), Alexandrien 362 (o.S. 84), Karthago 411 u. 419 (o.S. 68f.70.119), Gonde-Sapur 484 (o.S. 107), Seleukia-Ktesiphon 486 (o.S. 107) und die Lateransynoden von 649 und 680 (o.S. 118f.).

2. Problematisierung

a. *Warum geben sich die alten Kirchenordnungen als "apostolisch"*, und zwar in zunehmender Massivität: von dem, was (wie man überzeugt ist) mit Zeugnis und Lehre der Apostel in Einklang steht, hin zu immer unumwundenerer pseudepigraphischer Ausformung, so daß die Apostel insgesamt oder einzeln oder gar Jesus selbst als Urheber der Anordnungen in Anspruch genommen werden? Antwort: Die fraglichen Kirchenordnungen suchen das "Autoritätsloch" zu schließen, das der Tod der Apostel hinterließ. Wer ist befugt, in Fragen des sittlichen Verhaltens, des gottesdienstlichen Brauchs, der Kirchenzucht, der kirchlichen Ordnung, wie sie sich den Aposteln *so* noch nicht stellten, verbindliche Weisung zu erteilen? Solange es noch kein funktionierendes Synodalwesen gab, mußte diese Frage offen bleiben.

b. *Was haben Kirchenordnungen und Konzile miteinander zu tun?* Antwort: Sehr viel, stellen sie doch nur verschiedene Antworten auf eine und dieselbe "Herausforderung", die des genannten "Autoritätslochs" dar. So kam denn auch die Gattung "apostolischer" Kirchenordnungen allmählich außer Gebrauch, sobald Synoden, auf welcher Ebene auch immer, die Regelung offener dogmatischer oder disziplinärer Probleme übernahmen.

c. *Was ist unter einer "Synode" bzw.* (was dem quellensprachlichen Befund nach dasselbe ist) *einem "Konzil" zu verstehen?* Im strengen Sinne ist darunter eine "Versammlung" zu verstehen, an der bevollmächtigte Vertreter mehrerer Gemeinden beteiligt sind, mit dem Ziel, über gemeinsam berührende Probleme zu beraten und gegebenenfalls eine gemeinsame Entscheidung zu treffen (E. Junod).

d. *Wie hat aus dem "freien" Synodalwesen der vorkonstantinischen Zeit binnen kürzester Frist eine Institution werden können, bei der die kaiserliche Synodalgewalt die entscheidende Rolle spielte?* Es ist kein Zeitzeuge bekannt, sei er Heide oder Christ, welcher in diesem jähen Wechsel das geringste Problem gesehen hätte; galt es doch allgemein als Aufgabe des Kaisers, oberster Rechtswahrer und Friedensgarant im Reiche zu sein.

3. Hauptquellen

F.X. Funk, Didascalia et constitutiones apostolorum, 1905 = 1979; J. Alberigo u.a. (Hg.), Conciliorum Oecumenicorum Decreta, [8]1973. Knappe Auswahl bei A. M. Ritter, Alte Kirche, [5]1991,

Nr. 8	(Didache)
Nr. 47	(Elvira)
Nr. 48b	(Donatistisches Konzil von Karthago [307/8? 311/12?])
Nr. 50d	(Arles 314)
Nr. 56	(Nizäa 325)
Nr. 63	(Serdica)
Nr. 68	(Sirmium 359)

Nr. 73   (Alexandrien 362)
Nr. 81   (Konstantinopel 381)
Nr. 93   (Synoden des christologischen Streits)

4. Zitatnachweis

E. Junod, Naissance de la pratique synodale et unité de l'Église au IIe siècle, in:
F. v. Lilienfeld - A.M. Ritter (Hg.), Einheit der Kirche in vorkonstantinischer Zeit,
1989 (= Oikonomia 25), 19-34.133-139; hier: 20.

XIII.
Christentum und Staat in der Antike

1. Übersicht in Zahlen

Die Ära vereinzelter Christenprozesse im Römischen Reich (64-249)

64 n.Chr.	Christenverfolgung in Rom unter Nero
95/96	Martyrien in Kleinasien unter Domitian
Um 110	Briefwechsel Plinius - Trajan über das Verfahren in Christenprozessen
Um 160	Martyrium Polykarps in Smyrna
Um 165	Martyrium Justins in Rom
Um 177	Christenpogrome in Vienne und Lyon
180	Martyrium der Scilitaner
202/203	Christenverfolgungen in Alexandrien und Karthago
209 (?)	Martyrium Albans in Verulamium / St. Alban's

Die Ära reichsweiter Christenverfolgungen (249 - 311/24)

Herbst 249	Opferedikt des Kaisers Decius
Aug. 257	1. Edikt Valerians, ordnet den Opfervollzug für den Klerus an
Sommer 258	2. Edikt: die Opferverweigerer sind hinzurichten
Juni 260	Valerian gerät in persische Gefangenschaft; sein Sohn Gallienus schließt Frieden mit der Kirche
Kurz nach 300	läßt Diokletian sämtliche Palastangehörigen zum Opfer auffordern; die Truppenkommandeure werden angewiesen, ihre Soldaten zum Opfer zu zwingen oder sie aus der Armee zu entlassen

23. 2. 303	1. Verfolgungsedikt Diokletians in Nikomedien erlassen
	Zwei weitere Edikte desselben Jahres ordnen die Verhaftung des christlichen Klerus an, der sodann zum Opfer überredet bzw. (durch Folter) gezwungen und anschließend entlassen werden solle
Frühjahr 304	4. Edikt (im Westen nicht mehr veröffentlicht und ausgeführt): allgemeiner Opferbefehl für die gesamte Reichsbevölkerung

Die "konstantinische Wende" (305 - 380)

1. 5. 305	Diokletian und Maximian danken ab
25.7. 306	Tod des Constantius Chlorus, zuletzt Augustus des Westens, der schon zuvor die Verfolgungsmaßnahmen eingestellt hatte; sein Sohn Konstantin wird in Britannien von den Truppen zum Augustus ausgerufen
30.4. 311	Toleranzedikt des Galerius
28.10.312	Konstantin besiegt Maxentius am ponte Molle und erringt so die Alleinherrschaft im Westen
Febr. 313	Treffen Konstantins mit Licinius in Mailand: endgültige Duldung des Christentums; sein Eigentum wird zurückerstattet, seine Organisation wiederhergestellt
Herbst 324	Konstantin erneuert nach Erringung der Alleinherrschaft im Reich (Sieg über Licinius) das Toleranzversprechen gegenüber dem Heidentum
28.2.380	Das Christentum wird "Staatsreligion" (Edikt "Cunctos populos"), aber nicht zur allgemeinen Bürgerpflicht (Gesetz betrifft formal nur Christen)

Christenverfolgungen außerhalb der Reichsgrenzen

Zw. 332 u. 340	Organisierte Christenverfolgung unter den Goten an der unteren Donau (Wulfila muß auf Reichsgebiet ausweichen)
Zw. 341 u. 379	Christenverfolgung im Perserreich unter Schapur II. (310 - 379), die blutigste und konsequenteste im Altertum überhaupt
Zw. 369 u. 372	Christenverfolgung unter den Goten Athanarichs; Martyrium des hl. Sabas
Um 420 u. zw. 446/50	Erneute schwere Christenverfolgungen im Perserreich sowie im persisch beherrschten Armenien und Georgien

Ab 319	Konstantin verbietet (private) Zukunftsdeutung, Magie und Zauber (wie viele heidn. Kaiser vor ihm), aber nicht (z.B.) die öffentliche "Eingeweideschau" (Haruspizin) oder gar den öffentlichen Götterkult, an dem er selbst sich freilich nicht länger beteiligt
Ab 341	wird unter den Konstantinsöhnen einerseits eine verschärfte antiheidnische Religionspolitik betrieben (Opferverbot), andererseits eine erste Maßnahme zum Schutz heidn. Tempel seitens des "christlichen" Kaisertums ergriffen
Ab 381/382	verschärft sich (unter kirchlichem Einfluß [Ambrosius]) die Heidenverfolgung, indem auch jetzt zwar nicht die Tempelzerstörung, wohl aber die Tempelschließung staatlicherseits angeordnet wird
Ab 395,	unter Honorius (Westen) und Arkadius (Osten) und vor allem unter dessen Nachfolger Theodosius II. (408 - 450), wird nun auch der weitere Schritt getan und von Staats wegen zu Tempelzerstörungen aufgefordert. Zudem wird allen Anhängern der alten Kulte der militärische und zivile Staatsdienst verschlossen
527 - 565	Kaisertum Justinians I.; es bildet den Höhepunkt und Abschluß staatlicher Heidenverfolgung; Heiden sind nunmehr auch als Einzelpersonen weitgehend entrechtet

2. Problematisierung

Die Geschichte der Alten Kirche ist u.a. dadurch ausgezeichnet, daß in ihr das Christentum die volle Breite des Problems "Staat und Kirche" durchlaufen hat, gleichsam von einem Extrem ins andere. Kurze Zeit, als "Ableger" des Judentums, von dessen geschütztem Status profitierend, stand das Christentum zwar keineswegs über Nacht vor der Existenzfrage. Wohl aber mußten einzelne überzeugungstreue Christen die Erfahrung machen, daß Christsein als solches (bzw. das Bekenntnis desselben [nomen Christianum]) als todwürdiges Verbrechen galt. Und von der Mitte des 3. Jh.s an bis zum Beginn des 4. lautete die Alternative (vielfach) in der Tat: Christus *oder* die Caesaren! Dann kam, unmittelbar nach dem Höhepunkt der Verfolgung durch die römischen Behörden, unter und seit Konstantin die große Wende: Der Kaiser, vordem Repräsentant und Haupt der "ungläubigen" Weltmacht, wurde Christ und hörte doch nicht auf, Kaiser zu sein, was früher von Christen (Tertullian) wie Heiden (Kelsos) als undenkbar betrachtet wurde. Woher und warum eigentlich? Und im Laufe nur eines Jahrhunderts erwuchs aus der "geduldeten Religion", der auch die unverhohlenen Sympathien Kaiser Konstantins galten, die

Staatskirche, die leider allzu rasch lernte, den Spieß umzudrehen und die Ausrottungspolitik des christlich gewordenen Imperiums gegen die alten Kulte zu fordern oder doch wenigstens zu fördern. In dieser Reichskirche erstand dann das Problem "Staat und Kirche" in neuer, die europäische Geschichte über das Mittelalter hinaus bestimmender Form: Soll es bei der Polarität beider bleiben, wie sie im großen und ganzen für die christliche Spätantike kennzeichnend war, oder soll sich die Kirche einem "christlichen Kaisertum" unterordnen (wie im angeblichen *Caesaropapismus* des oströmisch-byzantinischen Reiches)? Gibt es umgekehrt einen Führungsanspruch der Kirche gegenüber den weltlichen Gewalten (wie im *theokratisch*-papalistischen System des abendländischen Hochmittelalters)? Oder ist das Ziel die "Freikirche", wie sie erstmals im Umkreis des nordafrikanischen Donatismus zur Zeit Augustins als Denkmöglichkeit erschien?

3. Einzelfragen

a. *Die Motive der Christenverfolgungen in vorkonstantinischer Zeit.* Sie sind eindeutig erkennbar, seit das Christentum von Staats wegen reichsweit verfolgt wurde (also seit Decius [249]). Am informativsten ist fast das Galeriusedikt von 311 (o. S. 62). Daraus erhellt: Es ging nicht um die Vernichtung, sondern um die Reintegration der Christen, ihre Rückführung zu den "Einrichtungen der Väter" und "zu gesunden Sinnen", *weil* eben die "allgemeine Wohlfahrt" (salus publica) die rechte, geschlossene Götterverehrung der Reichsbürger voraussetzt. Klar ist auch, warum um die Mitte des 3. Jh.s die Lösung der "Christenfrage" für die römischen Behörden so dringlich war. Drei Faktoren sind dafür hauptsächlich geltend zu machen: Die 1000-Jahrfeier Roms (mit all ihren nostalgisch-"fundamentalistischen" Begleiterscheinungen); das beträchtliche Anwachsen des Christentums; die sich dramatisch verschärfende Krise des Römischen Reiches.

b. *Die Rechtsgrundlagen der Christenprozesse in vordecianischer Zeit* sind bis heute umstritten (vgl. S. 14ff.). Von den drei hauptsächlichen Möglichkeiten (die Bestrafung der Christen erfolgte: aufgrund eines gegen sie erlassenen Spezialgesetzes, aufgrund allgemeiner strafrechtlicher Kategorien oder aufgrund der magistratischen Polizeigewalt im Dienste der öffentlichen Ordnung) scheidet die erste völlig aus, weil sie mit dem Befund (etwa mit den Anfragen des Plinius und der Antwort des Kaisers!) völlig unvereinbar ist. Bleibt zu prüfen, ob man gegen Christen wegen bestimmter strafwürdiger Vergehen (Majestätsbeleidigung, Sakrileg, Blutschande, Magie, Anhängerschaft einer unerlaubten Zusammenrottung oder einer neu eingeführten Fremdreligion) oder aber wegen Störung des öffentlichen Friedens vorgegangen ist. Möglich wäre auch eine Kombination beider Rechtsgründe.

c. *Die Motive der "konstantinischen Wende"* sind ebenfalls seit langem in der Forschung heftig umstritten, wesentlich umstrittener als ihre einzelnen Stadien (s.o. Abschnitt 1) oder aber die einzelnen Maßnahmen, unter denen sie ein-

herging (Toleranz- und Restitutionsgesetze; Konstantins Verzicht auf den
Gang zum Kapitol nach seinem Sieg über Maxentius; Schenkung des Lateran-
palastes an den Bischof von Rom; Kirchbauten in Rom, Jerusalem/Palästina
und Konstantinopel vor allem). Gegenüber der wohl übertriebenen Skepsis der
älteren Forschung wird man aufgrund der Briefe und der Münzprägung (vor
allem) doch das Jahr 312 und die Schlacht an der mulvischen Brücke als
Wendepunkt festhalten. Seitdem identifizierte Konstantin den Schutzgott, der
ihn zum Herrscher berufen und ihn geführt hatte, mit dem Gott der Christen.
Nach dem erfahrenen Machtbeweis förderte er den Kult dieses Gottes mit allen Kräften, überzeugt, den Gott, zu dem er betete, nie gewechselt zu haben.
Eben deshalb sollte auch nicht von einer "Bekehrung" Konstantins gesprochen
werden, wohl aber von einer theologischen Entwicklung von den eher synkretistischen Anfängen bis zu Konstantins Taufe auf dem Sterbebett im Jahre
337.

d. *Die Reaktion der Kirche auf die "konstantinische Wende".* Weil der Bereich der politischen Ethik für die Kirche noch gar nicht existierte, darum gab
es auch noch keinerlei Kategorien, das Neue sachgemäß zu erfassen. So fielen
auch die Reaktionen ganz unterschiedlich aus. Das uneingeschränkte Dankge-
fühl freilich hat bei vielen die Zeit Konstantins kaum überdauert. - Ist auch
das *Mönchtum als Reaktion* auf die "konstantinische Wende", als Protestbe-
wegung gegen den damit eingeleiteten Zerfall "echten Christentums" zu verstehen? Nun, "Verweltlichung" hat die Kirche nicht erst jetzt bedroht; und
Protestbewegungen hat es sozusagen von Anfang an in ihr gegeben. Zudem
reichen die Anfänge des Mönchtums in die Zeit vor Konstantin zurück.
Trotzdem wird es kein Zufall sein, daß die enorme Ausbreitung und Institu-
tionalisierung der Askese in der Form des Mönchtums (s. oben Schwerpunkt IX) gerade im Jahrhundert Konstantins sich ereignet hat. Mithin ließe
sich das Mönchtum - wenn schon nicht seinen Motiven, so doch seiner Wirkung nach - durchaus als Reaktion auf die "konstantinische Wende" verstehen.

e. *Die Folgen der konstantinischen Wende für die Kirche* oder, richtiger, für
die römische Reichskirche sind gewiß nicht nur negativ zu bestimmen (s.u.
Abschnitt g). Trotzdem unterliegt es keinem Zweifel, daß die Entwicklung
von der Verfolgung über die Tolerierung bis hin zur Privilegierung im Zuge
und Gefolge der "konstantinischen Wende" für die Kirche tiefgreifende, um-
stürzende Folgen auf vielen Gebieten des Lebens hatte. Eine "Verweltlichung", nicht zuletzt in Organisation und Repräsentation, läßt sich überhaupt
nicht übersehen.

f. *Folgen für Heiden- und Judentum* sind nicht sogleich spürbar geworden, jedenfalls nicht derart, daß etwa die massierte Macht des Staates oder auch nur
der politische Einfluß des Christentums eingesetzt worden wären, um das
Heidentum zu entmachten, zu entrechten und zu entwurzeln, von der Synagoge ganz zu schweigen. An Juden oder Heiden Hand anzulegen, sofern
diese in Ruhe ihr Leben zubringen und nichts tun, was Unruhe stiftete oder

den Gesetzen zuwiderliefe, wurde vielmehr noch unter Theodosius II. unter strenge Strafe gestellt. Trotz aller Bedrückungsmaßnahmen wäre es, aufs Ganze gesehen, sicherlich falsch, den Untergang des antiken Heidentums auf die gewaltsame Unterdrückung durch den christlichen Staat zurückzuführen. Man muß es sich vielmehr so vorstellen, "daß die staatl(iche) Religionspolitik mit ihrer Mischung aus breit angelegtem Kultverbot Andersgläubiger u(nd) besonderer Förderung des Christentums zumal im Bereich des Öffentlichen die Gesellschaft von oben her christianisierte" (K.L. Noethlichs).

g. *"Ende des konstantinischen Zeitalters"?* Ja insofern, als die Christenheit so gut wie überall in ein "nachchristliches" Zeitalter eingetreten ist und mit dem "Pluralismus" zu leben hat; nein insofern, als niemand bestreiten kann, daß Christen Weltverantwortung tragen, und zwar nicht gespaltenen Gewissens und im faktischen Widerspruch zur Kirchenordnung, sondern gerade *als* Christen, selbst dort, wo sie Minderheit sind, gegebenenfalls sogar dort, wo sie verfolgt werden. Und das heißt: wer könnte und wollte im Ernst hinter die "konstantinische Wende" zurück?

4. Hauptquellen

Eine exemplarische Auswahl einschlägiger Texte bei A. M. Ritter, Alte Kirche, [5]1991:

Nr. 1 u. 2	(Bedeutung der Religion für das Gemeinwohl nach römischem Verständnis)
Nr. 10	(Zur Rechtslage der Christen in vordecianischer Zeit)
Nr. 21a.b	(Christen als Opfer ungerechter Verfolgung und als vorbildliche Bürger)
Nr. 22	(Polykarpmartyrium)
Nr. 23	(Heidnische Vorwürfe gegen die Christen ob ihres "asozialen" Verhaltens)
Nr. 24	(Scilitanermartyrium)
Nr. 30b.c	(Unvernunft des Christenhasses und wahre christl. Einstellung zum Staat nach Tertullian)
Nr. 32n.o	(Christentum und Welt, Christentum und Krieg nach Origenes)
Nr. 34.35	(Die decianische Christenverfolgung, ihre Motive und Folgen)
Nr. 44-46	(Die diokletianische Christenverfolgung auf dem Hintergrund der Christenpolemik Porphyrs und der Reichsreform Diokletians)
Nr. 47d	(Provokateure sind keine Märtyrer)
Nr. 49-52	(Stationen der "konstantinischen Wende")
Nr. 54c.55	(Konstantins Eingreifen in den "arianischen Streit" und sein erneuertes Toleranzversprechen)
Nr. 56d	(Einpassung der Kirche in den Organismus des Reichs nach den nizänischen Kanones)
Nr. 57	(Konstantinisches Häretikergesetz)
Nr. 58	(Der spätantike Staat als Zwangsstaat)

Nr. 60	(Verlegung der Residenz nach Konstantinopel und ihre Bedeutung für die Entstehung einer unabhängigen Führung der Kirche, das Papsttum)
Nr. 61	(Christenverfolgung im Perserreich)
Nr. 64.65	(Christliche Intoleranz bei Kaisern und Theologen)
Nr. 71	(Reaktion unter Julian Apostata)
Nr. 79	(Christenmission u. -verfolgung unter den Goten: Wulfila)
Nr. 80	("Cunctos populos" Theodosius' I.)
Nr. 86	(Ambrosius und Theodosius)
Nr. 87	(Rechtsstellung der Nichtchristen unter und nach Theodosius)
Nr. 91 v-z	(Augustins Sozialethik)
Nr. 93	(Kaiser und Kirche in den christologischen Streitigkeiten)
Nr. 95	(Die Nestorianer im Perserreich)

5. Zitatnachweis

K.L. Noethlichs, Art. Heidenverfolgung, RAC 13, 1986, 1149-1190; hier: 1186.

Register

a. Personenregister

Abgar 33, 120
Adam 55
Adam, A. 84
Afrahat 171
Afrem 171
Agrippinus 34
Akakios 107
Alarich 104
Alexander Severus 42
Alexander v. Alexandrien 73, 74, 77
Ali 116
Alkibiades 55
Ambrosius 39, 72, **77-80**, 94, 101
Ammonios (Mönch) 98
Ammonios Sakkas 39, 61
Anastasius II. 97
Anatolius 49
Andreas v. Kreta 124
Anthimus 112
Antoninus Pius 16
Antonius 77, 88, **97f.**
Anullinus 63
Apollinaris v. Hierapolis 11, 17
Apollinaris v. Laodicea 80, **84**, 89
Apollon 4, 9
Aristides (Aristeides) 17, 125
Ariston 7, 32
Aristoteles 103, 117
Arius **72f.**, 74, 81, 84, 154
Arkadius 66
Arnold, G. 67
Artemon 52
Athanasius 58, **73-77**, 78-80, 84, 88f., 92
Athenagoras 17, 35, 37, 51
Athenodorus 35
Augustin 39, 69, 70, 78, 101, **103-106**
Augustus 15

Aurelian 62
Aurelius 69, 70

Bardaisanes (Bardesanes) 10, 33
Barkochba 2
Barlaam 125
Barnabas 3
Basilides (Basileides) 9, 20, 168
Basilius 77, 79, **82**, **100**, 112, 121, 123
Baur, F.Chr. 8
Belisar 108, 109
Benjamin I. 111
Bévenot, M. 45
Beyschlag, K. 84, 86, 89, 91, 152
Bousset, W. 97
Brock, S. 172
Brox, N. 175f.
Buddha 125
Bultmann, R. 19, 21
Burchard, Chr. 142
Burckhardt, J. 67

Campenhausen, H.v. 151, 153, 176
Caracalla 42, 54
Cerdo 22
Cicero 77, 103, 105
Colpe, C. 141
Commodus 15, 42
Conzelmann, H. 141
Cornelius 57
Cornutus 65
Crispus 67
Cyprian 34, **45f.**, 50, 56, 57, 68, 164, **169**
Cyrill v. Alexandrien 84, **85-88**, 99, 107, 108, 125
Cyrill v. Jerusalem 95, 151
Cyrill v. Skythopolis 112

Damasus 72, 79, 80, 102, 159
Dassmann, E. 150f.
David 2
De Halleux, A. 91
Decius 18, 32, 39, 49, 56, 185

b. Sachregister

Almosen 14, 116
Aloger 25
Altar 48
Alte Lavra 98, 109
Altes Testament (Abschaffung) 23, 168
Älteste 12
Altkatholizismus 28, 31-65, 94, 168f.
Amt 4, 7, 12, 28, 45, 46, **155-160**
Amtssukzession 34
Anachorese 103
Anachoret 98, 109
Anamnese 48
Anaphora 48
Anathema 25, **73**, 84, 109, 125
Anhauchen 50
Anhomöer 82, 174
Anhypostasie 86
Annahme 52
Anniversarien 49
Anspeien 50
Anthropologie 35, 38, 41, 51, 84
Antike (Periodisierung) 129f.
Antiochener 92, 104
Antiochenische Christologie 84
Antiochenische Schule 81
Antiochien 3, 10, 51f., 56, 73, 79, 81, 85, 91, 96, 98
Apokalypse 9
Apokalyptik 5, 7, 24
Apokatastasis **41**, 109
Apokryph 27, 60, 149, 158
Apologeten 11, 35, 37, 51
Apologetik **29**, 32
Apologie 16, 168
Apostel 4, 12
Apostolisch 34
Apostolische Sukzession 25, **28**, 43, 44
Apostolische Väter 168
Apostolizität 150
Apostolos 23
Apotropäische Handlungen 50
Araber 115, 120, 124

Archimandrit **89**, 99
areopagitisch 121
Arianer 77, 102
Arianischer Streit **72-74**, 78f., 174
Arianismus (arianisch) 95, 106
Aristotelisch 52, 81
Arithmetik 39
Arkandisziplin 95, 153, **164**, 166
Armenfrömmigkeit 5
Armenien 93
Asia 92
Asiana 96
Askese 5, 24, 38, 40, 87, **97-100**
Astartekult 71
Astronomie 39
Attis 60
Auferstehung 23, 48, 95
Augustus (Titel) 114
Avaren 115

Baalskult 60
Barbaren 65, 147
Barbelognostiker 20
Basileus 114
Basilika 94, 100
Basiliusliturgie 123f.
Bekenner 17, 49, 52, 158
Bekenntnis 27, 47f., 50
Bekenntnis(se) 152-155
    Antiochenum 154
    Apostolicum 153
    Athanasianum 92f., 154
    Chalcedonense **90-92**, 108f., 117
    Constantinopolitanum 80
    Nicaeno-Constantinopolitanum 80f., 154
    Nicaenum **73f.**, 75, 79, 80-82, 102, 154
    Nicenum (360) 75
    Sirmische Formeln 75
Bekreuzigung 47
Beschneidung 4, 55
Beten 99
Bethlehem 100, 102

c. Stellenregister[*]

c.1. Bibelstellen

c.1.1. Altes Testament und Apokryphen

---

[*] Nicht aufgelöste Abkürzungen entsprechen dem Abkürzungsverzeichnis der TRE, zusammengestellt von S. Schwertner, 1976.

d. Verzeichnis der lateinischen Begriffe

e. Verzeichnis der griechischen Begriffe und Wendungen

Karte Seite 218 / 219

Einteilung des Römischen Reiches
in Präfekturen, Diözesen und Provinzen
(seit Diokletian)

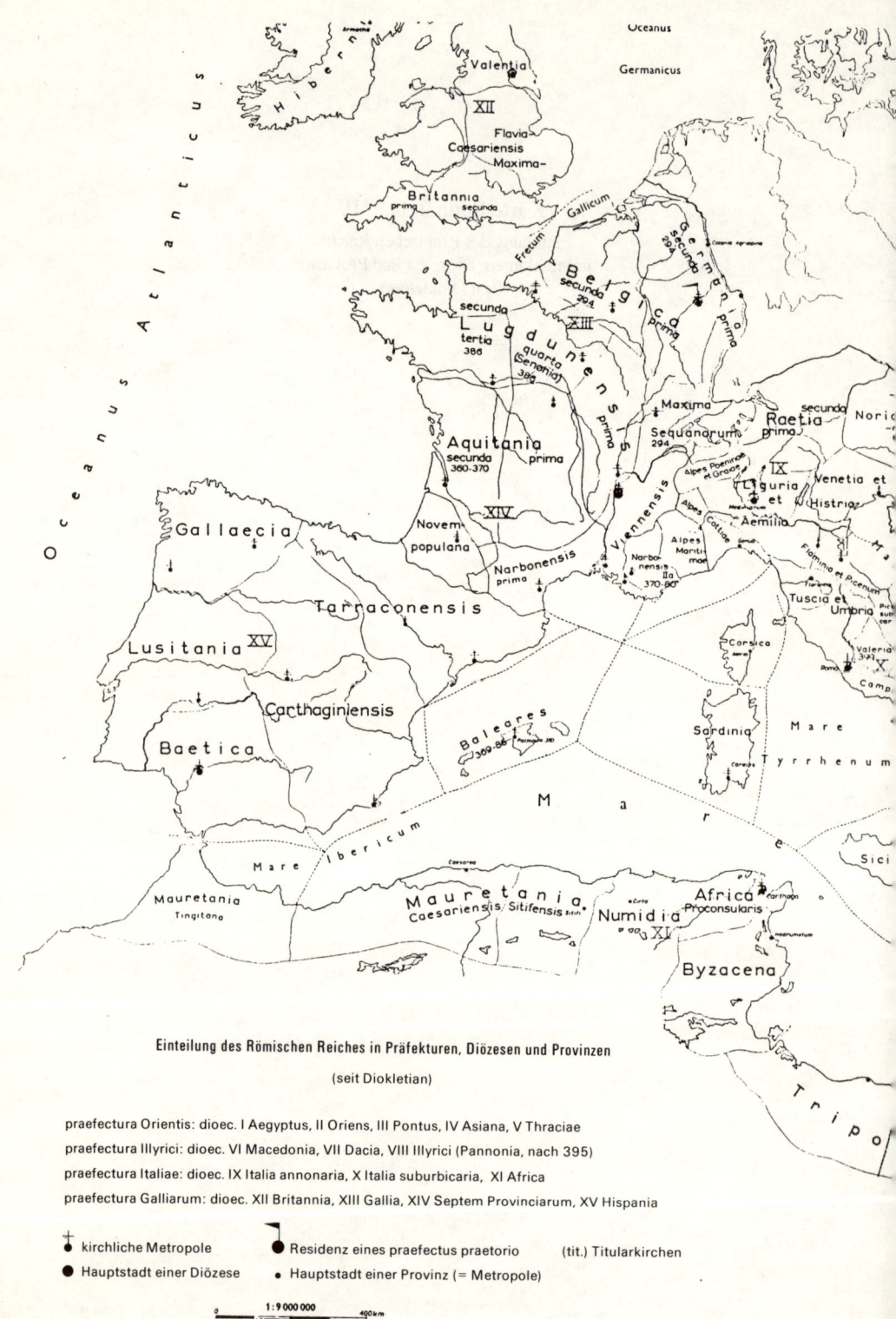

Einteilung des Römischen Reiches in Präfekturen, Diözesen und Provinzen

(seit Diokletian)

praefectura Orientis: dioec. I Aegyptus, II Oriens, III Pontus, IV Asiana, V Thraciae

praefectura Illyrici: dioec. VI Macedonia, VII Dacia, VIII Illyrici (Pannonia, nach 395)

praefectura Italiae: dioec. IX Italia annonaria, X Italia suburbicaria, XI Africa

praefectura Galliarum: dioec. XII Britannia, XIII Gallia, XIV Septem Provinciarum, XV Hispania

✝ kirchliche Metropole   ♩ Residenz eines praefectus praetorio   (tit.) Titularkirchen

● Hauptstadt einer Diözese   • Hauptstadt einer Provinz (= Metropole)

1 : 9 000 000

0   400 km

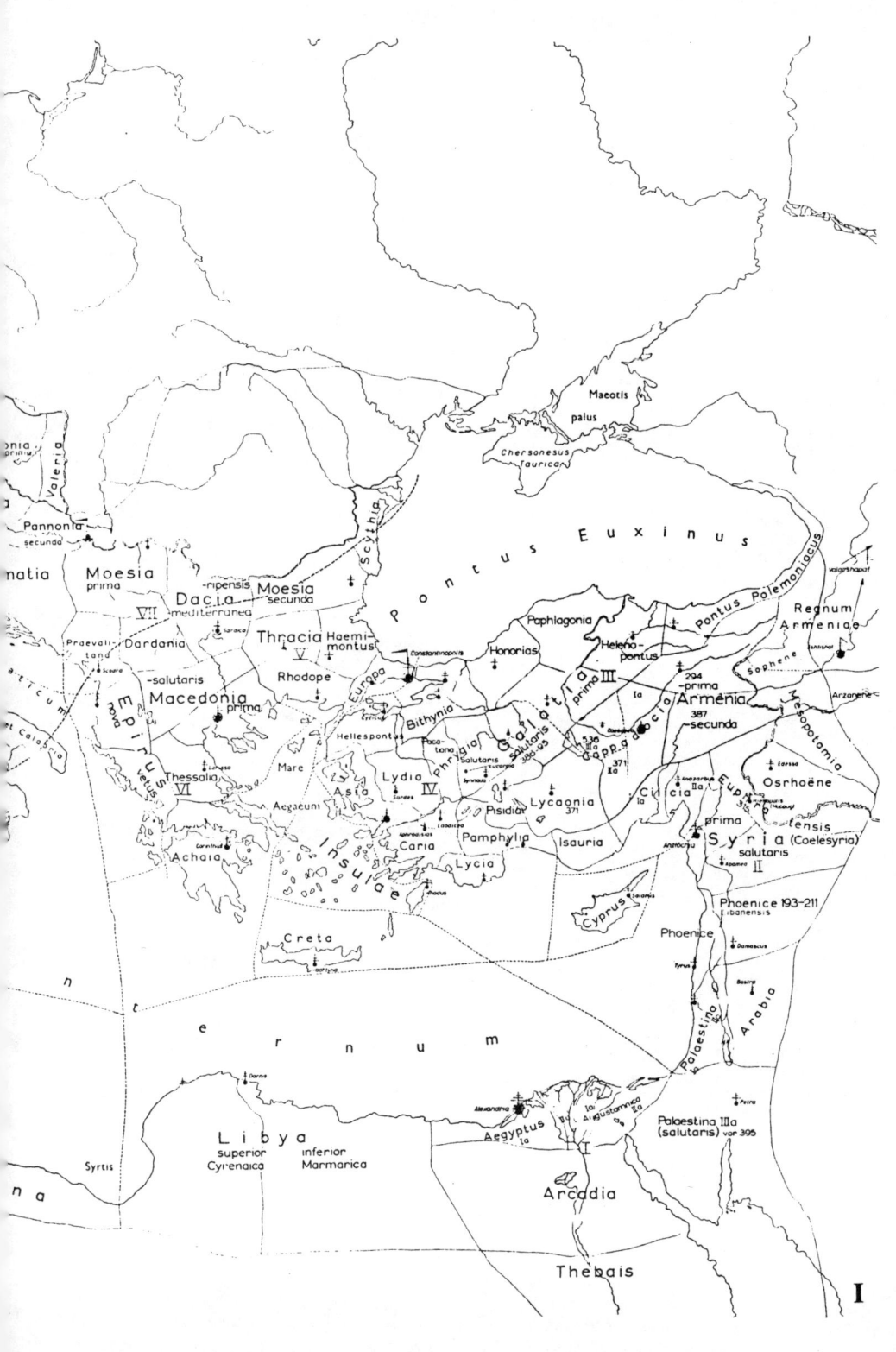

Ludger Schenke

Die Urgemeinde

Geschichtliche und theologische Entwicklung
1990. 360 Seiten. Kart. DM 36,–
ISBN 3-17-011076-4

„Der Verfasser entwirft ein Bild der frühen Christenheit, das in weit ausgreifender Betrachtung nicht nur den Ablauf des Geschehens, sondern auch die Lebensbedingungen der damaligen Zeit, vor allem aber die Anfänge einer frühchristlichen Theologie umfaßt. So sehr sich der Verfasser dabei auf die Fülle einschlägiger Untersuchungen stützt, so klar gibt er doch jeweils sein eigenes, durchweg wohl abgewogenes Urteil ab und fügt die vielen Bausteine zu einem geschlossenen Entwurf zusammen, der nicht nur die Urgemeinde im engeren Sinn, sondern darüber hinaus auch die frühe Christenheit in Palästina und Syrien vor und neben Paulus in den Blick faßt. Sorgfältig zusammengestellte Literaturhinweise sowie gefaßte kritische Würdigungen wichtiger Abhandlungen tragen dazu bei, daß der Leser gründlich informiert und in die Lage versetzt wird, sich für die eigene Arbeit orientieren zu können. Insofern erfüllt dieses Buch durchaus die gestellte Aufgabe, eine Zusammenschau für die Hand der Studierenden zu bieten.

Die materialreiche Darstellung bietet ein nützliches Arbeitsbuch, das als solches benutzt sein will, um reichhaltige Belehrung zu empfangen, aber sich auch ein eigenes kritisch begründetes Urteil zu bilden."

E. Lohse in Theologische Literaturzeitung

Fordern Sie unser Gesamtverzeichnis
Theologie/Religionswissenschaft an.

Verlag   Postfach 80 04 30
W. Kohlhammer   7000 Stuttgart 80

471-1092 360 MFG2